Was Päpsten und
Prälaten schmeckte ...

Was Päpsten und Prälaten schmeckte

wie Könige und Fürstinnen tafelten

was Klosterleuten besonders mundete

wonach es Künstler und Literaten gelüstete

wie Starköchinnen ihre Rezepte erprobten

was Kochpäpste in ihren Töpfen schmorten

womit die Heiligen unseren Gaumen kitzeln

wodurch das Fasten reizvoll wird

und wie wir selber auf den Geschmack

und unsere Gäste auf ihre Kosten kommen

angerichtet und aufgetragen von

Josef Imbach

mit Zeichnungen garniert von

Heinrich Euler

und verlegt bei

echter

Die Deutsche Bibliothek – CIP-Einheitsaufnahme

Imbach, Josef:
Was Päpsten und Prälaten schmeckte ...
angerichtet und aufgetragen von Josef Imbach,
mit Zeichn. garniert von Heinrich Euler.
Würzburg: Echter, 1997
ISBN 3-429-01912-5

Die Umschlaggestaltung und das Layout sind von Felix Kunkler, Düsseldorf,
sämtliche Zeichnungen (Feder, laviert, in Tusche und Bister)
von Heinrich Euler, Herbstein;
Druck und Bindung wurden ausgeführt von Echter Würzburg,
Fränkische Gesellschaftsdruckerei und Verlag GmbH.
ISBN 3-429-01912-5

Vor einiger Zeit traf ich einen befreundeten Pfarrer, der sich allein versorgt und, wie er mir gestand, gelegentlich auch mein erstes Kochbuch zu Rate zieht. Natürlich diskutierten wir dann mehr über Kochrezepte als über die Kirchenkrise, wobei mir mein Gesprächspartner einen wahrlich gesegneten Appetit bescheinigte. Auf meine erstaunte Rückfrage hin stellte sich heraus, daß er übersehen hatte, daß sämtliche Rezepte für *vier* Personen berechnet sind. In der Regel gilt das auch für das vorliegende Buch. In Ausnahmefällen findet sich ein entsprechender Vermerk. Die Angaben in EL und TL beziehen sich immer auf gehäufte Eß- oder Teelöffel. Die Sportlehrer und -lehrerinnen, die gelegentlich am Herd hantieren, möchte ich daran erinnern, daß die Stoppuhr kein geeignetes Instrument ist, um die Garzeiten zu bemessen.

Vor dem Kochen bin ich für alle nur möglichen gastronomischen Tips und kulinarischen Ratschläge offen. Wenn ich aber erst einmal in der Küche hantiere, lasse ich mir nicht gerne auf die Finger und in die Töpfe schauen. Und schon gar nicht mag ich es, wenn mir dann jcmand dreinredet.

Anders verhielt es sich bei der Niederschrift meines neuen Kochhbuchs. Daß Michael Lauble seine Lektoratstatigkeit nicht nur professionell, sondern auch kreativ ausübt, hat sich einmal mehr positiv ausgewirkt, und dafür bin ich ihm zu Dank verpflichtet.

Wenn ich ein Essen ausrichte, besorge ich hinterher das Spülen und das Aufräumen der Küche selber. Im Gegensatz dazu blieb mir nach dem Abschluß der Arbeit am Manuskript dieses Bandes der leidige »Abwasch« (im Klartext: die Korrektur der Druckfahnen) erspart. Diese Mühe hat, wie schon bei manchen meiner früheren Buchveröffentlichungen, Imelda Casutt auf sich genommen, wofür ich ihr hier herzlich danken möchte.

Ostermontag 1997 *Josef Imbach*

Inhalt

Mehr Inhalt, weniger Kunst!
William Shakespeare, Hamlet

Hors-d'œuvre

dringend: Frau Casutt anrufen!!
HORS D'OEUVRE
Jakobsmuscheln mit Weinsoße
Butter, Weißwein, Sahne, Stangensellerie
Michael Lauble
Henry Euler

Obwohl durch Erfahrung mit der Tatsache bekannt,
daß Vorreden niemals gelesen werden,
weiß ich doch ebenfalls, daß sie zur literarischen
Uniform gehören und als Verbrämung von Büchern
ganz unerläßlich sind.

Carl Friedrich von Rumohr,
Der Geist der Kochkunst

»Im Gegensatze nämlich zu dem Walfischfraße der Grönländer und zu ähnlichen verabscheuungswürdigen Rohigkeiten, pflegt bei den gesitteten Völkern eine gewisse Überfeinerung der Kochkunst einzutreten.« Die Schrift, in der sich diese drastische Äußerung findet, erschien im Jahre 1822 und trägt den Titel *Der Geist der Kochkunst*. Als Verfasser zeichnet der holsteinische Junker Carl Friedrich von Rumohr (1785–1843), der mit zu den Begründern der deutschen Kunstwissenschaft gehört. Als solcher will er zeigen, daß auch das Kochen etwas mit Kultur zu tun hat.

Als ich vor einiger Zeit einen größeren Empfang auszurichten hatte und gerade damit beschäftigt war, meine Garnitur von Küchenmessern, Gabeln und anderes Steckzeug zur Prüfung des Bratens, einen Knüppel zum Kartoffelbreistampfen, gußeiserne Pfannen, die an Schilde erinnern, und schließlich gar das Schlachterbeil zurechtzulegen, kam mir der Gedanke, ob einer von den in Rumohrs Phantasie existierenden Grönländern meine Küche nicht mit einer Waffenkammer verwechseln würde. Für unsereins ist eine *mise en place* natürlich eine harmlose Angelegenheit, weil das vorbereitete Kriegszeug ja für friedliche Zwecke genutzt wird.

Anders verhält es sich mit dem Essen. Es sind Fälle bekannt, in denen diese an sich angenehme Seite des Lebens ernste Folgen zeitigte. Der phrygische König Midas verlor den Appetit, weil alles, was er berührte, sich in Gold verwandelte. Isaaks älterer Bruder Esau verlor sämtliche mit seiner Erstgeburt verbundenen Rechte, weil er seine Lust auf ein einfaches Linsengericht nicht zu bezähmen vermochte. Und wohl mehr als ein Papst verlor gar sein Leben, als im 14. und 15. Jahrhundert im Vatikanpalast Pilze gekocht wurden.

Selbst wenn das Essen auf dem Tisch und keine Auseinandersetzung ansteht, lauern hinter jedem Teller, vorab aber in jedem Becher hundert Gefahren für Leib und Seele. Oder hat man vielleicht noch nie davon gehört, daß eine Tafelrunde sich plötzlich in ein Schlachtfeld verwandelt, weil (um Rumohr ein letztes Mal zu zitieren und gleichzeitig zu zeigen, daß er seine aristokratische Contenance gelegentlich verliert) »bestialisches Saufen« häufig dazu führt, daß jemand eine Anspielung in den falschen Hals kriegt oder eine Anzüglichkeit nicht schlucken mag?

Wer um solche Gefährdungen weiß, findet auch Wege, um sie zu meiden. Dann gerät, in Ruhe genossen, selbst ein bescheidenes Mahl zum Festschmaus, auf den man sich lange vorher freuen kann. Diese Lust am Essen hat auch der französische Bischof und Politiker Charles Maurice Talleyrand, allerdings erst im vorgerückten Alter, bekundet: »Man zeige mir ein anderes Vergnügen, das sich jeden Tag einstellt und eine Stunde dauert.«

Ich meinerseits finde es nicht weniger vergnüglich, in allen nur möglichen Küchen herumzuschnuppern, um zu beobachten, was sich da so tut. Während ich in meinem ersten Kochbuch (*Küche – Kirche – Kochgenüsse*, Echter Verlag, Würzburg ²1995) vorwiegend aus der eigenen Küche geplaudert habe, konnte ich diesmal der Versuchung nicht widerstehen, meine Nase in fremde Töpfe zu stecken und mich bei Päpsten und Prälaten, in Königspalästen und an Fürstenhöfen, aber auch bei Starköchinnen und Kochpäpsten sowie bei Künstlern und Klosterleuten etwas umzusehen. Letztere wiederum brachten mich auf den Gedanken, den zum Teil recht verschlungenen und nicht immer spannungsfreien Beziehungen zwischen Kirche und Küche vermehrt nachzuspüren. Auf diese Weise wurde aus meinen Eskapaden an andere Herde gleichzeitig eine Exkursion in die Vergangenheit, wobei natürlich (zwei Seelen wohnen auch in meiner Brust!) meine gastronomischen Neigungen mitunter von den theologischen Interessen eingeholt wurden – und umgekehrt.

Der Bibel zufolge besteht bekanntlich kein Widerspruch zwischen beiden. Wenn wir uns zu Tisch setzen, brauchen wir deshalb keineswegs so zu tun, als äßen wir nicht (wie Paulus wohl sagen würde; siehe 1. Korintherbrief, 7. Kapitel, Verse 29–30). Immerhin ist in der Bibel, und zwar auf zustimmende Weise, an fast achtzig Stellen von Mählern die Rede, womit zumeist Gast- und Festmähler gemeint sind. Selbst der Begriff ›Gelage‹ wird mehrheitlich positiv verwendet. Die fast tausend Passagen schließlich, die schlicht und einfach vom Essen im Sinne von Ernährung handeln, verteilen sich auf beinahe sämtliche biblische Schriften. Schon deshalb fühle ich mich als zünftiger Theologe durchaus legitimiert, das Thema auch praxisbezogen anzugehen.

Natürlich denke ich beim Kochen nicht nur an den Genuß, sondern auch an die Gesundheit. Aber ein Rezeptbuch wie dieses ist nun einmal keine Heilfastenfibel, abgesehen davon, daß man sich an der ›gesunden‹ Kost auch krank essen kann. Wir brauchen ja nicht dermaßen zu übertreiben wie der Klerus im England des 16. Jahrhunderts, als der Primas von Canterbury sich genötigt sah, seinen erzbischöflichen Kollegen nicht mehr als sechs Fleischgerichte und vier Beilagen pro Mahlzeit zu gestatten. Für gewöhnliche Bischöfe waren gerade noch fünf Fleischgänge und drei Nebengerichte vorgesehen; die niedrigeren Chargen im geistlichen Stand wurden entsprechend ihrer Rangstufe noch schmäler gehalten.

Das Beispiel zeigt, daß es in diesem Buch nicht nur Erbauliches zu berichten gibt. Sollten Ihnen, liebe Leserinnen und Leser, gewisse Geschichten in moralischer Hinsicht aufstoßen, so vermögen Sie sie unter Umständen unter historischem Gesichtspunkt zu goutieren. Ähnliches gilt für die Rezepte. Einige erscheinen Ihnen vielleicht etwas zu bescheiden, andere zu aufwendig. Sie können trotzdem Gewinn daraus schlagen. Was Sie zur Bereicherung ihres Speisezettels nicht benötigen, kann immer noch zur Erweiterung Ihres Wissens beitragen.

Im Gegensatz zum Erzbischof von Canterbury bin ich der Ansicht, daß es kein Vorrecht der Prälaten ist, ab und zu etwas ausgiebiger zu tafeln. Was ihnen schmeckt, ist auch für uns gewöhnliche Sterbliche gut genug. Und was wir kochen, würde vermutlich in den meisten Fällen auch Fürsten munden. Vorausgesetzt, wir haben es mit Liebe zubereitet.

Klosterkost

Und wer in dem Kloster
gut zu schwatzen versteht, der wird im Orden erhoben,
wird zum Lesemeister, zum Kustos oder zum Prior.
Andere stehen beiseite. Die Schüsseln werden gar ungleich
aufgetragen; denn einige müssen des Nachts in dem Chore
singen, lesen, die Gräber umgehen; die anderen haben
guten Vorteil und Ruh' und essen die köstlichen Bissen.

Johann Wolfgang von Goethe, Reineke Fuchs

Drum eßt nur, Pfaffen, Hühner, trinket Wein
Und laßt die dummen deutschen Laien fasten!

Walther von der Vogelweide, Gedichte

Sie meditieren und destillieren. Sie reden von Gott und denken ans Bier. Sie mahnen zur Askese, und sie keltern Wein. Sie singen Psalmen und naschen Käse. Natürlich entsprechen diese Vorstellungen vom Klosterleben längst nicht mehr der Wirklichkeit.

Da gegenwärtig fast alle kirchlichen Orden unter akutem Nachwuchsmangel leiden, haben sich die Findigeren unter den Mönchen und Nonnen etwas einfallen lassen, um ihre unausgelasteten Kapazitäten zu nutzen. Unter dem Slogan *Kloster auf Zeit* laden sie sinnsuchende Zeitgenossen und meditationsfreudige Esoterikerinnen ein, für ein paar Tage ihr Leben zu teilen. Der Preis für diese seelischen Höhenflüge besteht zumeist in einer freiwilligen Spende, die selbst dann noch kostendeckend ist, wenn sie entfällt. Denn unter der buntscheckigen Klientel befindet sich schon einmal ein Mäzen, der aus purer Großzügigkeit oder aus christlicher Überzeugung die Ermahnung des Völkerapostels Paulus beherzigt, welcher sich wünscht, daß einer des anderen Last trage.

Allerdings soll es gelegentlich vorkommen, daß sich Genußspechte unter die

Gästeschar schleichen, die kein geistliches Hochzeitskleid tragen, sondern, fasziniert von gewissen Darstellungen auf Weinflaschen, Bierdosen und Käseschachteln, schlicht und einfach auf Erfahrungen kulinarischer Art aus sind.

Historisch betrachtet hat die Lebensmittelwerbung gute Gründe, wenn sie auf die Klosterleute zurückgreift, um Hochprozentiges an den Mann zu bringen. Schließlich waren es die Kartäuser, welche den *Chartreuse* erfanden, während die Benediktiner ihren *Bénédictine* auf Flaschen zogen. Erst die Nonnen im Kloster Säckingen haben dem Schabziger im 13. Jahrhundert durch Beimischung einer Kleesorte (*trigonella caerulea*) zu seinem unverkennbaren Aroma verholfen. Ohne das berühmte Klosterbier müßte Unsere Liebe Frau im oberbayerischen Andechs ein Rentnerinnendasein fristen. Und ohne *Dom Pérignon* und *Frère Oudart* (gegen die die schelmische *Veuve Cliquot* einfach etwas angejahrt wirkt) wäre die Menschheit noch ärmer.

Allerdings denken die Werbebeauftragten in der Lebensmittelbranche keineswegs historisch, sondern in klingender Münze. Was wir ihnen auch gar nicht verübeln. Sie wissen genau wie wir, daß das Auge mitißt. Tatsächlich würde uns ein *Tête de Moine* ohne die drei tonsurierten Mönchsschädel auf der Verpackung nur halb so gut schmecken, selbst wenn wir wüßten, daß er schon im 12. Jahrhundert im Kloster Bellelay im Berner Jura produziert wurde. Sogar ein *Pères Cordeliers* macht uns nur an, weil uns ein glanzäugiger Klosterbruder vom Etikett entgegenwinkt. Und ein Franziskanerbier ohne das Bildnis mit dem humpenschwingenden Kuttenmann würden wir schon nach dem ersten Schluck wegschütten.

Daß die Klosterleute auf den Verpackungen allesamt etwas Kapuzinerhaftes an sich haben, sollte uns nicht verwundern. Ein Jesuit in Jackett und Krawatte, der mit scharfsinnigem Blick und schlauer Logik für (oder neuerdings auch gegen) den Papst kämpft, vermöchte unseren Appetit keinen Augenblick zu stimulieren. Das bringt bloß ein Gottesmann zustande, der die Züge eines Bruder Liederlich und eines frommen Einsiedlers in sich vereint, eine Spitzwegfigur eben, die beides ausstrahlt, Heiterkeit *und* Heiligkeit, je nachdem, ob sie von der Laterne im Keller oder von der Kerze im Chor beschienen wird. Dazu paßt, was Alphonse Daudet in seinen *Lettres de mon moulin* von einem unglücklichen Mönch erzählt, der für das leibliche Wohl der anderen sorgt und dabei an der eigenen Seele Schaden leidet. Allabendlich ersucht der Bedauernswerte seinen Abt um Absolution, weil er doch beim Schnapsbrennen die Qualität seines Erzeugnisses eigenmündig testen muß und so dauernd gegen die heilige Regel verstößt.

Klosterbier? Klosterwein? Klosterkäse? Klosterschnaps? Diese Köstlichkeiten werden heute nur noch in Ausnahmefällen von Mönchen hergestellt. Geblieben sind die Namen – und die nostalgischen Bildchen auf der Verpackung. Damit tragen die heutigen Nahrungsmittelproduzenten zu etwas bei, was die Orden selber allein einfach nicht mehr schaffen, nämlich ihre Präsenz in der Welt zu dokumentieren.

Und die Nonnen? Wer sich am Klosterbier und am Klosterkäse übertan hat, mag sein Übel mit *Klosterfrau Melissengeist* kurieren. Es sei denn, es gälte zu vermeiden, daß die Frauen in der Kirche wenigstens hier das letzte Wort behalten.

Wer Klosterurlaub bucht, um lukullisch zu speisen, vergißt, daß in den Ordenshäusern nicht Leute die Kelle rühren, welche drei Kochmützen vorzuweisen haben. Aber wenn für die Gastlichkeit Sterne vergeben würden, müßte man manchen Klöstern mindestens deren fünf verleihen.

Das hängt wohl damit zusammen, daß früher viele Monasterien, vor allem wenn sie gleichzeitig ein beliebtes Wallfahrtsziel darstellten, den Pilgersleuten als Herbergen dienten (worauf wir später zurückkommen werden).

Obwohl die Klöster ihre Gäste in der Regel keineswegs verwöhnten, waren sie dort allemal besser untergebracht als in den spätmittelalterlichen Herbergen und in den Hospizen zu Beginn der Neuzeit. Diese Lokalitäten galten damals weit herum als Brutstätten des Lasters und des Sittenverfalls. In seinen satirischen *Colloquia familiaria* (Vertraute Gespräche) befaßt sich Erasmus von Rotterdam eingehend mit diesem Phänomen.

Wenn seine Darstellung auch nur halbwegs der Wirklichkeit entspricht, bestanden die Hospize mehrheitlich aus stickigen Räumen, in denen sich Scharen von Leuten drängten, Wallfahrer und Wanderer, Schwindler und Schmarotzer, Parasiten und Schnorrer, Fuhrknechte und Bauern und Krämer, aufgeputzte Weiber, lärmende Kinder, händelsüchtige Gesellen – »der eine kämmt sich, der andere wischt sich den Schweiß ab, der dritte scheuerte seine Stiefel, wieder einer rülpst nach Knoblauch...« Von anderen Ausdünstungen will der feinsinnige Humanist gar nicht erst reden, und von den Krankheiten, die man sich in dieser Umgebung holen kann – Erasmus erwähnt bloß die zu seiner Zeit allerorts verbreitete Lustseuche – möchte er lieber schweigen, denn »jede Krankheit ist ansteckend«.

Ausführlich hingegen beschwert er sich über die Kost, welche griesgrämige und geschäftstüchtige Wirte ihren Gästen zumuten: lauwarme Suppen, undefinierbaren Pamp, dazu einen Wein, der eher nach Essig denn nach Rebensaft schmeckt. Erst wenn die Leute keinen Hunger mehr verspüren, rückt der Schankwirt ein knapp bemessenes Stück Braten oder eine kleine Forelle heraus, die er sich teuer bezahlen läßt.

Daß die Klostergäste zu derartigen Mängelrügen weniger Anlaß hatten, verdankten sie nicht zuletzt dem heiligen Benedikt, welcher der Gastfreundschaft in seiner Regel ein eigenes Kapitel widmet.

Alle Gäste, die zum Kloster kommen, werden wie Christus aufgenommen; denn er wird einst sprechen: »Ich war fremd, und ihr habt mich beherbergt.« Allen erweise man die ihnen gebührende Ehre, besonders den Glaubensgenossen und den Pilgern. Sobald also ein Gast angemeldet ist, gehen ihm der Obere und die Brüder in vollkommener Erfüllung christlicher Liebespflicht entgegen.

Zuerst sollen sie miteinander beten und einander den Friedenskuß geben. Bei der Begrüßung selbst zeige man vor allen Gästen große Demut. Wenn sie kommen und wenn sie gehen, verneige man vor ihnen das Haupt oder werfe sich ganz zur Erde nieder und verehre so in ihnen Christus, den man in ihnen ja auch aufnimmt. Der Obere soll eines Gastes wegen das Fasten brechen. Der Abt gieße den Gästen Wasser über die Hände. Die Fußwaschung nehme der Abt zusammen mit der ganzen Gemeinschaft an den Gästen vor. Ganz besondere Aufmerksamkeit zeige man bei der Aufnahme von Armen und Pilgern, da in ihnen Christus ganz besonders aufgenommen wird. Bei den Reichen bewirkt nämlich bereits das Gebieterische ihres Auftretens Ehrerbietung. Die Küche für den Abt und die Gäste sei für sich; so stören die Gäste, die zu unbestimmten Zeiten ankommen und im Kloster niemals fehlen, das Leben der Brüder nicht. Niemand darf ohne Erlaubnis des Abts mit den Gästen verkehren und reden.

Benedikt erinnert in diesem 53. Kapitel seiner Ordensregel an das Wort Jesu, nach welchem jene, die Fremde bei sich aufnehmen, ihm selber Herberge gewähren, wobei er gleichzeitig und ohne es zu beabsichtigen aufzeigt, wie sehr jeder Vergleich hinkt: Den Mönchen ist es verboten, ohne Erlaubnis des Abts mit den Gästen zu verkehren, obwohl diese doch Christus verkörpern...

Die vollkommene Glückseligkeit

Ob die Nachfolger des heiligen Benedikt sich in Sachen Gastfreundschaft stets an die Anweisungen ihres Ordensstifters gehalten haben, sei dahingestellt. Denn wer immer einen noch so begrenzten Einblick in ein Kloster hat, wird sehr schnell erkennen, daß auch in diesen heiligen Hallen die Wirklichkeit mit dem Ideal nicht voll harmoniert. Daß das auch für die Gastfreundschaft gilt, dokumentiert eine – natürlich rein hypothetische – Überlegung eines anderen Ordensgründers (wobei man allerdings berücksichtigen sollte, daß fiktive Gedankengänge in der Regel auf einem Erfahrungshintergrund beruhen).

In den *Fioretti*, dem Legendenkranz, den die fromme Volksphantasie um den heiligen Franz von Assisi geflochten hat, wird berichtet, wie Bruder Leo, der treue Begleiter und engste Vertraute des Heiligen, auf dem Weg von Perugia nach Porziuncula darüber nachdenkt, worin denn wohl die vollkommene Glückseligkeit bestehe. Worauf ihn Francesco auf diese Weise belehrt:

Wenn wir nun nach Santa Maria degli Angeli kommen, vom Regen durchnäßt, von Kälte durchfroren, mit Kot bespritzt, von Hunger gequält, und wenn wir dann an die Pforte des Klosters klopfen und der Pförtner kommt zornig heraus und spricht: »Wer seid ihr?« und wenn wir dann antworten: »Wir sind zwei von euren Brüdern!«, er aber entgegnet: »Ihr redet die Unwahrheit, ihr seid zwei Strauchdiebe, die ihr die Welt betrügt und die Armen ihrer Almosen beraubt, fort mit euch!« – und wenn er uns nicht einläßt, sondern uns nötigt, draußen in Schnee und Regen, hungernd und frierend bis in die Nacht hinein zu bleiben – dann – wenn wir solch Unrecht, solche Grausamkeit, so harte Zurückweisung geduldig und ohne Zorn tragen werden, dann, wenn wir in Demut und Liebe bedenken, daß der Pförtner uns zwar kennt, daß Gott ihm aber die Worte wider uns eingibt – o Bruder Leo, schreib es dir auf, das ist völlige Glückseligkeit! Und wenn wir dann nicht aufhören zu klopfen, und er zornig herauskommt und verjagt uns wie freche Landstreicher mit Schimpf und Schlägen und spricht: »Packt euch, ihr elenden Burschen, geht in das Spital, hier bekommt ihr weder Speise noch Obdach!« – wenn wir auch das geduldig, heiter und in Liebe ertragen – o Bruder Leo, schreib es dir auf, das ist völlige Glückseligkeit! Und wenn wir dennoch, von Hunger und Kälte gequält und von dem Dunkel der Nacht geängstigt, abermals klopfen und rufen und bitten und weinen, er möge uns auftun, uns nur einlassen, und wenn jener noch mehr aufgebracht ausrufen wird: »Das sind ja ganz unverschämte Gesellen, ich werde ihnen heimzahlen, so wie sie es verdienen!« – und wenn er dann mit seinem Knotenstock herauskommt, uns bei der Kapuze packt, uns zu Boden wirft, uns im Schnee wälzt und uns mit seinem Stock Schlag auf Schlag versetzt, wenn wir alles geduldig und heiter ertragen, im Gedanken an die Leiden des gebenedeiten Christus, die wir ihm zuliebe dulden müssen – o Bruder Leo, schreib es dir auf, das ist volle Glückseligkeit.

Legenden zielen auf Erbauung. Berechtigt ist daher unsere Hoffnung, daß das Beispiel der zwei imaginär malträtierten Minderbrüder das Herz des knüppelschwingenden Klosterpförtners schließlich doch noch erweichen wird. Wir können uns sehr wohl vorstellen, daß der Grobian an der Klosterpforte ähnlich wie der Wolf von Gubbio zu guter Letzt in sich geht (aber das wäre schon wieder eine andere Geschichte, von der das 21. Kapitel der *Fioretti* handelt); wie er den vermeintlichen Lumpengesellen zu Füßen fällt und sie beschämt um Absolution ersucht; wie er ihnen den Türflügel öffnet und sie wider alle altfromme Gepflogenheit ohne den Umweg über die Kapelle direkt in die Klosterküche führt, wo er die Glut anbläst und die am Mittag übriggebliebene Suppe aufwärmt. Bruder Leo seinerseits, der neben- und ehrenamtliche Skriptor und Sekretär des heiligen Franz, bekundet seine Demut und Dankbarkeit, indem er den Wüterich mit dem weichen Herzen um das Rezept bittet, um es, allerdings in etwas kleineren Lettern, am Ende seiner Aufzeichnungen über die vollkommene Glückseligkeit für die Nachwelt aufzubewahren. Und so kommen auch wir Heutigen in den Genuß einer franziskanisch-einfachen und gerade deshalb so wohlschmeckenden Eiersuppe, wie sie in Mittelitalien schon zu Zeiten des Poverello zubereitet wurde und heute auch in unseren Gegenden geschätzt wird.

Einlaufsuppe

Während wir einen Liter Fleisch- oder Gemüsebrühe erhitzen, verrühren wir mit einer Gabel 3 Eier, die wir mit etwas Salz, Pfeffer und Muskat würzen. Nun geben wir noch 3–4 EL Parmesan oder Pecorino dazu und gießen die Eimasse unter Rühren langsam in die Suppe. Fertig. Falls wir gerade keinen Käse im Hause haben, behelfen wir uns mit etwas gehacktem Schnittlauch oder Petersilie.

Goethe bei den Kapuzinern

Daß die Nachfolger des heiligen Franz sich etwas menschlicher verhalten als ihre Vorgänger in der Legende von der vollkommenen Glückseligkeit, erfuhr Goethe auf einer seiner Schweizer Reisen im urnerischen Realp.

Wir hatten unsere Führer schon verschiedentlich gefragt, was für ein Wirtshaus und besonders was für Wein wir in Realp zu erwarten hätten. Die Hoffnung, die sie uns gaben, war nicht sonderlich, doch versicherten sie, daß die Kapuziner daselbst, die zwar nicht, wie auf dem Gotthard, ein Hospitium hätten, dennoch manchmal Fremde aufzunehmen pflegten. (...) Die Patres, Herren, Knechte und Träger haben alle zusammen an einem Tische gesessen; nur der Frater, der die Küche besorgte, war erst gegen Ende der Tafel sichtbar. Er hatte aus Eiern, Milch und Mehl gar mannigfaltige Speisen zusammengebracht, die wir uns eine nach der anderen sehr wohl schmecken ließen.

Eierkuchen mit Speckwürfelchen

Eier, Milch und Mehl. Vermutlich stand damals ein Eierkuchen auf dem Speisezettel der Kapuziner. Und die konnten sich zu Zeiten Goethes in ländlichen Gegenden wahrlich sehen lassen. Zeitgenössische Kochbücher enthalten verschiedene Varianten dieses nahrhaften Gerichts. Wir entscheiden uns hier für die währschafteste (wie man in der Schweiz zu sagen pflegt).

6 Eier
1 EL Mehl
Salz, Pfeffer, Muskat
1 fein gehackte Zwiebel
3–4 altbackene Semmeln in kleinen Würfeln
250 ml Milch
2 EL fein gehackte Petersilie
120 g Speckwürfelchen
25 g Butter
Bratbutter

Die Eier mit der Milch, dem Mehl, der Petersilie und den Gewürzen zu einem Teig verrühren und diesen mindestens 20 Minuten ruhen lassen. Die

Zwiebeln in der heißen Butter knapp glasig dünsten. Die Semmelwürfelchen dazugeben, mitrösten. Die Speckwürfelchen auslassen und zusammen mit der Brot-Zwiebel-Mischung unter den Teig rühren. Diesen portionsweise in etwas Bratbutter ausbacken.

Im Namen Gottes fahren wir

Im Mittelalter nahmen unzählige Gläubige das Risiko einer oft monatelangen und gefährlichen Pilgerfahrt auf sich – aus sehr unterschiedlichen Beweggründen.

»Statt zu beten und zu wachen, geben sich die Menschen unpassenden Freudenbekundgebungen hin mit Springen, Singen von Liebesliedern und obszönen Tänzen.« Mit dieser Begründung untersagte die Synode von Avignon im Jahre 1209 den Pilgern die Übernachtung in Kirchen, einen damals weitverbreiteten Brauch, weil es an manchen Wallfahrtsorten an geeigneten Herbergen fehlte. Die häufige Wiederholung ähnlicher Klagen und Proteste läßt darauf schließen, daß das Verbot ziemlich wirkungslos geblieben ist.

Im Gegensatz zum Koran, welcher den Muslims vorschreibt, wenigstens einmal während ihres Lebens nach Mekka zu pilgern, kennt das Christentum keine Verpflichtung zur Wallfahrt. Dennoch haben sich immer wieder Menschen auf den Weg gemacht und Pilgerfahrten zu weit entfernten Zielen unternommen. Solche Pilgerreisen wurden damals nicht nur angetreten, um ein Gelübde einzulösen oder um die Heiligen an ihrer Grabstätte anzurufen. Wichtige Beweggründe waren auch die Suche nach Heilung oder die Heiligen*verehrung*, ebenso die Heiligen*nachahmung* sowie der Sühnegedanke. Außerdem mag auch der profane Wunsch nach Unterhaltung und neuen Erfahrungen eine nicht unbedeutende Rolle gespielt haben. Jedenfalls gibt es vielerlei Hinweise darauf, daß manche Gläubige in der Wallfahrt die einzige Möglichkeit sahen, der Eintönigkeit des Alltagslebens für eine Weile zu entfliehen. Die Grenzen zwischen Pilgerfahrt und Vergnügungsreise waren, vor allem gegen Ende des Mittelalters, fließend. Dies belegen zahlreiche Zeugnisse aus dem 16. Jahrhundert. Es war damals keine Seltenheit, daß jemand eine Wallfahrt antrat, in der erklärten Absicht, sich nicht nur geistlichen Freuden, sondern auch allerlei leiblichen Genüssen hinzugeben. Andere wiederum verbanden die Wallfahrt mit einer mehrwöchigen Badekur in vornehmer Gesellschaft oder konzipierten die Pilgerfahrt gleich von Anfang an als Bildungsreise.

Vor allem seit dem Spätmittelalter machten sich viele auf den Weg, um ein Testament zu vollstrecken. Es handelte sich dabei um sogenannte Stellvertreter-Wallfahrten, die dem Seelenheil der Erblasser zugute kommen sollten. Für diese »Arbeiten« (wie es in den Berichten öfters heißt) wurden die Pilger auf ausdrückliche testamentarische Verfügung hin angemessen entschädigt. Natürlich trugen die Vergütungen auch dem Stand des Pilgers Rechnung. So konnte es geschehen, daß ein Priester für denselben Weg fast doppelt soviel erhielt wie ein Laie, offenbar deshalb, weil man ihm auf seiner beschwerlichen Reise etwas mehr Komfort zugestand.

Ähnlich wie in der heutigen Touristik gab es Pauschalarrangements. Venezianische Reeder organisierten Wallfahrten ins Heilige Land, bei denen die Nebenkosten wie Zölle, Unterkunft und Essen im Preis inbegriffen waren. Verwunderlich ist bloß, daß zu jener Zeit noch niemand auf den Gedanken verfiel, Reiseversicherungen anzubieten, zumal die Pilgersleute mit allen nur denkbaren Gefahren zu rechnen hatten. Immer wieder berichten die zeitgenössischen Quellen von Gastwirten, welche die frommen Abenteurer schon am Stadteingang empfingen und sie in ihre Herberge lockten, wo sie dann allerlei böse Überraschungen erlebten, weil der Schankwirt ihnen die Wallfahrtskerzen zu überhöhten Preisen verkaufte, verdorbene Speisen auftischte oder die Schlafenden während der Nacht durch Komplizen ihrer Habe berauben ließ. Häufig verweisen die zeitgenössischen Darstellungen auch auf nichtsnutzige Fährleute und gerissene Zöllner. Dann wieder ist die Rede von allerlei Gaunern, Banditen und Wegelagerern, denen ein Menschenleben noch weniger wert war als die zuweilen recht klägliche Beute aus ihren üblen Unternehmungen.

Wo es möglich war, verbrachte man die erste Nacht am Wallfahrtsort in der Regel betend in der Basilika; auf diese Weise ließen sich die Unkosten für die Herberge einsparen. Was weiter geschah, hat sich bis heute kaum verändert. Am Morgen empfing man die Lossprechung, wohnte der Messe bei und suchte sich möglichst nahe an das Grab oder zu den Reliquien der Heiligen durchzukämpfen. Dabei befand man sich in Gesellschaft von Halbgelähmten, Verwachsenen, Blinden, aber auch von Menschen mit teilweise offenen und schwärenden Wunden. Begreiflich, daß in dem unvermeidlichen Gedränge immer wieder Menschen niedergetreten wurden und daß selbst gesunde Pilger oder Pilgerinnen manchmal in Ohnmacht fielen. So weiß ein Chronist zu berichten, daß auf dem Mont St. Michel im Jahre 1318 einmal dreizehn Menschen in der vorwärtsdrängenden Menge erstickten.

Natürlich kamen die Pilger nicht mit leeren Händen ins Gotteshaus. An einer vom Ordnungsdienst bestimmten Stelle entrichteten sie ihren Obolus, ließen Messen lesen, opferten Kerzen. Diese letzteren sollten die Heiligen an den Spender oder die Spenderin und deren Anliegen erinnern. Manche Votivgaben aus Wachs oder gar aus Edelmetall hatten eine Beziehung zu einer Krankheit, deren Heilung man erflehte, oder zu einer Not, aus der man errettet worden war. Mit einem aus Silber geformten Ohr dankte man für die Heilung von Taubheit, mit einem wächsernen Schiff für die Rettung aus Seenot... Wer von einer wunderbaren Erhörung zu berichten hatte, erzählte diese einem der für die Wallfahrt zuständigen Patres, welcher das Ereignis in einem eigens dafür bestimmten Mirakelbuch festhielt, zu Ehren des Heiligen und der Nachwelt zur Erinnerung.

Hatte man die üblichen religiösen Übungen verrichtet, die mit einer Wallfahrt verbunden waren, sah man sich im Ort um. Daß dabei Vorsicht geboten war, versteht sich von selbst. Während die Pilgersleute an Gott dachten, sannen die Händler und Geldwechsler auf Gewinn. Und wo die Frommen zusammenströmen, findet sich auch das Diebesvolk ein. Nicht ganz unwichtig war der Erwerb eines Pilgerzeichens, welches in den heute in Touristenzentren erhältlichen Werbeaufklebern seine profane Entsprechung gefunden hat. Diese Pilgerzeichen wurden auf die Tasche oder auf den Mantel aufgenäht oder am Hut befestigt. Einerseits dienten sie als Beweis, daß man die Wallfahrt tatsächlich zu Ende geführt hatte. Anderseits versprach man sich davon auch einen besonderen Schutz.

Bevor man sich auf die Rückreise machte, besuchte man auf jeden Fall noch einmal das Grab der Heiligen, um sie um ihren Schutz zu bitten. Man war sich ja bewußt, daß eine Pilgerfahrt fast immer eine Gratwanderung darstellte zwischen Andacht und Abenteuer. Sicher jedoch ist, daß man das mittelalterliche Pilgerwesen nur verstehen kann, wenn man sich auf seine eigentliche Wurzel besinnt, nämlich auf den tiefen Glauben, aus dem heraus die meisten der damaligen Wallfahrer sich zu einem so gefahrenvollen Unternehmen entschlossen.

In der Zeit vom 10. bis zum beginnenden 16. Jahrhundert zog es die Gläubigen vorzugsweise zu den heiligen Stätten in Jerusalem und Rom, nach Trier und Aachen, aber auch nach dem elsässischen Thann, nach Einsiedeln und St. Gallen – vor allem jedoch nach Santiago de Compostela. Dort pflegten sich die Ankömmlinge zwei Meilen vor der Stadt in einem Fluß zu waschen. »Und währenddessen«, so ein mittelalterlicher *Reise- und Pilgerführer*, »widerfährt ihnen nicht selten das Mißgeschick, daß ihnen die Kleider gestohlen werden.« Muß man noch eigens erwähnen, daß die meisten Pilger nicht nur gegen leibliche Gefahren, sondern auch gegen seelische Anfechtungen zu kämpfen hatten? Jedenfalls sahen sich die Prediger immer wieder gezwungen, vor leichtfertigen Frauenzimmern zu warnen, welche die andachtsvollen Wallfahrer vor allem in den waldreichen Gegenden am Jakobsweg zu betören versuchten.

Die Überlieferung, nach welcher der Apostel Jakobus das Christentum nach Spanien brachte, ist vom 6. Jahrhundert an greifbar. Erst im 9. Jahrhundert verbreitete sich die Ansicht, daß ein an der Stelle der heutigen Kathedrale aufgefundenes Grab die sterblichen Überreste dieses Apostels enthielt. Um die Mitte des 12. Jahrhunderts verschmolzen die beiden Traditionen miteinander, wodurch die Wallfahrt zum heiligen Jakobus weltberühmt und Jakobus selbst zum Patron der Pilger wurde. Unzählige Jakobskapellen und Jakobskirchen wurden entlang dem noch heute vielbegangenen Pilgerweg errichtet. Gleichzeitig entstanden nicht nur zahlreiche Jakobshospize und Jakobsbruderschaften, sondern auch immer neue Jakobslegenden und Jakobslieder.

Und natürlich spielte auch die Jakobsmuschel in diesem Zusammenhang schon bald eine wichtige Rolle.

Im Mittelalter nämlich war das nordspanische Galicien eines der wenigen Gebiete, in denen diese Muscheln gefischt wurden. Von daher erklärt es sich, daß die nach Santiago de Compostela Pilgernden zum Beweis, daß sie die Wallfahrt wirklich absolviert hatten, sich eine dieser Muschelschalen an den Hut oder an den Mantel hefteten – daher die Bezeichnung Jakobsmuschel. Diese Erklärung schließt jene andere nicht aus, nach welcher sich dieser Begriff von jenen Wallfahrern herleitet, die gezwungen waren, ihre Nahrung auf dem Weg nach Santiago zu erbetteln und dabei die Muschelschalen, welche immerhin bis zu 15 cm Durchmesser erreichen können, als Teller benutzten.

Jakobsmuscheln an Weißweinsoße

Für diese delikate Vorspeise rechnen wir mit etwa vier Muscheln pro Person. Außerdem benötigen wir

2 kleine, *sehr* fein gehackte Schalotten
insgesamt etwa 60 g Butter
300 ml trockenen Weißwein
250 ml halbfette Sahne
Salz, weißen Pfeffer
1 gestrichenen EL gehackten Stangensellerie

Die Muscheln kaufen wir nach Möglichkeit frisch. Wenn wir uns nicht ungeschickt anstellen, bereitet uns das Öffnen keinerlei Schwierigkeiten.

In der einen Hand halten wir die Jakobsmuschel senkrecht, mit dem geraden Teil nach unten. Mit der anderen schieben wir oben an der Rundung vorsichtig eine spitze Messerklinge in die Muschel. Dann öffnen wir sie, klemmen den Daumen in den Spalt und schieben das Messer vorsichtig nach unten. Anschließend lösen wir das Muschelfleisch behutsam aus der Schale. Die dunklen Teile (die allenfalls für einen Fischfond Verwendung finden) entfernen wir und trennen den orangefarbenen Rogen (Corail) vom weißen Fleisch (der Nuß), von dem wir den kleinen abstehenden Muskel abschneiden. Nun spülen wir die Nuß und den Corail mehrmals mit kaltem Wasser ab. (Manche Fachgeschäfte führen in ihrem Sortiment Jakobsmuscheln, die bereits gereinigt sind.)

Die Schalotten in 1 EL Butter leicht glasig dünsten, mit dem Weißwein ablöschen und einige Minuten köcheln. Die Flüssigkeit mit der Sahne vermischen und bis auf etwa die Hälfte einkochen. 40 g kalte Butter unterziehen, salzen, pfeffern.

Nun werden die vorher quer halbierten Muscheln in einer Pfanne beidseitig ganz kurz in etwas Butter angebraten, mit wenig Salz und Pfeffer bestreut und in die warme Soße gegeben, wo sie vielleicht gerade noch eine bis anderthalb Minuten ziehen müssen. Angerichtet werden sie selbstverständlich in den gereinigten Muschelschalen. Wenn wir jetzt noch ein klein wenig sehr fein gehackten Stangensellerie darüberstreuen, werden unsere Gäste ganz bestimmt fragen, woher wir das Rezept haben. Grundehrlich, wie wir sind, sagen wir, daß wir uns von Marianne Kaltenbach (*Meine Fischküche*, Hallwag Verlag, Bern und

Stuttgart [4]1992) inspirieren ließen. Die Schweizer Gastronomin allerdings serviert ihre Coquilles Saint-Jacques in Champagnersoße und verwendet dazu nur die Nuß. Mit dem in etwas Weißwein gegarten Corail garniert sie einen Salat oder mischt ihn unter die Meeresfrüchte.

Himmlischer Geschmack oder teuflische Versuchung?

Am 20. September 1575 hatte der heilige Karl Borromäus, seit fünfzehn Jahren Kardinal und Erzbischof von Mailand und gefürchtet wegen seines kompromißlosen Einsatzes für eine eiserne Kirchenzucht, wieder einmal einen strengen Tag. Nachdem er in Bergamo ein Frauenkloster visitiert hatte, sah er sich zu etlichen Rügen veranlaßt. Aus seinem abschließenden Bericht (publiziert im Jahre 1937 von Angelo Roncalli, dem späteren Papst Johannes XXIII.) geht hervor, daß er vor allem am Verhalten einer gewissen Schwester Valeria argen Anstoß nahm:

Leider mußten Wir feststellen, daß besagte Schwester offenbar eine unglückselige Neigung zum Hamstern an den Tag legt. In der Tat hatte sie hinter ihrer Schlafstelle größere Mengen an Eßwaren und andere Dinge versteckt. Ex nunc *verfügen Wir daher, daß sie von ihrer Zelle in den gemeinschaftlichen Schlafsaal hinüberwechselt und dort verbleibt, bis der hochwürdigste Bischof etwas anderes verfügt.* Item *verfügen Wir außerdem, daß sie sich unter keinen Umständen in der Nähe der Klosterpforte aufhalten darf. Jeder Kontakt mit der Außenwelt ist ihr strengstens untersagt, und zwar für die nächsten drei Jahre, oder auch länger, falls es dem hochwürdigsten Bischof geboten scheint.* Item *untersagen Wir ihr für die kommenden drei Jahre, die Küche zu betreten. Jede Mißachtung dieses Verbots ist mit einer Kerkerstrafe von jeweils einer Woche zu ahnden. Außerdem ordnen Wir an, daß besagte Schwester während der ganzen folgenden Woche in Gegenwart der anderen Nonnen ihre Mahlzeiten kniend in der Mitte des Speisesaals einzunehmen hat. Nach Ablauf dieser Frist soll sie während eines Jahres jeweils am Freitag auf obengenannte Weise ihre Mahlzeiten zu sich nehmen.*

Angesichts derartiger ans Sadistische grenzender Disziplinarmaßnahmen erscheinen die etwas ungewöhnlichen Ratschläge, welche der heilige Alfons von Liguori fast zweihundert Jahre später den Gesponsen Jesu erteilte, von geradezu umwerfender Großherzigkeit. Im Jahre 1761 nämlich veröffentlichte der damals gerade 29jährige Gründer der Redemptoristen (»Kongregation des allerheiligsten Erlösers«), der später als Moraltheologe die Sittenlehre der katholischen Kirche nachhaltig beeinflußte, unter dem Titel *Die wahre Braut Christi* eine Art Sittenspiegel für Nonnen. Nicht nur von Gebet und Meditation und der

Beherrschung der Sinne ist dort die Rede, sondern – wen wundert's? – auch von der selbst in Frauenklöstern grassierenden Gaumenlust.

Setzen wir also alles daran, um uns von diesem viehischen Laster nicht besiegen zu lassen! Gewiß müssen wir uns ernähren, um unser Leben zu erhalten. Indessen weist schon der heilige Augustinus darauf hin, daß wir die Speisen wie eine Arznei behandeln sollen; er ermahnt uns, nur gerade soviel zu essen, als nötig ist. Wer seinen Leib mit Speisen beschwert, ist wie ein vollgeladenes Schiff, das nur mühsam vorankommt.

Die beste Abtötung besteht darin, sich jener Speisen zu enthalten, die einem schmecken, aber der Gesundheit schaden, wie etwa das Frühobst. Außerdem rate ich, das Jahr über auf einige Arten von Obst gänzlich zu verzichten, ein oder zweimal während der Woche überhaupt kein Obst zu essen und die übrigen Tage sich die eine oder andere von den bei Tisch aufgetragenen Früchten zu versagen. Von leckeren Speisen möge man allenfalls ein wenig versuchen. Lobenswerter jedoch wäre es, sie zurückzuweisen unter dem Vorwand, daß sie einem nicht bekommen. Beherzigenswert ist auch der Rat des heiligen Bernhard, von seinem Lieblingsgericht nur wenig zu kosten. Das Verlangen zu trinken sowie den Wunsch, die vorgesetzte Mahlzeit sogleich zu verspeisen, soll man bezwingen. Insbesondere die jungen Klosterschwestern ermahne ich, auf Wein, Branntwein und Liköre zu verzichten.

Die hier genannten Entsagungen verleiten nicht zum Hochmut, noch schaden sie der Gesundheit. Überdies ist es nicht notwendig, sie alle gleichzeitig auf sich zu nehmen. Eine jede verzichte lediglich auf das, was die Mutter Oberin oder der Beichtvater für richtig befinden. Schließlich ist es besser, häufig auf kleine Dinge zu verzichten, als bloß gelegentlich große Opfer zu bringen.

Angesichts dieser teilweise etwas wunderlichen Ansichten darf man nicht vergessen, daß der heilige Alfons von Liguori kein Ernährungswissenschaftler, sondern Bischof und Moraltheologe war. Außerdem handelt es sich nicht um allgemeingültige Vorschriften, sondern lediglich um Ratschläge und Empfehlungen für Nonnen, welche obendrein noch ermahnt werden, in Sachen Speiseenthaltung nichts zu unternehmen, ohne sich vorher mit ihrer Oberin oder mit ihrem Beichtvater abzusprechen. Mit anderen Worten: Wenn ihnen etwas himmlisch schmeckt, ist das noch kein Indiz dafür, daß es sich um eine teuflische Versuchung handelt!

Daß man auch aus einfachen Zutaten sehr leckere Gerichte zubereiten kann, dokumentiert Sebastiana Papa in ihrem Buch *La nuova cucina dei monasteri* (Die *Nouvelle cuisine* der Monasterien), in welchem sie zahlreiche Rezepte veröffentlicht, die sie in italienischen Frauenkonventen gesammelt hat. Das folgende Menü mit dem keineswegs kalorienarmen Nachtisch ist aus den in diesem Buche enthaltenen Kochanleitungen aus Klosterküchen zusammengestellt.

KLOSTERMENÜ

Gefüllte Auberginen
nach Art des Klarissenklosters
Santa Chiara von Grottaglie (Taranto)

Thunfischwurst
wie sie im Karmeliterinnenkloster
San Giovanni in Noto (Syrakus)
zubereitet wird

Gebackene Zwiebeln
wiederum nach Art des Klarissenklosters
Santa Chiara von Grottaglie (Taranto)

Zabaglione
Eine Spezialität der Benediktinerinnen
von San Marco in Offida (Ascoli)

Nußlikör
auf Flaschen gezogen von den
Kamaldulenserinnen des Klosters
San Giovanni Evangelista
in Pratovecchio (Arezzo)

Gefüllte Auberginen

2 Auberginen
50 g geriebener Parmesan
1 EL gehackte Kapern
4 EL Semmelbrösel
4 EL Tomatensoße (Rezept unter »Überbackene Auberginen« im folgenden Kapitel)
1 Bund fein gehackte Petersilie
1 Ei
Salz, Pfeffer

Die Auberginen der Länge nach halbieren und während einiger Minuten in reichlich Wasser kochen und abkühlen lassen. Die Hälften mit einem Löffel etwas aushöhlen. Die herausgeschabte Masse mit den übrigen Zutaten außer der Tomatensoße zu einem Teig verarbeiten und die Auberginen damit füllen. Diese mit der Tomatensoße bestreichen, etwas Parmesan darüberstreuen und in einer ausgebutterten feuerfesten Form im Ofen backen.

Weil die Klarissen von Santa Chiara di Grottaglie auch in ihrer Klosterküche wie die Lilien des Feldes und die Vögel des Himmels, will sagen evangeliengemäß, leben, behelligen sie uns nicht mit weiteren Angaben. Für die

Schwester Köchin versteht es sich nämlich von selbst, daß sie den Backofen auf etwa 220 Grad aufheizt, bevor sie ihre Auberginen für ungefähr 20 Minuten ins Rohr schiebt.

Die schmecken übrigens sowohl warm wie kalt. Am besten jedoch munden sie uns lauwarm, weshalb wir auch keinerlei Hemmungen haben, in dieser Sache mit der Bibel einen kleinen Konflikt zu riskieren. Denn in bezug auf unsere Auberginen gilt ganz und gar nicht, was der Seher in der *Geheimen Offenbarung* der Gemeinde von Laodizea androht: »Du bist weder kalt noch heiß. Wärest du doch kalt oder heiß! Weil du aber lau bist, will ich dich aus meinem Munde ausspeien« (3. Kapitel, Verse 15–16).

Thunfischwurst

Wenn die Küchenmeisterin für die *zehn Schwestern* des Karmeliterinnenklosters San Giovanni in Noto (Syrakus) ihre ebenso berühmte wie delikate Thunfischwurst zubereitet, benötigt sie dazu lediglich

2 kg Kartoffeln	5 Eier
500 g Thunfisch	Salz

Die Kartoffeln in Salzwasser kochen, schälen und passieren. Den Thunfisch aus der Dose sehr fein hacken und zusammen mit dem Kartoffelbrei und den Eiern zu einem Teig verarbeiten und zu einer dicken Wurst formen. Diese mit einem Tuch umwickeln, beide Enden zubinden und die Wurst etwa eine halbe Stunde in reichlich Salzwasser kochen. Herausnehmen, mit einem Gewicht beschweren und erkalten lassen. Die Wurst in Scheiben schneiden und mit einer Mayonnaise servieren. Die Karmeliterinnen selber ersetzen die Mayonnaise durch eine Soße aus Olivenöl, Zitronensaft, gepreßtem Knoblauch, Kapern und ein paar Tropfen Wasser.

Ich möchte den wackeren Nonnen nicht ins Handwerk pfuschen. Aber Weltleute (was nicht das gleiche ist wie Leute von Welt) finden es vielleicht nicht unstandesgemäß, wenn sie der Teigmasse noch eine Handvoll Kapern, gehackten Basilikum und ein paar Sardellenfilets beifügen. Den Thunfisch und die Kartoffeln verarbeiten sie natürlich mit dem elektrischen Küchengerät, und statt des Tuches benutzen sie, falls zufällig vorhanden, einen jener Kunststoffbeutel, die man zum Backen und Kochen verwendet, um ihn auf diese Weise endlich zu entsorgen. Dabei werden sie nicht versäumen, die Wurst mit einer Nähnadel ein paarmal einzustechen, bevor sie sie ins siedende Wasser legen.

Gebackene Zwiebeln

Die Beilage zu unserer Thunfischwurst offerieren uns ebenfalls die Schwestern des Klarissenklosters von Grottaglie. Und zwar beglücken sie uns mit einem Gemüse, das in nordischen Landen etwas stiefmütterlich behandelt wird. Übrigens sehr zu Unrecht, wie das folgende Rezept beweist.

8 Zwiebeln	2 EL Olivenöl
1 Tomate	1 EL Semmelbrösel
1 EL Kapern	Salz, Pfeffer

Die Zwiebeln schälen und zehn Minuten blanchieren. Dann von oben her mit einem scharfen Messer kreuzweise möglichst tief einschneiden, ohne sie zu zerteilen. Die einzelnen Schichten vorsichtig etwas öffnen und Tomatenstückchen und Kapern dazwischenstecken. Mit Öl beträufeln, salzen, pfeffern, mit Semmelbröseln bestreuen und etwa 20 Minuten in dem auf 220 Grad vorgeheizten Ofen backen.

Zabaglione

Zum Nachtisch überraschen uns die Benediktinerinnen des Klosters San Marco in Offida (Ascoli) mit ihrem berühmten Zabaglione (oder Zabaione; auch in Italien ist die Schreibweise umstritten).

6 Eigelb	60 g Zucker
225 ml Marsala oder Malvasia	

Zucker und Eigelb in einer dünnwandigen Schüssel verrühren, den Marsala oder Malvasia dazugeben und die Masse im knapp siedenden Wasserbad zu Schaum schlagen.

Im Vergleich zu dem, was die Nonnen in früheren Jahrhunderten auf dem Tisch und in ihren Tellern sahen, haben wir eine geradezu üppige Mahlzeit eingenommen. Tatsächlich stößt man in manchen Klosterchroniken auf Speisezettel, aus denen hervorgeht, daß die Ordensschwestern in kulinarischer

Hinsicht keineswegs verwöhnt waren. Mitte September des Jahres 1601 beispielsweise galt im Kloster von Santa Chiara in Cremona folgender Wochenplan:

Sonntag.	*Mittags: Gemüsesuppe und vier Unzen Fleisch.*
	Abends: Salat.
Montag.	*Mittags: Gemüsesuppe und ein Ei.*
	Abends: Salat.
Dienstag.	*Mittags: Gemüsesuppe und eine Scheibe Wurst.*
	Abends: Gemüsesuppe.
Mittwoch.	*Mittags: Brotsuppe mit Gemüse.*
	Abends: Salat.
Donnerstag.	*Mittags: Gemüsesuppe mit Siedfleischeinlage.*
	Abends: Gemüsesuppe.
Freitag.	*Mittags: Gemüsesuppe und drei Unzen Fisch.*
	Abends: Fasten.
Samstag.	*Mittags: Gemüsesuppe und Omelett.*
	Abends: Fasten.

Nocino di San Giovanni (Nußlikör)

Das von den Nonnen zubereitete Mittagessen liegt uns nicht schwer im Magen. Hingegen stoßen uns die Maßnahmen eines Karl Borromäus und die Vorschläge eines Alfons von Liguori noch immer ein bißchen auf. Da wird uns ein Verdauungsschnäpschen guttun, und zwar eines, wie es die Kamaldulenserinnen im Kloster San Giovanni Evangelista in Pratovecchio (Arezzo) zubereiten.

Walnüsse, in kleine Stücke zerhackt
1500 ml Weingeist
500 ml trockener Rotwein
1 kg Zucker
1 Zitrone, in Stücke geschnitten
je 5 g Koriander, Anis und Zimt

Sämtliche Zutaten gut miteinander vermischen, in ein gläsernes Gefäß abfüllen, dieses verschließen und für anderthalb Monate an einen sonnigen Ort stellen. Ab und zu schütteln. Den Nußlikör filtern, bevor er in kleine Flaschen gefüllt wird.

Helvetiens ältester Käse

In Deutschland schreibt man ihn mit *ie*: Zieger. Den etwas weniger redseligen Schweizern gestattet auch der neue Duden ausdrücklich, das verlängernde *e* wegzulassen. Wie manche vermuten, trat dieser Frischkäse von Helvetien aus seinen Siegeszug an; er wurde dort schon im 8. Jahrhundert produziert. Daher bevorzugen wir (weniger aus patriotischer Überzeugung denn aus historischen Gründen) nach wie vor die schweizerische Schreibweise.

Noch immer wird der Ziger, wie schon vor über tausend Jahren, aus Magermilch hergestellt. Diese wird auf 90 Grad Celsius erhitzt und mit einer natürlichen Milchsäurekultur geschieden, und zwar in die weiße Zigermasse und in die Schotte, welche für den Schweinetrog bestimmt ist, an dem der verlorene Sohn dem bekannten Gleichnis zufolge sein Damaskuserlebnis hatte. Wenn der Ziger abgetropft ist, füllt man ihn in Fässer, wo er zwischen vier bis zwölf Wochen auf seine Reifeprüfung wartet. Diesen Rohziger bringen die Sennen dann in die *Zigerribi*, was soviel wie Zigerfabrik bedeutet. Hier wird er zwischen Steinwalzen geschabt (daher der Name Schabziger) und mit Salz vermischt. Während einer weiteren Reifezeit von etwa einem Vierteljahr verliert er an Feuchtigkeit und wird so auf natürlich Weise haltbar. Nun kommt er nochmals unters steinerne Rad, wo er – aber das ist bereits wieder eine andere Geschichte.

Die beginnt im 11. Jahrhundert, in Kleinasien, wo die Kreuzritter auf die *Trigonella caerulea* stießen, eine Kleesorte, welche der bekannteren Luzerne nicht unähnlich ist, die aber, wie der Name besagt, nicht violette, sondern hellblaue Blüten treibt. Auf einigen Umwegen gelangte dieses Pflänzchen auch in den Kräutergarten des Klosters von Säckingen. Irgendwann verfielen die Nonnen darauf, den etwas faden Ziger, den sie von ihren Hintersassen aus dem Glarnerland bezogen, mit der geschmacksintensiven *Trigonella* zu würzen, die seither als Zigerklee bezeichnet wurde.

Das Geheimnis um den jetzt plötzlich so begehrten Frischkäse wurde schnell öffentlich. Schließlich kamen die Glarner nicht nur auf den Geschmack, sondern auch auf ihre Kosten. Im Jahre 1395 kauften sie sich vom Kloster Säckingen frei und produzierten den Schabziger selber. Und der wurde schon bald zu einer gesuchten Handelsware. Die *Zigermannli* – für die des helvetischen Dialekts Unkundigen: die Zigerverkäufer – reisten schon im Spätmittelalter talabwärts und weiter nach Deutschland, Frankreich und den Niederlanden. Im Jahre 1463 erließ die Glarner Regierung eine Verordnung, welche die Hersteller verpflichtete, ihre Zigerstöckli mit einem Markenzeichen zu versehen. (Lacoste, die so großen Wert auf ihre Original-Produkte legt, hat diese Idee erst ein paar hundert Jahre später – jawohl! – *nachgeahmt.*)

Wir indessen möchten unsere erste Geschichte noch zu Ende erzählen. Heute wird der Zigerklee vor allem am oberen Zürichseeufer kultiviert, wo er von den Blüten geschnitten, gedörrt und zu Pulver gemahlen wird. Auf dem Höhepunkt seiner Reife, so sagten wir, kommt der Ziger nochmals unters steinerne Rad, wo er nun mit dem pulverisierten Zigerklee vermischt wird, der ihm seinen unverwechselbaren Geschmack und seine hellgrüne Farbe verleiht. Anschließend werden aus der Zigermasse die typischen Stöckli gepreßt.

Das Kloster Säckingen wurde im Jahre 1806 aufgehoben. Außer der herrlichen Kirche haben sich auch ein paar Rezepte erhalten, für welche wir den dortigen Nonnen noch heute zu Dank verpflichtet sind. Dazu zählen unter anderem die unvergleichlichen Schabziger-Nockerln, die sich sowohl als Beilage wie auch als Hauptgericht eignen.

Säckinger Klosternockerln

200 g Mehl
350 g Quark
4 Eier
1 1/2 Stöckli Schabziger (150 g)
Salz, Muskat
2 l Fleisch- oder Gemüsebrühe
250 ml Sahne
70 g geriebener Greyerzer
Butter

Das Mehl in eine Schüssel sieben. Quark und Eier untermischen. Den Schabziger mit der Käseraffel reiben und zusammen mit etwas Salz und einer Messerspitze Muskat dazugeben. Alles zu einem dickflüssigen Teig rühren. Diesen eine Viertelstunde ruhen lassen.

Die Fleisch- oder Gemüsebrühe in einem großen Topf aufkochen. Mit zwei Teelöffeln aus dem Teig kleine Klöße abstechen und in die leicht kochende (nicht sprudelnde!) Brühe gleiten lassen. Wenn die Klößchen an die Oberfläche steigen, diese noch etwas ziehen lassen und sie dann mit einer Schaumkelle herausheben, abtropfen lassen und in eine ausgebutterte Gratinform geben.

Die Sahne aufkochen. Die Hälfte des Greyerzers hinzugeben und die Sahne durchrühren. Die Klößchen mit der heißen Sahne übergießen und den restlichen Käse darüberstreuen. Falls gerade kein Greyerzer im Haus ist, begehen auch Schweizer und Schweizerinnen keinen Verrat an ihrem Vaterland, wenn sie statt dessen Parmesan verwenden.

Die Schabziger-Nockerln auf der zweituntersten Schiene des auf 220 Grad vorgeheizten Backofens etwa 15–20 Minuten überbacken.

Gratinierte Schabziger-Birnen

In unseren Breitengraden gilt der Begriff >Dessert< in weiten Kreisen noch immer als Synonym für Süßspeise. Aber – aber manche mögen's einfach nicht so süß. Und ziehen deshalb einen Nachtisch vor, bei dem nicht der Zucker, sondern der Käse das Sagen hat. Ihnen empfehle ich folgende Zutaten:

4 nicht zu reife Birnen
etwas Zitronensaft
1 Stöckli Schabziger (100 g)
100 g Doppelrahm-Frischkäse
1 El Sahne
50 g gehackte Walnußkerne
Salz, Pfeffer, Paprika
1 EL gehackte Pistazienkerne
etwas Butter

Die Birnen waschen, halbieren, das Gehäuse entfernen, dann die Hälften mit einem Kugelausstecher sorgfältig bis auf einen Rand von etwa 1/2 cm aushöhlen. Das Fruchtfleisch in kleine Würfel schneiden. Diese und das Innere der Birnen mit Zitronensaft beträufeln.

Den Schabziger mit der Käseraffel fein reiben. Mit dem Frischkäse, der Sahne und der Hälfte der Walnußkerne mischen. Die Gewürze unter die Masse ziehen und damit die Birnen füllen. Diese mit den restlichen Walnußkernen bestreuen. Die gefüllten Birnenhälften in eine ausgebutterte Gratinform legen und diese für etwa 15 Minuten auf die zweitunterste Schiene des auf 220 Grad vorgeheizten Backofens schieben. Die Birnenhälften vor dem Auftragen mit den in der Bratpfanne (*ohne* Zugabe von Öl oder Butter!) gerösteten Pistazienkernen bestreuen.

Ankeziger für Anfänger und Debütantinnen

Der Käsehändler an der Ecke und auch einige gutsortierte Supermärkte führen Ankeziger (mit Butter vermischten Schabziger) in ihrem Angebot. Wer zufällig darauf stößt, sollte diese Köstlichkeit auf gar keinen Fall im Regal stehenlassen. Für eine mit Ankeziger bestrichene Scheibe Brot und ein Glas Glarner Landwein verzichte ich ohne weiteres auf ein Abendessen mit fünf Gängen. Fast andächtig bestreiche ich das Brot mit dem Ankeziger und trinke dazu etwas von dem Landwein. Und schneide mir noch ein Stück Brot ab und...

Dieses Rezept gelingt immer. Wenn Sie mit dem Ergebnis nicht zufrieden sind, liegt das nicht an der Zubereitung. Verfeinern Sie Ihren Geschmack!

Mann am Schreibtisch, Frau am Herd

Beim Abbruch eines Klostergebäudes, welches den Dominikanern von St. Pauli in Dresden zur Zeit der Reformation als Küche und Speisesaal diente, entdeckte man in einer neben einem hohen Bogenfenster befindlichen Nische unter anderem auch ein altes Manuskript, in welchem der Bruder Koch seine Lieblingsrezepte aufgezeichnet hatte. Diese Handschrift wurde im Jahre 1856 in Leipzig unter dem Titel *Dreihundertjähriges deutsches Kloster-Kochbuch enthaltend eine bedeutende Anzahl längst vergessener jedoch äußerst schmackhafter Gerichte* von einem nicht weiter bekannten Bernhard Otto veröffentlicht. Im Vorwort teilt der Herausgeber den »freundlichen Leserinnen« mit, daß die »frommen Mönche eine treffliche Küche recht wohl zu schätzen wußten«. Von seinem Schreibtisch aus läßt er ferner verlauten:

Ehe der Verfasser die Herausgabe des Klosterkochbuchs unternahm, wurden von mehreren kochkundigen Hausfrauen viele Gerichte nach der Angabe des Alten Manuscripts zubereitet, und der Erfolg war ein überraschender, so daß dem seligen Bruder Küchenmeister von allen Lippen unaufhörliches Lob gespendet worden ist. Mit Hilfe der genannten Damen, welche verschiedene nothwendige und zeitgemäße Aenderungen und Verordnungen hinzufügten, wurde alsbald zur Herausgabe des Klosterkochbuches geschritten, dessen Originalität zu wahren der Verfasser soviel als möglich die mittelalterliche Sprache und Ausdrucksweise beibehalten und nur die barbarische Orthographie etwas abgeändert hat. Des Dankes seiner geehrten Leserinnen gewiß hegt der Herausgeber die wohlbegründete Hoffnung, das altehrwürdige Kochbuch werde bei allen deutschen Hausfrauen eine recht freundliche Aufnahme finden.

Glücklicherweise verstehen die »geehrten Leserinnen« vom Kochen mehr als der Herausgeber von den Zeitläuften, weiß er doch das Mittelalter nicht von der Neuzeit zu unterscheiden. Doch damit richtet er gewiß weniger Schaden an als ein Hobbykoch, der das Salz mit dem Zucker verwechselt.

Eher rührend als belehrend mutet das Nachwort an, mit welchem der fromme Dominikaner selbst vor rund 450 Jahren seine Rezeptsammlung beschloß:

DIS sei nun genug vom kochen gesaget, wer weiter in einer stadt oder land etwan ein gut sonderlichs gericht antrifft der mags hinein verzeichnen. Denn an etzlichen orten braten die menschen. Da muß man mit unkosten einen Bratenwender halten der die braten am spisse beym feuer bestendiglich vmbdrehet vnnd geschicht solchs mit grosser vngelegenheit. Denn da gehen vnnkosten auff den wender, vnkosten auffs holtz und kolen, vnkosten vnnd schaden auf die materien, denn darnach der braten gewendet wird, darnach wird er auch gar, wenn er bisweilen stille helt vnnd sich der schwung des spisses regieren lest so brät er ja an einem ort am andern ist er noch halb roh oder schleudert den brate gar ab wenn er mürbe und gar ist, das er in die aschen fällt. Da verbrennet und verderbet man viel bratpfannen, das gesinde frisset oder duncket in abwesen der

Koche das fette aus und wird bißweilen der bräther mit grosser gefahr seiner gesundheit schier so gar wie der brate. An atzlichen örtern braten die hunde so darzu gewenet sein daß sie im rad laufen vnd also den spiss umbdrehen. An atzlichen örtern hat man sunderlich Bradtgezeug mit Gewichten und Rädern, da bisweilen der zeug wohl so viel kostet als die braten die man innerhalb einem halben Jahr damit braten möchte. An etzlichen Oertern hat man bradtrören in den ofen darein man den braten in einer pfannen setzet unnd forn mit einem plech verscheubet, das ist wohl eine feine art, sonderlich im winter, aber es gibt in der stuben einen starcken stanck oder geruch den nit jeder in einem kopffe vertragen kann. An etzlichen örtern heitzen die becker am sontag früe den backofen, darein setzen die leut ihren braten heuffig um zween oder drei Pfennik ohne weiters mihe und vnkost. Also geschichts. Ich aber befehle dich in die obhut des dreieinigen GOTTES und SEINER lieben Heiligen. Amen!

Rinderbraten

Unter anderem verrät uns der küchenerfahrene Klostermann, wie er seine Mitbrüder mit einem »Rinderbraten auf Hungarisch« beglückte:

Nimm einen Rinderbraten, der gut und nicht zu alt ist, lege den in kaltes Wasser, laß ihn nicht [sic!] *darin über Nacht liegen, darnach zerschlage ihn mit einem Knüttel, daß er weich wird, salze ihn, brate ihn halb durch. Hierauf nimm guten Wein, dazu ein wenig Essig, schäle etliche Zwiebeln, schneide sie klein, nimm eine Hand voll Wacholderbeeren, dazu Kümmel soviel dich dünkt, zerschneide einige Äpfel fein klein, mische das alles durcheinander, würze es mit Pfeffer, Ingwer, Muskatblumen und Safran, lege den Braten in einen runden Topf, gieß den Wein darauf und schütte das auch darzu. Darnach nimm eine Stürze (Deckel), decke den Topf zu und schmiere ihn fein zu, daß der Braten nicht heraus kann, laß das also in sich selber sieden bis dich däucht, daß es wohl eingesotten und des Sodes nicht zuviel ist, mache dann den Topf auf und bringe den Braten auf die Schüssel.*

Das Einlegen ins Wasser und das Klopfen können wir uns sparen. Heute wird Rindfleisch bekanntlich zwei bis drei Wochen bei einer Temperatur von etwa zwei Grad bei hoher Luftfeuchtigkeit gelagert, so daß es zart auf den Markt kommt. Was die Wacholderbeeren betrifft, reichen drei oder vier. Bei dem in der mittelalterlichen und frühneuzeitlichen Küche verschwenderisch verwendeten Safran beschränken wir uns auf eine Messerspitze. Beim Muskat üben wir ebenfalls Zurückhaltung. Der Rotwein soll kräftig und trocken sein; eine Tasse davon wird reichen, wenn wir unseren Braten im (vorher gewässerten) Römertopf schmoren. Das dauert bei 220 Grad gute zwei bis zweieinhalb Stunden. Nachher lassen wir den Braten etwa zehn Minuten ruhen, damit er beim Aufschneiden nicht zuviel Saft verliert. Währenddessen streichen wir die Äpfel und Zwiebeln durch ein Sieb und binden sie (vielleicht unter Zugabe von etwas saurer Sahne oder ein wenig eiskalter Butter) zusammen mit der verbliebenen Flüssigkeit zu einer Soße.

Großes Essen – geringer Erfolg

Die folgende Geschichte handelt von einem Ordensgeneral, von einem Kuhhirten und von einem Festessen. Aber gehen wir der Reihe nach vor!

Im Zentrum der Ewigen Stadt gibt es ein kleines Gäßlein mit dem schönen Namen *Via del Vaccaro* (Straße des Kuhhirten). Dieser schmale Weg führt an der Kirche *Santi Apostoli* vorbei geradewegs zur Gregoriana-Universität. In dem an die Apostelkirche angebauten Kloster befindet sich die Generalkurie des Ordens der Franziskaner-Konventualen. Was die Bevölkerung immer wieder einmal veranlaßte, die dort residierenden Leiter des Ordens als Kuhhüter zu verhöhnen. Begreiflich deshalb, daß die Patres alles daran setzten, um diesem Gespött ein Ende zu bereiten. Dabei verfielen sie auf eine ebenso einfache wie geniale Idee: Die *Via del Vaccaro* mußte umbenannt werden! Gefragt war in diesem Fall nicht nur äußerste Klugheit, sondern auch ein hohes Maß an diplomatischem Geschick. In den fünfziger Jahren verfielen die Mönche auf den Gedanken, eine einflußreiche Persönlichkeit der römischen Stadtverwaltung zu einem großen Essen einzuladen. Ein Klosterbruder sollte den Gast bei Laune halten, will sagen, ihm reichlich von dem alten Barolo nachschenken, den man bei dieser Gelegenheit aus dem Keller geholt hatte. Beim Kaffee dann, zu dem selbstverständlich ein Cognac serviert wurde, brachte der Ordensgeneral höchstpersönlich sein Anliegen vor.

»Nun, diese – diese *Via del Vaccaro*, die da an unserem Konvent vorbeiführt...« Ob es nicht opportun wäre, den Namen der Straße zu ändern, sie vielleicht nach einer großen Gestalt aus dem Franziskanerorden zu benennen... der heilige Bonaventura beispielsweise wäre da sicher geeignet, oder Duns Scotus, beides mittelalterliche Gelehrte, überragende Gestalten, hochkarätige Theologen. Oder Wilhelm von Ockham, ein Gottesmann und Philosoph, auch Physiker und Naturwissenschaftler, gestorben 1347...

»Come? Occamm?? Aber, Reverendissimo, das ist doch nicht Ihr Ernst?! Das kann doch kein Römer aussprechen! Außerdem handelt es sich bei der *Via del Vaccaro* um einen *vetusto toponimo*, um eine altehrwürdige Ortsbezeichnung! Die darauf schließen läßt, daß an dieser Straße einmal ein Kuhhirt gewohnt hat, und dies vermutlich schon zu einer Zeit, als hier weder eine Klosterkirche noch eine Generalkurie stand; es wäre *un imperdonabile peccato culturale*, eine kulturelle Kapitalsünde, diesen schönen Namen einfach durch einen anderen zu ersetzen. Oder haben Sie vielleicht etwas gegen Kuhhirten?«

»Natürlich nicht«, sagte der Cheffranziskaner. »Möchten Sie noch einen Cognac?«

Kaum daß der hohe Gast verabschiedet war, wandte sich der Ordensgeneral, ein deutschstämmiger Amerikaner namens Beda Hess, an einen seiner engsten Mitarbeiter: »Den Cognac hätten wir uns sparen können.«

Damit war die Angelegenheit vom Tisch. Und seit die Franziskaner ihre Predigten besser vorbereiten, soll es sogar Leute geben, die sie mit dem heiligen Bonaventura und mit dem gelehrten Wilhelm von Ockham vergleichen.

Was die frommen Patres ihrem hohen Gast angeboten haben, ist leider nicht überliefert. Aber ich kann mir vorstellen, was *ich* in diesem Fall aufgetragen hätte.

FESTLICHES MENÜ FÜR BESONDERE GELEGENHEITEN

Elsässer Flammenkuchen

Bandnudeln an Spargelsoße

Gefüllte Lachsfilets
mit Champignons an Weißweinsoße

Zitronensorbet mit Basilikum

Kalbsrouladen

Lauchgratin

Dörrpflaumen
mit Vanille-Zimtcreme

Flammenkuchen

Ihren Namen hat diese Spezialität aus dem Elsaß von der Art, wie man sie zubereitete, nämlich im Holzbrotofen, wobei die Flammen den Teig umzüngelten und beleckten, so daß der Kuchen »geflämmt« wurde. Ein solcher Flammenkuchen eignet sich hervorragend als Vorspeise. Oder als kleiner Imbiß zu einem Glas trockenen Wein.

Hefeteig (für ein Blech von 30 cm Durchmesser)

350 g Mehl	100 ml Wasser
1 gestrichener TL Salz	100 ml Milch
15 g Hefe	20 g Butter (weich oder flüssig)

Mehl und Salz in einer Schüssel vermischen. Die Hefe mit etwas Wasser anrühren und mit den restlichen Zutaten aufs Mehl geben und alles gut miteinander vermischen. Den Teig so lange kneten, bis er glatt ist. Dann mit den Handballen mehrmals dehnen und zusammenfalten, bis er sich geschmeidig anfühlt. Zu einer Kugel formen und zugedeckt bei Zimmertemperatur mindestens 30 Minuten aufgehen lassen.

Während der Teig sich bis zur doppelten Größe aufbläht, stellen wir die Zutaten für den

Guß zusammen, nämlich

300 g Speckwürfelchen	170 ml Sahne
2 große fein gehackte Zwiebeln	1 Messerspitze Salz,
200 g Rahmquark	weißen Pfeffer, Muskat

Den Speck in der Bratpfanne knusprig braten, auf einen Teller legen und die Zwiebeln im verbliebenen Fett glasig dünsten. Beides abkühlen lassen. Die Sahne und die Gewürze mit dem Quark verrühren.

Anschließend den Teig sehr dünn auswellen und auf einem ausgebutterten Kuchenblech auslegen. Den Teigboden mit einer Gabel mehrmals durchstechen. Die Hälfte der Quarkmasse darauf verteilen und dabei einen etwa 1 cm breiten Rand freilassen. Die Speck-Zwiebelmischung darübergeben und mit dem restlichen Guß bedecken. In der Mitte des auf 250 Grad vorgeheizten Ofens knapp eine Viertelstunde backen. Warm servieren!

Weil wir gerade eine charmante Elsässerin bei uns zu Gast haben, wollen wir nichts dem Zufall überlassen. Die Dame ist es nämlich gewohnt, ihren *Flammenchüeche* vor dem Backen mit ein paar Tröpfchen Rapsöl zu beträufeln, was ihm einen ganz besonderen Geschmack verleiht. Und genauso wollen wir es heute auch halten.

Natürlich kann man für diesen Kuchen auch Pizzateig verwenden. Aber das sagen wir unserer Elsässerin nicht; wir wollen ja ihren Nationalstolz nicht beleidigen.

Bandnudeln an Spargelsoße nach meiner Art

400 g grüner Spargel	150 ml Sahne
1 Prise Zucker	100 ml sehr starke Gemüsebrühe
400 g Bandnudeln	1 TL Senf
1 gehäufter TL Mehl	4 EL Parmesan
40 g Butter	Salz, weißer Pfeffer

Den Spargel waschen, die holzigen Teile am Ansatz wegschneiden. Im Gegensatz zum weißen braucht der grüne Spargel in der Regel nur unten geschält zu werden. Die Kochzeit beträgt je nach Dicke der Stangen zwischen 8 und 15 Minuten. Die dünneren Stangen zuletzt ins siedende Salzwasser legen (und diesem vorher eine Prise Zucker zugeben). Den Spargel erkalten lassen und in etwa 3 cm lange Stücke schneiden.

Die Bandnudeln im Salzwasser *al dente* kochen; diesem etwas Öl beigeben, damit die Teigwaren nicht kleben.

Die Butter erhitzen und das Mehl leicht andünsten. Die Sahne und anschließend die Gemüsebrühe dazugeben und mit dem Schneebesen gut verrühren, damit sich keine Klümpchen bilden. Etwa zehn Minuten köcheln, den Senf und den Parmesan untermischen, mit Pfeffer und allenfalls mit etwas Salz abschmecken, die Spargelstücke in der Soße kurz erhitzen und diese mit zwei Gabeln mit den abgetropften Nudeln vermischen.

Gefüllte Lachsfilets mit Champignons an Weißweinsoße

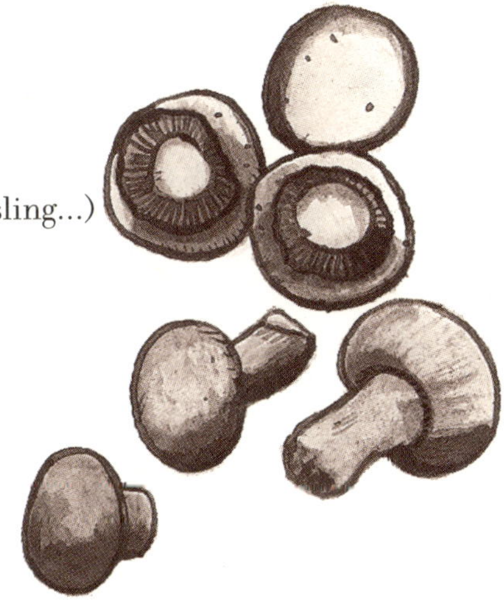

4 Lachsfilets (je etwa 70–80 g)
100 ml trockener Weißwein (Chardonnay, Riesling...)

Füllung
100 g frische fein gehackte Champignons
50 g Weißbrot in sehr kleinen Würfeln
1–2 fein gehackte Schalotten (je nach Größe)
1 kleiner Bund fein gehackte Petersilie
50 ml Sahne
1 Ei
Salz, Pfeffer

In die Filets oben der Länge nach sehr vorsichtig eine Tasche schneiden, und zwar so, daß sie geöffnet wie Schiffchen aussehen – die beiden Enden dürfen also nicht durchschnitten werden!

Sämtliche Zutaten für die Füllung gut miteinander vermischen und in die Fischfilets geben. Natürlich ist die Tasche etwas zu klein – was nicht hineinpaßt, kommt eben obendrauf.

Die Filets in eine ausgebutterte Gratinform legen. Den Weißwein dazugießen und den Fisch auf der mittleren Schiene des auf 190 Grad vorgeheizten Backofens etwa 15–20 Minuten garen. Diese Zeit reicht gerade zur Zubereitung der Weißweinsoße.

Weißweinsoße
250 g frische Champignons in Scheiben
1 kleine fein gehackte Zwiebel
1 TL Butter
200 ml trockener Weißwein
100 ml Hühner- oder Gemüsebrühe
150 ml Crème fraîche
weißer Pfeffer, Salz

Die Zwiebel zusammen mit den Pilzen in der Butter kurz dünsten. Mit Weißwein und der Hühner- oder Gemüsebrühe ablöschen, würzen. Die Soße bis auf die Hälfte einkochen, dann die Crème fraîche darunterrühren und nochmals kurz erhitzen.

Der Einwand, daß unsere Lachsfilets für Klostermägen etwas kostspielig seien, läßt auf eine historische Bildungslücke schließen. Im Mittelalter war der Lachs eine beliebte Fastenspeise. Später, im 16. Jahrhundert, als der Salm noch den Rhein hinunter- und zum Laichen wieder hinaufschwamm, galt er als höchst ordinärer Fisch. Die Chroniken aus jener Zeit wissen zu berichten, daß die Dienstboten in und um Basel in ihrem Anstellungsvertrag vermerkt haben wollten, daß »Saumon nicht mehr als zweimal wöchentlich aufgetischt werden darf«.

Zitronensorbet mit Basilikum

250 ml Wasser
160 g Zucker
200 ml Zitronensaft
1 kleine Handvoll
frisch gepflückte Basilikumblätter
1 Eiweiß

Das Wasser und den Zucker aufkochen. Abkühlen lassen. Den Sirup in ein weites Chromstahl- oder Porzellangefäß geben und den Zitronensaft und den feingehackten Basilikum unterrühren. Die Masse für ungefähr eine Stunde in die Gefriertruhe stellen und unter gelegentlichem Rühren anfrieren lassen. Danach das Eiweiß steif schlagen und mit dem Schneebesen vorsichtig unter die Eismasse ziehen. Etwa vier Stunden gefrieren lassen. Zwischendurch im Abstand von jeweils einer knappen Stunde erneut mit dem Schneebesen durchschlagen, damit sich keine großen Eiskristalle bilden und ein gleichmäßig gefrorenes Sorbet entsteht.

Sorbetkugeln formt man mit Vorteil aus der aufgetauten, leicht weichen Masse und legt sie dann auf einer flachen Unterlage in die Gefriertruhe zurück.

Kalbsrouladen

4 sehr dünne Kalbsschnitzel
3 EL Butter
1 fein gehackte Schalotte
1 Schweinsbratwurst
100 g Gorgonzola
(oder ein anderer Blaukäse)
1 EL Senf
Thymian, Salz, weißer Pfeffer
2 EL Mehl
1 Tasse Gemüsebrühe
50 ml Sahne

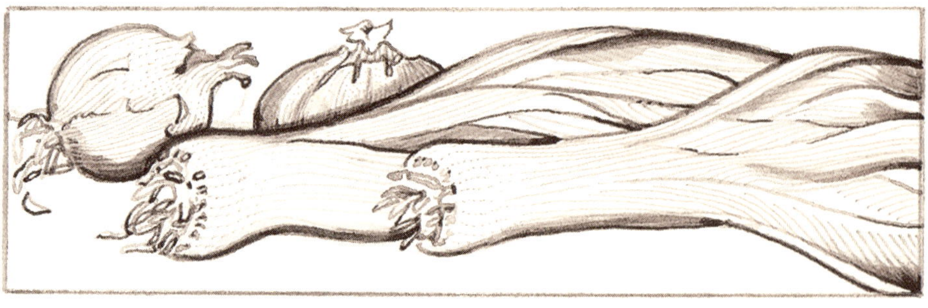

Die Schalotte in der Butter glasig dünsten. Die Bratwurst ausdrücken, daruntermischen und kurz anbraten. Den Käse dazugeben und alles gut verrühren. Den Senf mit den Gewürzen vermischen und die Kalbsschnitzel damit einreiben, mit der Füllung bestreichen, einrollen und die Rouladen mit Zahnstochern verschließen.

Natürlich kommt hier (fast) alles auf die Füllung an. Die Bratwurst müssen Sie sich also schon bei einem sehr guten Metzger besorgen. In der Schweiz ist Bell eine geeignete Adresse. Für gewisse Gegenden Deutschlands kann ich die Nürnberger Bratwürstl empfehlen. Aber davon brauchen Sie dann schon etwa drei oder vier Stück. In Italien würde ich zwei *salsicce* verwenden.

Die Rouladen in Mehl wenden, in der Pfanne gut anbraten und in einen Topf legen. Den Bratenfond mit der Gemüsebrühe ablöschen und die Flüssigkeit über die Rouladen gießen. Diese 40 Minuten köcheln. Das Fleisch warm stellen und die Flüssigkeit fast ganz einkochen. Die Sahne darunterrühren und nochmals kurz erhitzen. Das bißchen Soße benötigen wir lediglich für das Fleisch. Als Beilage nämlich gibt's ein Lauchgratin.

Lauchgratin

1 kg Lauch
30 g getrocknete Steinpilze
200 g Schinken
80 g Sbrinz
80 g Greyerzer
200 ml Sahne
Salz, Pfeffer, Muskat

Den Lauch der Länge nach halbieren und in fingerlange Stücke schneiden. Gut 5 Minuten in Salzwasser kochen und in eine ausgebutterte backfeste Form legen. Die vorher in lauwarmem Wasser eingeweichten Steinpilze, den in Streifen oder Würfelchen geschnittenen Schinken und den Käse darauf verteilen und die mit Salz, Pfeffer und Muskat gewürzte Sahne darübergießen. In dem auf 220 Grad vorgeheizten Ofen eine halbe Stunde überbacken.

Dörrpflaumen mit Vanille-Zimtcreme

16 Dörrpflaumen
100 ml sehr starker Schwarztee
200 ml kräftiger Rotwein
4 Nelken
1 Zimtstange
2 EL Zucker

Für die Creme
1 Päckchen Vanillecreme
1 El Zimt
100 ml Schlagsahne
1 El Zucker

Den Schwarztee in einem kleinen Topf zubereiten. Die übrigen Zutaten hinzugeben (die Dörrpflaumen vorher halbieren). Etwa fünf Minuten köcheln. Auskühlen lassen.

Inzwischen die Vanillecreme nach der Packungsvorschrift zubereiten; den Zimt mit dem Cremepulver vorher vermischen. Die Schlagsahne steif schlagen, den Zucker hinzufügen und sorgfältig unter die Creme rühren.

Die Dörrpflaumen bis auf vier Hälften in Kelchgläser legen und die Vanille-Zimtcreme darübergeben. Mit einer halben Pflaume garnieren.

Während der Espresso und ein Armagnac aufgetragen werden, überlegen sich unsere Gäste, ob ein solches Festmahl bei den Franziskanern nicht gegen die heilige Armut verstoße. Wie der Poverello selber es mit dem Essen hielt, habe ich schon in meinem ersten Kochbuch *Küche – Kirche – Kochgenüsse* dargelegt. Gewiß beschränkte er sich nach seiner Bekehrung auf das Notwendige. Aber wenn er, was ab und zu geschah, an eine vornehme Tafel geladen war, gebärdete er sich nie wie ein professioneller Kostverächter.

Leute, die heutzutage einmal an einem Festtag in einem Kloster zu Gast waren, kommen sich manchmal besonders schlau vor, wenn sie nachher überall herumerzählen, wie fein und gediegen man dort ißt. Sie können ja nicht ahnen, daß die Klosterleute nachher einen Monat lang ziemlich kurz gehalten werden, damit die Bilanzen wieder einigermaßen stimmen. Wir aber, die in solchen Dingen bestens Bescheid wissen, gießen uns jetzt einen kleinen Armagnac ein, solange die Flasche noch auf dem Tisch steht. Denn sobald die Gäste sich verabschiedet haben, schließt der Bruder Ökonom die Flasche weg. Und vor Weihnachten holt er sie ganz bestimmt nicht wieder hervor.

Das Begräbnis der Schwestern

Im Jahre 1932 wurde im Franziskanerkloster zu Urbino eingebrochen. Die einzigen Dinge von Wert – alte Pergamenthandschriften, unersetzbare Inkunabeln und andere seltene Drucke – lagerten damals in der Klosterbibliothek. Glücklicherweise jedoch waren die Diebe nicht geistversessen, sondern bauchorientiert. Ihr Ziel war nämlich nicht die Büchersammlung, sondern der Hühnerstall. Dort allerdings leisteten sie ganze Arbeit. Als der Bruder Pförtner am folgenden Morgen das Federvieh füttern wollte, stellte er fest, daß sämtliche fünfzehn Hennen mitsamt dem Hahn verschwunden waren.

Einige Tage später lag der abgehauene Kopf des Gockels vor der Klosterpforte; daran befestigt war ein Zettel: »*Eccomi. Scusate la mia assenza, ma ho dovuto partecipare al funerale delle sorelle* – Da bin ich wieder. Entschuldigt bitte meine Abwesenheit. Aber beim Begräbnis meiner Schwestern konnte ich leider nicht fehlen.«

Die Geschichte habe ich von einem emeritierten Historiker erfahren, als ich ihn zu gefüllten Hühnerbrüstchen eingeladen hatte.

Die Frage, ob sich der italienische Schriftsteller Giovanni Guareschi in seinem Roman *Don Camillo und Peppone* von dieser Episode inspirieren ließ, mögen die Literaturhistoriker entscheiden. Ich meinerseits kann Ihnen jedoch das Rezept für gefüllte Hühnerbrüstchen mitteilen, das ich schon seit geraumer Zeit in meinem Fundus verwahre. Leider vermag ich mich nicht mehr zu entsinnen, wer es mir zugesteckt hat.

Gefüllte Hühnerbrüstchen

4 möglichst große Hühnerbrüstchen
Bratbutter
Salz, Pfeffer, Curry

Füllung
2–3 Scheiben Ananas
1 EL Öl
1 EL Weißweinessig
1 kleines Gläschen Sherry
1 kleines Stück geraspelter Ingwer

Panade
1 Ei
Salz, Pfeffer
1 EL Mehl
4 EL geraspelte Kokosnuß

Die Ananasscheiben in sehr kleine Stücke schneiden und in wenig Öl kurz braten. Essig, Sherry und Ingwer beimischen. Die Flüssigkeit etwas verdampfen lassen. Auskühlen.

In die Hühnerbrüstchen eine Tasche schneiden. Innen und außen mit Salz, Pfeffer und Curry bestreuen, die Füllung in die Hühnerbrüstchen geben und diese mit einem Zahnstocher verschließen.

Das verquirlte Ei mit Salz und Pfeffer würzen, die Hühnerbrüstchen im Mehl und dann im Ei wenden, mit der geraspelten Kokosnuß panieren und bei mittlerer Hitze braten. Dazu paßt Reis.

Eine besondere Note erhält dieses Gericht, wenn man zum Braten der Ananasstückchen Sesamöl verwendet.

Was Päpsten und Prälaten schmeckte

Der päpstliche Stuhl hat Interessen, woran wir nicht denken, und Mittel, sie im stillen durchzuführen, wovon wir keinen Begriff haben.

Johann Wolfgang von Goethe, Gespräche mit Eckermann

Die Kirche hat einen guten Magen.
hat ganze Länder aufgegessen
und sich dabei nicht überfressen.

Johann Wolfgang von Goethe, Faust

Im Gegensatz zum heiligen Petrus, der sich möglicherweise (oder vorzugsweise?) von seiner Schwiegermutter bekochen ließ (denn von ihr nur, aber nicht von seiner Frau ist in den ersten drei Evangelien die Rede), hielten seine Nachfolger ein paar Jahrhunderte später eine ganze Mannschaft auf Trab, um ihren Hunger zu stillen. Aus einigen in den vatikanischen Archiven verstaubenden Lohnlisten geht zweifelsfrei hervor, daß die Päpste aus ihrer Schatulle nicht nur mehrstimmige Sängerchöre und ganze Truppenverbände, sondern reihenweise auch Skribenten, Kopisten, Notare, Bibliothekare, Ablaßverwalter und Kämmerer und natürlich auch ganze Heerscharen von Dienstboten zu bezahlen hatten – und daß sie nicht zuletzt (und das bedeutet hier ganz zuerst) für ihre Köche aufkommen mußten, wenn sie und ihr Hofstaat sich nicht mit schierer Rohkost begnügen wollten.

Papst Nikolaus III. (1277–1280) beispielsweise beschäftigte in seinem Haushalt eine elfköpfige Küchenbrigade. Dazu gehörten ein Chefkoch, mehrere Suppen- und Soßenköche, Brot- und Zuckerbäcker (wie wir heute sagen würden; damals wurde ja überwiegend mit Honig gesüßt) sowie einige Aufwärter und ein Vorkoster. Daß Dante Nikolaus III. in die Hölle verwies, hängt mit dem von diesem Papst praktizierten Nepotismus zusammen und nicht etwa mit der Tatsache, daß er sich um seine Hofküche nicht weniger kümmerte als um die ihm anvertraute Christenheit.

Pius V. dagegen (1566–1572), welcher die Reform der Kirche auf der Grundlage des Konzils von Trient als seine Hauptaufgabe betrachtete, scheint für kulinarische Genüsse weniger empfänglich gewesen zu sein. Verbürgt ist, daß die Ärzte die Schwindelanfälle, welche ihn während der Karwoche des Jahres 1568 befielen, auf die rigorose Fastenpraxis des Papstes zurückführten. Im folgenden Jahr vermochte ein neuer Leibmedikus den 64jährigen immerhin zu überreden, statt auf die Nahrungsaufnahme auf ein paar Kasteiungen zu verzichten. Der etwas kratzbürstige Nachfolger des heiligen Petrus erklärte sich einverstanden. Anderseits drohte er am 22. Februar 1567 seinem Leibkoch Bartolomeo Scappi mit Exkommunikation für den Fall, daß er es wagen sollte, die pontifikale Fastensuppe, die bei einem Essen anläßlich des ersten Jahrestages seiner Inthronisation aufgetragen wurde, heimlich mit etwas Fleisch- oder Hühnerbrühe anzureichern... Der fromme Pius verstarb im Jahre 1572, im Alter von fast 68 Jahren, nachdem er einen über dreihundertseitigen Katechismus herausgegeben und das Stundengebet (Brevier) und die Liturgie grundlegend erneuert hatte. Er wurde in S. Maria Maggiore begraben und schon vier Jahrzehnte nach seinem Tod heiliggesprochen.

Sein Fest feiert die katholische Kirche alljährlich am 30. April. An seinen vom Kirchenbann bedrohten Küchenchef Bartolomeo Scappi indessen erinnert sich heutzutage keine arme Seele mehr. Weshalb es uns angebracht erscheint, ihm weiter unten ein eigenes Kapitelchen zu widmen.

Zweihundert Jahre später scheinen sich die Küchenmeister im päpstlichen Hofhaushalt wieder einer etwas größeren Wertschätzung erfreut zu haben. Jedenfalls berichtet der kenntnisreiche Cavaliere Romano Moroni in seinem einhundertdreibändigen *Dizionario di erudizione storico-ecclesiastica*, daß Pius VI. (1775–1799), dessen Pontifikat zu den längsten der Kirchengeschichte gehört, in seinem Testament die Köche noch vor den Hofkaplänen bedachte. Als Päpstlicher Geheimkoch amtete damals ein gewisser Magister Gaspare Gagliardi. Der Name seines Untergebenen ist nicht überliefert. Von diesem wissen wir bloß, daß er den Titel eines Päpstlichen Vice-Geheimkochs führen durfte. Was den Rückschluß erlaubt, daß die Küchenchefs damals unter den höheren Chargen figurierten.

Wer in Moronis *Dizionario* blättert, muß sein ganzes Selbstwertgefühl in die Waagschale werfen, um einem Minderwertigkeitskomplex vorzubeugen. Denn der Mann ist von einer Gelehrsamkeit, die einen geradezu erschlägt. Moroni weiß stets und umfassend Bescheid. Moroni kennt sich überall aus. Moroni hat einfach den totalen Überblick. Was er über die Bittgänge und Prozessionen sagt, ist nicht nur für Kirchenhistoriker, sondern auch für Volkskundler und Städteplaner von Interesse. Referiert er über den Kreuzweg, gerät ihm die Darstellung zu einem Abriß der christlichen Frömmigkeitsbewegungen. Orientiert er über Begräbnisriten, gelingt ihm gleichzeitig eine Abhandlung zur Sittengeschichte.

Uns, die wir bei aller Wertschätzung des Geistigen den irdischen Freuden keineswegs abhold sind, interessiert natürlich, was der feingebildete Moroni übers Essen zu sagen hat. Nach längerem Suchen stoßen wir im 55. Band seines Jahrhundertwerks auf das Stichwort *Pranzo*, Mahl. Der erste Eindruck ist positiv; wir zählen 35 Kolonnen, das sind genau siebzehneinhalb Seiten. Auf diesen erfahren wir (es handelt sich ja um einen *Dizionario storico-ecclesiastico*, um ein kirchenhistorisches Nachschlagewerk), welcher Papst wo wann mit wem und unter welchen Umständen tafelte. Wir reiben uns die Hände, wir lecken uns die Lippen, wir schnalzen mit der Zunge und – durch übermäßige Bescheidenheit haben wir uns nie ausgezeichnet – stellen uns dabei vor, daß wir bei dem einen oder anderen Bankett nicht allzu weit unten an der Tafel auch ein Tischkärtchen mit unserem Namen entdecken.

Daß das falsch war, begreifen wir schon nach den ersten Zeilen. Moroni schreibt, daß der heilige Papst Eusebius im Jahre 309 seine Bischöfe zum Maßhalten im Essen und Trinken ermahnte; daß es den Klerikern verboten war, an Festgelagen teilzunehmen; daß im Mittelalter Fürsten und Gesandte die Ehre hatten, dem Papst vor dem Essen das Wasser zu reichen, damit er sich die Hände waschen konnte; daß Paul II. (1464–1471) erst vor Sonnenuntergang zu Mittag aß und das Abendessen gegen Morgen einnahm; daß Klemens VII. Kaiser Karl V. in Bologna anläßlich seiner Kaiserkrönung am 24. Februar 1530 einen großartigen Empfang mit einem großartigen Essen gab (was Papst und Kaiser im Anschluß an diese letzte von einem Pontifex vollzogene deutsche Kaiserkrönung auf ihren Tellern gereicht bekamen, ist nicht überliefert; Moroni erwähnt bloß, daß das Volk an jenem denkwürdigen Tag einen am Spieß gebratenen Ochsen verputzte); daß der Weinkenner Paul III. (1534–1549) zu seinen Mahlzeiten gerne ein handverlesenes Grüpplein von Philosophen und Theologen um sich versammelte; daß der asketische Pius V. (1566–1572) und der pragmatische Sixtus V. (1585–1590) die nach der Papstwahl üblichen Festbankette ausfallen ließen; daß Alexander VII. (1655–1667) aus einem silbernen Becher trank, auf dessen Grund ein Totenkopf eingraviert war; daß der Tisch dieses Papstes den der abgedankten Königin Christine von Schweden um eine Handbreit überragte, als er anläßlich ihres Einzugs in Rom im Dezember 1655 ihr zu Ehren ein Essen ausrichtete.

Aber *was* aßen, *was* tranken die Päpste? Welche Schmankerln schmeckten ihnen besonders? Beim Einatmen welcher Düfte schnalzten sie mit der

Zunge? Von welchen Leibgerichten ließen sie auch ihre Gäste kosten? Dazu finden sich bei Moroni nur sehr spärliche Hinweise, so etwa daß die Nachfolger des heiligen Petrus in früheren Jahrhunderten jeweils am Hohen Donnerstag zusammen mit den Kardinälen ein Osterlamm verzehrten (wie die gewöhnlichen Kleriker auch). Von Bonifaz VIII. weiß unser Informant zu berichten, daß er sich während seiner dreitägigen Gefangenschaft in Anagni im September 1303 von gekochten Eiern ernährte, weil er fürchtete, vergiftet zu werden. Daß Leo X. (1513–1521), dem man nachsagt, er habe das Vermögen dreier Päpste durchgebracht (nämlich das seines Vorgängers, das eigene und das seines Nachfolgers), den Tafelfreuden geradezu abgöttisch zugetan war, glauben wir Moroni auf Anhieb; spontan denken wir dabei an Leos Standbild in der römischen Kirche S. Maria in Aracoeli; die kolossale Leibesfülle dieser Statue beeindruckt uns weit mehr als die künstlerische Leistung. Unser Gewährsmann erwähnt noch, daß Leo X. zusammen mit einigen Kardinälen mindestens dreimal bei dem damals mächtigsten Bankier des Kirchenstaates, Agostino Chigi, in dessen berühmtem Landhaus, der späteren Villa Farnesina, zu Gast war und daß am 30. April 1518 bei einem dieser Bankette unter anderem drei Fische auf den Tisch kamen, von denen jeder über 80 Scudi gekostet hatte. Was sonst noch aufgetragen wurde, überliefert Moroni nicht; es sprechen aber ein paar gute Gründe dafür, daß es sich bei diesem Essen nicht um eine Armenspeisung handelte.

Dem aus Utrecht stammenden Hadrian VI. (1522–1523) soll der Biergenuß zugesetzt haben. Von Innozenz IX. (1591) heißt es, daß er, je nach Jahreszeit, abends gerne ein Täßchen Schokolade trank und sich ab und zu an einem Sorbet delektierte. Wenn Klemens XIII. (1758–1769) den ersten Schluck (Wein? Wasser? Milch?) aus seinem Becher trank, gingen die anwesenden Kardinäle auf Geheiß des Zeremonienmeisters in die Knie; nach Tisch dann genehmigte seine Heiligkeit sich einen Kaffee. Ebenso spärlich fallen Moronis Nachrichten über Klemens' Vorgänger Benedikt XIV. (1740–1758) aus: »Er war maßvoll im Essen; am Morgen trank er Tee, am Abend Kaffee.«

Tee und Kaffee! Uns würde interessieren, was außer diesen Getränken sonst noch von der Küche in den Speisesaal befördert wurde. Aber darf man von einem Stubengelehrten erwarten, daß er seine Aufmerksamkeit auf dergleichen Nebensächlichkeiten richtet? Glauben Sie mir, meine lieben Leserinnen und Leser, Leuten vom Schlag eines Moroni kann man das zarteste Entenbrüstchen vorsetzen; erst lassen sie es kalt werden, weil sie gerade über mögliche Druckfehler in ihrem neusten Buch nachgrübeln, und noch während sie das Entlein verzehren, denken sie bereits darüber nach, ob wohl schon einmal ein Papst oder ein Kardinal oder zumindest ein Missionsbischof dieses Tier in seinem Wappen führte.

Wir hingegen fühlen da etwas anders. Und deshalb stellen wir nun ein Menü mit vier Gängen auf den Tisch, den Moroni leer gelassen hat. Und zwar tun wir das nur, um Moronis Verdienste zu würdigen. Aber an der Tafel sitzen *wir*.

CENA DI COMMEMORAZIONE IN ONORE
DEL CAVALIERE ROMANO MORONI

Aperitivo (Aperitif)
Spumante Prosecco (Schaumwein Prosecco)

Gli antipasti (Vorspeisen)
Frutti di mare (Meeresfrüchtesalat)
Zucchini marinati all'aceto di Modena (Marinierte Zucchini)
Cipolle al forno (Gebackene Zwiebeln)
Insalata di fagioli con tonno (Bohnensalat mit Thunfisch)

Il primo (Erster Gang)
Gnocchi alla Giuseppe (Grießgnocchi nach meiner Art)

Il secondo (Zweiter Gang)
Involtini al Marsala (Kalbfleischröllchen in Marsalasoße)
Finocchi gratinati (Überbackener Fenchel)

Il dolce (Nachtisch)
Gelato di fragole alla panna (Erdbeereis aus Sahne)

I vini (Die Weine)
Brunello di Montalcino 1988
Chianti classico Riserva Madonna 1991

Caffè e liquori (Kaffee und Liköre)
a piacere (à discrétion)

Mit dieser Speisenfolge habe ich am 25. Mai 1996, am Vorabend des Pfingstfestes, drei Gäste beglückt. Die meisten Gerichte kann man im voraus zubereiten. Das trifft schon für die Vorspeisen zu. Die Zutaten sind so berechnet, daß *jedes* der drei leckeren Gerichte allein für vier Personen reicht. Für den Fall, daß Sie es mir gleichtun und alle vier Vorspeisen servieren, brauchen Sie die entsprechenden Mengen nicht zu reduzieren, weil sich allfällige Reste im Kühlschrank ohne weiteres ein bis zwei Tage halten.

Meeresfrüchtesalat

100 g gekochte Crevetten
250 g gekochte Tintenfische (Calamari, Seppie, Polpi)
80 g Vongole (aus dem Glas)
einige schwarze Oliven
etwas Stangensellerie, in feinen Streifen
1 kleine Karotte, in sehr feinen Streifen (Julienne)
1 gepreßte Knoblauchzehe
6 EL Olivenöl
5 EL Himbeeressig (notfalls milder Weißweinessig)
Salz, weißer Pfeffer

Öl, Essig und die Gewürze zu einer Soße verrühren, Knoblauch, Karotte und den Sellerie dazugeben und alles mit den Meeresfrüchten gut vermischen. Wer's mag, kann noch ein paar schwarze Oliven beifügen.

Marinierte Zucchini

400 g Zucchini
2–3 EL Olivenöl
Salz, Streuwürze

Für die Marinade
6 EL Olivenöl
3 EL Weinessig
3 EL Balsamessig (als *Aceto balsamico* oder *Aceto di Modena* im Handel)
1 Messerspitze Cayennepfeffer
2 Knoblauchzehen
1 Bund Petersilie

Die Zucchini waschen, die Enden abschneiden und in nicht ganz 1 cm dicke Scheiben schneiden. Diese in wenig Olivenöl beidseitig anbraten. Etwas Salz oder Streuwürze darübergeben und auskühlen lassen. Für die Marinade das Olivenöl mit dem Wein- und dem Balsamessig vermengen. Pfeffer und den geschälten, in kleine Stücke geschnittenen Knoblauch zufügen. Die Zucchinischeiben lagenweise in ein Gefäß legen und jede Schicht mit etwas Marinade übergießen. Mindestens anderthalb Tage im Kühlschrank ziehen lassen. Eine gute Stunde vor dem Servieren herausnehmen, weil die marinierten Zucchini erst bei Zimmertemperatur ihr volles Aroma entfalten. Da sie sich im Kühlschrank mehrere Tage halten, lohnt es sich, eine größere Menge davon zuzubereiten. Die feingehackte Petersilie gebe ich erst vor dem Auftragen dazu.

Gebackene Zwiebeln, andere Art

4 mittelgroße Zwiebeln
Balsamessig
Salz, Pfeffer
3 EL Semmelbrösel
Butter

Die Zwiebeln waschen, schälen und quer durchschneiden. Die Hälften mit der Schnittfläche nach oben in eine ausgebutterte Gratinform legen und mit ein paar Tropfen Balsamessig bespritzen. Salzen und pfeffern, mit Semmelbröseln bestreuen und Butterflocken daraufgeben. In dem auf 220 Grad vorgeheizten Ofen etwa 25 Minuten backen.

Diese Vorspeise schmeckt sowohl warm wie kalt und paßt auch als Gemüsebeilage zu Hauptgerichten.

Bohnensalat mit Thunfisch

300 g rote oder weiße Bohnen
150 g Thunfisch aus der Dose
1 große Zwiebel
1 TL Senf
1 El Mayonnaise
5 EL Olivenöl
4 EL milder Weinessig
einige Basilikumblätter in Streifen
Salz, Pfeffer

Die Bohnen über Nacht einweichen. In reichlich Salzwasser etwa 1 Stunde kochen. Darauf achten, daß sie nicht aufspringen. Erkalten lassen. Den in kleinc Stücke zerlegten Thunfisch und die in Ringe geschnittene Zwiebel und den Basilikum dazugeben. Die übrigen Zutaten zu einer Soße verrühren und alles miteinander vermischen.

Grießgnocchi nach meiner Art

900 ml Milch
1 EL Gemüsebouillon (Granulat)
Muskat, Pfeffer
150 g Hartweizengrieß
1 Messerspitze Safran
geriebener Parmesan
20 g Butter

Die Milch zusammen mit 3 EL Butter, dem Bouillon-Granulat (Ersatz: zerbröselter Brühwürfel) und den Gewürzen aufkochen. Den Grieß einrühren und auf kleiner Flamme unter Rühren während etwa 15 Minuten zu einem dikken Brei aufkochen. Gleich zu Beginn den Safran dazugeben und am Schluß etwa 3–4 gehäufte EL Parmesan darunterrühren und den Brei auf ein Backblech oder eine flache Platte geben und etwa

1 cm dick ausstreichen und gut auskühlen lassen. Nach dem Erkalten Plätzchen von etwa 4–5 cm Durchmesser ausstechen und diese dachziegelartig in eine ausgebutterte Gratinform schichten. Mit Parmesan bestreuen, Butterflöckchen darübergeben und die Gnocchi während etwa 20 Minuten in dem auf 200 Grad vorgeheizten Backofen gratinieren. Dieses Rezept habe ich auf der Basis der

Gnocchi alla romana

(Grießgnocchi nach römischer Art) entwickelt. Anstelle des Safrans, den ich nicht nur der Farbe wegen beigebe, mischen die Römerinnen am Schluß ein rohes Ei unter die Grießmasse. Und statt des Bouillon-Granulats (oder des Brühwürfels) verwenden sie einen gestrichenen Teelöffel Salz. Außerdem bestreichen sie die Gnocchi vor dem Gratinieren mit flüssiger Butter und streuen dann etwas geriebenen Pecorino (Schafskäse) darüber.

Kalbfleischröllchen in Marsalasoße

4 sehr dünne Kalbsschnitzel (zu je 150 g)
1 EL Mehl
Salz, Pfeffer
2 EL Butter
250 ml Marsala

Die Kalbsschnitzel halbieren, beidseitig würzen, aufrollen. Die acht mit einem Zahnstocher fixierten Röllchen in etwas Mehl wenden und in heißer Butter rundherum anbraten. Warm stellen. Den Fond mit dem Marsala auflösen und die Flüssigkeit etwas einkochen. Mit wenig Salz und etwas Pfeffer abschmecken. Die Pfanne vom Herd nehmen und 1 EL Butter unterziehen. Die Soße über die Fleischröllchen gießen.

Überbackener Fenchel

800 g Fenchel
Salz
100 ml Milch
100 ml Kaffeesahne
1 Messerspitze Muskat
3–4 EL Semmelbrösel
3–4 EL geriebener Parmesan
1 EL Pinienkerne oder Sonnenblumenkerne
1 EL Butter

Den in Stücke geschnittenen Fenchel einige Minuten in Salzwasser blanchieren. Das Wasser abgießen. Die Milch mit der Kaffeesahne und dem Muskat vermischen und erhitzen. Den Fenchel darin weichkochen, aber so, daß er noch Biß hat. Gegebenenfalls nachsalzen. Die Stücke in eine ausgebutterte Gratinform legen und 5 EL von der Kochflüssigkeit darübergießen. Parmesan und Semmelbrösel miteinander vermischen und den Fenchel damit bestreuen. Die Pinien- oder Sonnenblumenkerne darauf verteilen. Reichlich Butterflocken daraufsetzen und die Form für 20 Minuten in den auf 200 Grad vorgeheizten Backofen schieben.

Erdbeereis

500 g Erdbeeren
200 g Zucker
1 1/2 Päckchen (15 g) Vanillezucker
1 Zitrone (Saft)
1 Gläschen Orangenlikör (Grand Marnier, Cointreau)
250 g Schlagsahne

Die Erdbeeren waschen, auf einem Tuch ausbreiten, trockentupfen und zusammen mit dem Zucker, dem Zitronensaft und dem Orangenlikör durchmixen. Die Sahne steif schlagen und unter die Erdbeermasse ziehen. Diese anschließend in eine mit Backpapier ausgelegte Form geben und tiefgefrieren. Eine besondere Note erhält dieses Eis, wenn man zu den Erdbeeren noch einige Eßlöffel Rhabarberkompott hinzufügt.

Die Aale Papst Martins IV.

Wenn wir uns an Dantes *Göttliche Komödie* halten, befindet sich der Ort, wo die Leckermäuler für ihre ungezähmten Lüste büßen, weder ganz im Zentrum noch ganz am Rand des Fegefeuers, sondern irgendwo dazwischen. Denn erst im 24. von den dreiunddreißig Gesängen des *Purgatorio* gelangt der Dichter unter Vergils kundiger Führung dahin, wo die Naschkatzen und Genußspechte zum Abspecken versammelt sind. Unter ihnen befindet sich auch einer

mit einem ganz zerfallenen Gesicht.
Die Kirche war ihm früher anvertraut.
Er kam von Tours und läutert jetzt mit Fasten
Vernaccia und die Aale aus Bolsena.

Ein Papst? Aus Tours? Der Aale mochte? Die in Vernaccia zubereitet wurden? Soviel hätte uns Tratschke im *Zeit-Magazin* nicht verraten. Weil sonst sogar die Kirchenfeinde rasch auf Martin IV. gekommen wären. Da die Römer dem in diplomatischen Dingen erfahrenen Franzosen nach seiner im Jahre 1281 erfolgten Wahl zu Viterbo den Zutritt zu ihrer Stadt verweigerten, ließ er sich in Orvieto krönen. Nach vier Jahren schon verstarb er in Perugia und wurde in der dortigen Kathedrale beigesetzt.

Vielleicht wären ihm noch ein paar Jährchen mehr vergönnt gewesen, wenn er seine Residenz nicht so nahe beim *Lago di Bolsena* aufgeschlagen hätte. Denn auf die in diesem See sich schlängelnden Aale war Martin IV. regelrecht gierig, und das sollte sein Verderben sein. Zeitgenössischen Chronisten zufolge nämlich starb der Bedauernswerte nach einem ausgiebigen Aalessen an Verdauungsbeschwerden.

Dieses Gericht aber schmeckt so gut, daß selbst Dante für die Gelüste des Papstes Verständnis hegt. Sonst hätte er den genußfreudigen Martin ja nicht zum Fegefeuer begnadigt, sondern ihn, wie Nikolaus III., Bonifaz VIII. und Klemens V., in die Feuerhölle verbannt. In der Gegend um den Bolsener See gelten die *Anguille del Papa* noch heute als Spezialität.

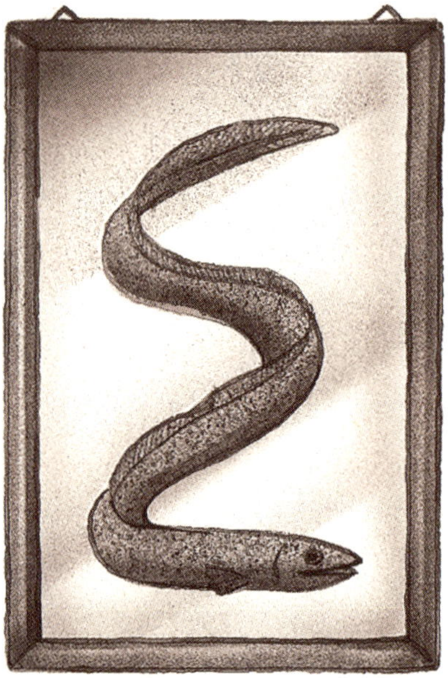

Anguille del Papa

(Aal, wie der Papst ihn mag)

700 g Aale
1 mittelgroßes Stück Sellerie
2–3 Karotten
1 Zwiebel
80 g getrocknete Steinpilze
1 Lorbeerblatt,
Salz, Peperoncino
2–3 EL Olivenöl
300 ml Vernaccia di San Giminiano
(oder ein anderer möglichst trockener Vernaccia)

Das Gemüse in Würfelchen schneiden und die vorher eingeweichten Steinpilze grob hacken. Alles bei mittlerer Hitze im Öl dämpfen, würzen und unter gelegentlichem Rühren immer wieder etwas Vernaccia dazugeben. Am Schluß werden die gehäuteten und in Stücke geschnittenen Aale hinzugefügt, ein- bis zweimal gewendet und nach 10–15 Minuten aus dem Topf serviert.

Wenn wir vergessen haben, im Fachgeschäft oder beim Italiener einen Vernaccia zu besorgen, verwenden wir statt dessen einen trockenen Riesling, aber nur im äußersten Notfall!

Etwas altmodisch, wie wir nun einmal sind, betrachten wir die Geschichte nach wie vor als *magistra vitae*, als Lehrmeisterin in bezug auf unsere Lebensführung, und erinnern uns dabei an das Ende des Papstes. Anderseits sind wir natürlich nicht so abergläubisch, daß wir uns bei diesem Gericht auf eine halbe Portion beschränken. Frohgemut lassen wir uns noch einmal nachreichen. Und genehmigen uns zum Schluß einen Aquavit. Der hätte Martin IV. möglicherweise das Leben gerettet.

Der Chronist überliefert, daß schon kurz nach des Papstes Tod ein Spottvers in Form einer Grabinschrift die Runde machte:

Gaudent anguillae
quia hic iacet ille
qui quasi mortue eas
escoriabat eas.

Auch wer nur wenig Latein versteht, kann sich auf dieses Epitaph einen Reim machen:

Es jubeln die Aale hienieden,
denn hier ruht jener in Frieden,
der ihnen den Bauch aufschlitzte
und sie mit Vernaccia bespritzte.

Selbstverständlich kann ich nachvollziehen, daß, wer *Die Blechtrommel* von Günter Grass goutiert hat, keinen großen Appetit mehr auf Aale verspürt. Als Alternative schlage ich daher ein nicht weniger leckeres Gericht vor, welches ebenfalls aus Italien stammt und das einem, die Bezeichnung sagt es, nicht minder gefährlich werden könnte als die Aale Martins IV.:

Strangolapreti *(Spinatknödel)*

250 g altbackenes Weiß- oder Toastbrot
125 ml Milch
3 Eier
1 mittelgroße Zwiebel
1–2 Knoblauchzehen
300 g Spinat
5–6 EL Semmelbrösel
80 g geriebener Pecorino
(notfalls Parmesan oder Sbrinz)
Oregano, weißer Pfeffer, Salz, Muskat
50 g fein gehobelter Pecorino
ca. 40 g Butter

Milch und Eier verquirlen und das klein gewürfelte Brot darin einweichen. Den Spinat waschen und sehr fein hacken. Zwiebel und Knoblauch in kleine Würfel schneiden, und in wenig Butter glasig dünsten. Den Spinat dazugeben und mitdünsten, bis er zusammenfällt (man kann auch tiefgefrorenen Spinat verwenden). Die Masse in ein Sieb geben, die Flüssigkeit gut ausdrücken und alles zusammen mit dem geriebenen Käse, den Semmelbröseln und den Gewürzen zu dem eingeweichten Brot geben. Alles gut vermengen und mit angefeuchteten Händen 16 Knödel formen. Die Knödel 8–10 Minuten im heißen Wasser sieden und auf vorgewärmten Tellern anrichten. Die erhitzte Butter über die Knödel gießen und diese anschließend mit dem gehobelten Käse bestreuen.

Wer dieses Gericht zum erstenmal zubereitet, sollte vielleicht zunächst einen Probeknödel formen und sieden und, falls dieser zu weich ist, noch 1–2 EL Semmelbrösel zu der Masse geben. Außerdem ist darauf zu achten, daß das Wasser die Grenze vom Sieden zum Kochen nicht überschreitet. Wenn in der Küche der Käsehobel fehlt, besteht kein Anlaß zur Verzweiflung; auch mit dem Spargelschäler lassen sich feinste Streifchen aus dem Pecorino schneiden.

Als Beilage zu Fleisch oder Fisch ist die hier angegebene Menge etwas großzügig bemessen. Als vegetarisches Hauptgericht serviert, verträgt es sich durchaus mit einer kleinen Vorspeise und einem nicht zu opulenten Nachtisch.

Warum die Italiener diese Köstlichkeit als *strangolapreti* (wörtlich: *Pfaffenwürger*) bezeichnen, ist eines jener Rätsel, die immer neue Spekulationen auslösen, aber nie eine Lösung finden. Sollte es zutreffen, daß der Klerus den übrigen Christenmenschen in Sachen Eßkultur tatsächlich etwas voraushat, könnte man die Bezeichnung als Hinweis auf die Güteklasse dieses Gerichts werten. Anderseits beinhaltet der Begriff vielleicht auch eine versteckte Warnung. Dennoch sind wir der Ansicht, daß der Ausdruck *Pfaffenwürger* nun einmal sehr viel appetitanregender klingt als die phantasielose Bezeichnung *Spinatknödel*.

Eierspeise für Kurtisanen

Zahlreiche Angehörige des altrömischen Adels- und heutigen Fürstengeschlechts der Colonna haben im Lauf der Jahrhunderte Karriere gemacht. Die Familie stellte nicht nur mehrere Senatoren im mittelalterlichen Rom (die mit den nicht minder ehrgeizigen Orsini zeitweise eine Art Dauerfehde unterhielten), sondern auch eine ganze Reihe von hochgestellten Prälaten (die den gerade amtierenden Päpsten nicht selten schwer auf dem Magen lagen). Beide Familien können sich rühmen, etliche Kardinäle hervorgebracht zu haben. Während es den Orsini gelang, gleich drei Angehörige ihres Fürstenhauses auf den Stuhl Petri zu katapultieren (Coelestin III., 1191–1198; Nikolaus III., 1277–1280; Benedikt XIII., 1724–1730), führte Oddo Colonna als einziger seines Geschlechts während fast anderthalb Jahrzehnten das Regiment über die Kirche.

Am elften Elften 1417 auf dem Konzil von Konstanz zum Nachfolger Petri gewählt, beendigte er das große Abendländische Schisma, welches das römische Papsttum beinahe in den Ruin und die Kirche an den Rand des Abgrunds gebracht hätte. In der Papstliste figuriert er unter dem Namen Martin V., und in den Geschichtsbüchern ist nachzulesen, daß er nicht nur den Wiederaufbau des Kirchenstaates, sondern auch die Reform der Kirche energisch vorantrieb. Diesem Zweck sollte auch das von ihm auf den Juni 1431 nach Basel einberufene Konzil dienen, dessen Beginn Martin V. allerdings nicht mehr erlebte; er starb schon im Februar jenes Jahres.

Sein Grab befindet sich in der *Confessio* der Lateranbasilika, wo Fremdenführer und Reiseleiterinnen ihre oft etwas teilnahmslosen Grüppchen in einem eher gelangweilten Tonfall mit ein paar historischen Daten füttern.

Ich würde ganz woanders ansetzen. Wo holte sich Martin V. die Kraft, um den Klerus zu disziplinieren und die Kirche zu reformieren? Im Gebet? In der Lektüre der Heiligen Schrift? In der Meditation? Aber wie kann man sich ins Gebet versenken, die innere Einkehr pflegen und seine Gedanken sammeln, wenn der Magen aggressiver knurrt als ein wütender Hund?

Mens sana in corpore sano, der Geist ist nicht willig, wenn das Fleisch schwach ist. Das in die Sprache der Bibel übersetzte Sprichwort bringt uns auf die richtige Fährte, und die führt in diesem Fall geradewegs in eine teutonische Küche.

Seine Reform*pläne* hat Martin V. auf der Grundlage des Evangeliums entwickelt. Aber seinen Reform*willen* hat er am Tisch gestärkt. Und hier war der Kleriker Johannes Bockenheym zuständig, dessen Nachname sich von seinem Geburtsort, dem rund 20 Kilometer westlich von Worms gelegenen Bockenheim, herleitet. Dieser ließ sich von dem auf dem Konstanzer Konzil zum Papst gewählten Martin überreden, ihm vom Bodensee an den Tiber zu folgen. Damit wurde erstmals ein Kleriker als Küchenmeister in den vatikanischen Hofhaushalt berufen.

Bockenheym bekochte den Papst bis zu dessen Tod im Jahre 1431. Martin zeigte sich von den Künsten seines Küchenchefs derart angetan, daß er ihn mit Privilegien geradezu überhäufte, was seinem Schützling später den Aufstieg auf der kirchlichen Karriereleiter um einiges erleichterte.

Nach dem Hinscheiden des Pontifex vertauschte Bockenheym den Kochlöffel mit dem Gänsekiel und veröffentlichte ein in schwerfälligem Latein verfaßtes *Registrum coquine*, ein Kochbuch mit 74 Standardrezepten, dessen Original sich heute in der Bibliothèque Nationale in Paris befindet (Manuskript Nr. 7054).

Die von Bockenheym zusammengestellten Speisezettel sind nicht nur von ernährungsgeschichtlicher Bedeutung; vielmehr erlauben sie auch Rückschlüsse auf die damalige Zusammensetzung der päpstlichen Kurie und deren Diplomatie. Am Ende fast jeden Gerichts nämlich vermerkt der Koch, wem er dieses zugedacht hat. Den Sachsen, Friesen und Slawen setzt er Vögel und Käsekuchen vor, während er die Palastgarde mit Innereien abspeist. Die Angelsachsen hält er mit Huhn und Fleischklößchen bei Laune; für die Römer trägt er Pfau mit Pfeffersoße auf. Natürlich vergißt Bockenheym nicht, daß die Standesunterschiede nicht nur mittels der Sitzordnung, sondern auch auf dem Teller zu verdeutlichen sind. Den Fürsten empfiehlt er seine gutgewürzte Mandelsuppe, den für den Adel bestimmten Hackbraten mit Datteln, Mandelsplittern und Pinienkernen verziert er *propter bene stare* – das Auge ißt mit! – mit purem Blattgold, während er den Kopisten der päpstlichen Kanzlei und deren Gesponsen immerhin eine gemischte Gemüseplatte zugesteht. Den Mönchen, die aufgrund ihrer Gelübde teilweise auf den Fleischgenuß verzichten müssen, verabreicht er gefüllte Eier. Und weil der Verweltlichung der Weltstadt Rom trotz aller Reformbemühungen Martins V. nicht ganz beizukommen ist, sieht sich der Kleriker Johannes Bockenheym genötigt, auch ein für Kurtisanen und deren Beschützer geeignetes Gericht in seine Sammlung aufzunehmen; es handelt sich dabei um ein Orangenomelett.

Orangenomelett

Sic fac fritatem de pomeranciis. Recipe ova percussa, cum pomeranciis ad libitum tuum, et extrahe inde sucum, et mitte ad illa ova cum zucaro; post hoc recipe oleum olive, vel segimine, et fac califeri in patella, et mitte illa ova intus. Et erit pro ruffianis et leccatricibus.

So wird das Orangenomelett zubereitet: Nimm eine angemessene Menge verquirlte Eier und eine entsprechende Anzahl Orangen, presse diese und vermische den Saft mit der Eimasse und rühre den Zucker dazu. Dann erhitze ein wenig Olivenöl oder Fett in einer Pfanne, gieße die Eimasse darüber und brate sie. Dieses schmeckt vornehmlich den Zuhältern und den Kurtisanen.

Kenner und Kennerinnen werden sich hier an die leicht anzügliche Entstehungsgeschichte der sagenhaften *Crêpe Suzette* erinnern (die ich Ihnen am Schluß des Kapitels über die Küche der Fürsten erzählen werde; wenn Sie nicht warten können, suchen Sie im Inhaltsverzeichnis die Zwischenüberschrift *Galantes in der Gastronomie*), die im Grunde so etwas wie eine geadelte Nachfahrin des von Bockenheym kreierten Orangenomeletts darstellt. Letzteres bildet ebenfalls einen hervorragenden Nachtisch, den man noch verfeinern kann, indem man der Eimasse eine Prise Salz und einen Hauch Ingwer oder Koriander untermischt und den fertigen Eierkuchen mit Bitterorangenkonfitüre füllt.

Daß Bockenheym seinen alemannischen Landsleuten vorwiegend schwere Suppen mit Stücken vom Rind und vom Kalb auftischt, will uns nicht so recht einleuchten. Deshalb gönnen wir uns jetzt grad zum Fleiß und ein bißchen auch um der Abwechslung willen ein Schweinskotelett mit Schinken und Mozzarella.

Schweinskotelett mit Schinken und Mozzarella

4 Schweinskoteletts
Olivenöl
Salz, Pfeffer
4 halbe Schinkentranchen
1 große Tomate
1 Mozzarella (150 g)
Pizzagewürz, Streuwürze
frischer Basilikum

Für die Marinade
2 EL grobkörniger Senf
Cayennepfeffer
Salz, Pfeffer
Pizzagewürz
3 EL Weißwein
3 EL Knoblauchöl

Die Koteletts in der Marinade wenden und einige Stunden zugedeckt im Kühlschrank ziehen lassen.

Das Olivenöl in eine backfeste Form gießen und in dem auf 250 Grad vorgeheizten Ofen erhitzen. Die Koteletts salzen, pfeffern und in die heiße Form legen. Etwa zehn Minuten braten. Die Form aus dem Ofen nehmen, die Koteletts wenden und mit je einer halben Schinkentranche und einer mit Streuwürze gewürzten Tomatenscheibe belegen. Mit einer Scheibe Mozzarella abdecken und etwas Pizzagewürz darüberstreuen. Die Form wieder in den auf 220 Grad zurückgeschalteten Ofen schieben und die Koteletts weiterbraten, bis der Käse geschmolzen ist, also etwa zehn Minuten. Mit frischem Basilikum garnieren.

Ob Bockenheym unser Kotelett mit Neid oder mit Zustimmung betrachtet hätte, muß offenbleiben. Martin V. wäre davon sicher begeistert gewesen.

Tafeln wie Madonna Leonora

Nicht nur Bischöfe, sondern auch Kardinäle und Päpste haben Jesu Rede vom himmlischen Hochzeitsmahl hin und wieder ein bißchen zu diesseitsbezogen aufgefaßt. Dabei gelang ihnen manchmal sogar das fragwürdige Kunststück, flink und elegant über den Schatten ihrer eigenen Äußerungen zu springen. Ein Beispiel dafür findet sich im *Diario della Città di Roma*, in welchem ein Gelehrter aus der Zeit der Frührenaissance, Stefano Infessura, seine Erlebnisse und Eindrücke festhält:

Im Jahre 1473, im Monat Mai, ließ der Kardinal von San Sisto, genannt Bruder Pietro Riario, den ganzen Platz bei der Kirche Santi Dodici Apostoli zu Rom überdecken. (...) Und der Herr Kardinal veranstaltete ein schönes und prunkvolles Gastmahl zu Ehren der Madonna Leonora, der Tochter König Ferrantes von Neapel, die auf der Reise begriffen war zu ihrem Gemahl, dem Herzog von Ferrara.

Das Essen, obwohl privater Natur, hatte dennoch öffentlichen Charakter. Insgesamt waren zehn Gäste anwesend: die Prinzessin, sieben Damen und Herren aus dem Gefolge, sowie der Kardinal und sein Bruder. Aufgetragen wurden drei Hauptgänge mit vierundzwanzig Gerichten, darunter die verschiedenartigsten Fleischsorten: Kapaun, Hühner, Hähnchen, Pfauen, Fasanen, Wachteln, Küken, Kraniche, Gänse, Rehe, Ziegen, dekorierte Kalbsköpfe, Ochsen, ein Bär, gerösteter Aal, Pasteten; außerdem die erlesensten Beilagen sowie zehn schiffsförmige Schüsseln mit Konfekt und Zuckerwerk. Es mag uns heute eine solche Speisefolge Bewundern (oder Schaudern?) abnötigen. Allfällige Sorgen um das Wohlbefinden der Gäste erweisen sich allerdings als unbegründet. Der überwiegende Teil der Süßigkeiten wurde vom *piano nobile* des Festsaales aus dem Volk auf der Piazza zugeworfen. Was an Fleisch übrigblieb, verteilte das Gesinde des Kardinals gemäß biblischem Vorbild und kirchlicher Vorschrift an die Armen.

Finanziert wurde das alles vom Franziskanerpapst Sixtus IV., welcher drei Jahre, bevor Prinzessin Leonora mit ihrem Gefolge in Rom aufkreuzte, zum Nachfolger des heiligen Petrus erwählt worden war. Der Organisator des Banketts, Kardinal Pietro Riario, war ein Neffe des Papstes, der während des besagten Gastmahles bloß indirekt anwesend war; die zum Nachtisch gereichten eichelförmigen Zuckermandeln erinnerten an sein Wappen (Sixtus entstammte dem Adelsgeschlecht der *della Rovere*, und *rovere* bedeutet *Eiche*).

Weshalb dieser ganze Aufwand? Dem Herrscher über den Kirchenstaat lag an guten Beziehungen zwischen Neapel und den oberitalienischen Fürstenbündnissen. Der Empfang der durchreisenden Prinzessin und künftigen Herzogin von Ferrara bot eine günstige Gelegenheit, diese Wünsche nachhaltig zu demonstrieren – Essen als Schachzug im kirchendiplomatischen Spiel.

Kalbsfilet-Medaillons an Ingwersoße

Kapaune, Kraniche, Küken, Kalb – von diesen von Sixtus IV. spendierten vier K's entscheiden wir uns für das letzte. Und das bereiten wir jetzt nach unserem eigenen Gusto zu und servieren es zusammen mit einem Kartoffelgratin.

1 Kalbsfilet (ca. 600 g)

Für die Marinade

170 ml Fleischbrühe
1 gestrichener TL Ingwer
1/2 Zitrone (Saft)
3 Karotten
1 große Stange Lauch
Salz, weißer Pfeffer
1 TL Maizena

Die Fleischbrühe erhitzen, mit Ingwer und Zitronensaft würzen und erkalten lassen.

Das Kalbsfilet säubern. In 1,5 cm dicke Scheiben schneiden und diese in die Fleischbrühe legen. Mindestens drei Stunden im Kühlschrank marinieren; die Fleischstücke zwischendurch wenden.

Die Karotten schälen und in sehr feine Streifchen schneiden (Julienne). Den Lauch in 1/2 cm breite Ringe schneiden.

Das Fleisch aus der Marinade nehmen und diese in einem Topf aufkochen. Die Hitze reduzieren und die Filetstücke hineinlegen und ungefähr eine Viertelstunde ziehen lassen. Das Fleisch herausnehmen und warm stellen.

Die Karotten und den Lauch in die Soße geben und knappe 5 Minuten köcheln. In etwas Wasser ein wenig Maizena auflösen und die Soße damit binden. Die Sahne unterrühren und die Gemüsesoße über dem Fleisch verteilen. Statt Kalbs- eignet sich auch Schweinsfilet.

Kartoffelgratin

800 g Kartoffeln	Salz, Pfeffer, Muskat
300 ml Milch	1 TL Butter
200 ml Sahne	30 g geriebener Greyerzer
1–2 gepreßte Knoblauchzehen	30 g geriebener Sbrinz

Die geschälten Kartoffeln in *sehr* dünne Scheiben schneiden. Milch, Sahne, Knoblauch und Gewürze miteinander vermischen und in einem Topf kurz aufkochen, die Kartoffeln zugeben und während 15 Minuten köcheln. Die Masse in eine ausgebutterte Gratinform geben, mit dem Käse bestreuen und in dem auf 220 Grad vorgeheizten Ofen 20 Minuten gratinieren.

Vorsicht! Berechnen Sie die Zeitspanne zwischen dem Eintreffen der Gäste und dem Servieren gut, denn zu langes Warmhalten im Ofen trocknet den Gratin aus.

Nouvelle cuisine im Vatikan

Selbst wenn Sixtus IV. keine Kirchenpolitik auf dem Umweg über die Küche betrieben hätte, wäre ihm noch aus einem anderen Grund in jeder Geschichte der Kochkunst wenigstens eine Fußnote sicher gewesen. Dieser Grund hat einen Namen: Bartolomeo Sacchi. Sacchi selber unterzeichnete seine Schriftstücke mit Platina; entsprechend einer damals in gelehrten Kreisen üblichen Gepflogenheit hatte er seinen Namen latinisiert.

An dieser Stelle müssen wir etwas weiter ausholen. Wer weiß denn schon, daß die *Nouvelle cuisine* – und damit meine ich die moderne Art zu kochen – keineswegs in Frankreich, sondern im Vatikan ihren Ursprung hat? Denn dort haben die Köche schon im 15. Jahrhundert eine Kochkunst erprobt, die auf die im Mittelalter üblichen Fleischkeulen und Eintöpfe verzichtete. Als Initiator dieser neuen *Ars coquinaria* gilt besagter Bartolomeo Sacchi, ein Humanist und Theologe, der von 1421 bis 1481 lebte und nach einigen durch politische Wirren bedingten Gefängnisaufenthalten später als päpstlicher Bibliothekar und Historienschreiber Karriere machte. Und zwar war es ausgerechnet Sixtus IV., der

Platina an den Päpstlichen Hof holte. Ob dies auch seiner Kochkünste wegen geschah, muß offenbleiben. Tatsache ist, daß Platina anno Domini 1475 unter dem lateinischen Titel *De honesta voluptate et valetudine* einen Küchen-Bestseller landete, der nicht nur ins Italienische, ins Englische und ins Französische übersetzt wurde, sondern im Jahre 1542 in Augsburg auch auf Deutsch erschien, und zwar unter der trostreichen Überschrift *Von der Eerlichen, zimlichen, auch erlaubten Wolust des leibs.* Die Kirche ist also doch nicht gar so leibfeindlich, wie oft behauptet wird.

Allerdings war sie recht frauenfeindlich. Selbst was die Kochsitten und Küchengebräuche hinter den Mauern des Vatikans betraf. Dort gab es zu Zeiten zwar einen Päpstlichen Chefkoch und Päpstliche Geheimköche, aber wir kennen kein Dokument, aus dem hervorgeht, daß ein Pontifex eine Frau mit dem Titel einer Päpstlichen Geheimköchin ausgezeichnet hätte.

Erst in neuerer Zeit hat sich in dieser Hinsicht etwas geändert. Während in früheren Jahrhunderten den Frauen nicht nur der Weg zum Altar, sondern eben auch der Zutritt zur vatikanischen Küche versperrt blieb, hantiert dort heute eine polnische Nonne mit Tiegeln und Töpfen. Ab und zu, wenn der polnische Papst polnische Gäste geladen hat, gibt's schon mal ein polnisches Nationalgericht. Nämlich Bigos, was denn sonst?

Bigos

150 g Speckwürfelchen
2 gewürfelte säuerliche Äpfel
1 gehackte Zwiebel
1 sehr fein gehackte Knoblauchzehe
1 EL Schweineschmalz oder Bratbutter
350 g Hackfleisch
Salz, Pfeffer
4 EL Tomatenmark
700 g gekochtes Sauerkraut
1 TL Thymian
1 TL Kümmel
100 ml trockener Weißwein

Die Speckwürfelchen zusammen mit der Zwiebel, den Äpfeln und dem Knoblauch in der Bratbutter dünsten. Das Hackfleisch dazugeben und braten. Salzen, pfeffern. Mit dem Tomatenmark abschmecken. Das *gekochte* Sauerkraut und die übrigen Gewürze daruntermischen. Den Weißwein dazugießen und alles gut aufbraten, bis der Wein verdunstet ist. Wer rohes Sauerkraut verwendet, kocht dieses am besten zusammen mit 100 ml trockenem Weißwein während 20 Minuten im Dampfkochtopf. Statt Hackfleisch eignen sich auch kleingeschnittene Fleischreste (Würste, Braten, Huhn...).

Der Asket als Feinschmecker

Pius XII. galt als Asket. Und war tatsächlich einer. Wenn man von seiner Schwäche für eine gewisse Sorte von Teigwaren absieht. Aber um das zu erklären, muß ich ein wenig weiter ausholen und Ihnen, meine lieben Leserinnen und Leser, einen kleinen autobiographischen Einschub zumuten.

Wenn mich früher Freunde in Rom besuchten, haben wir uns meist im *Tartufo* zum Abendessen verabredet. Es handelte sich um einen kleinen zwischen der Piazza Sciarra und der Via del Corso gelegenen Familienbetrieb, in welchem bis vor wenigen Jahren gleich drei *Padroni*, und zwar leibliche Brüder, ihre Gäste wahrhaft königlich bewirteten. Zwei von ihnen arbeiteten als Kellner, der dritte betätigte sich als Küchenchef.

Auf der Speisekarte dieses Lokals figurierte auch ein Gericht mit dem schon fast ablaßverdächtigen Namen *Tortellini alla papalina*. Das Traumhafte daran ist ein Sößchen aus Steinpilzen, Butter, Parmesankäse und Sahne, das einem buchstäblich auf der Zunge zergeht. Das Rezept dafür habe ich den drei Brüdern erst nach wiederholten Besuchen und nicht ohne große Überredungskunst zu entlocken vermocht. Sie konnten mir sogar Auskunft darüber geben, nach welchem Nachfolger des heiligen Petrus dieser Schmaus benannt ist (*Tortellini alla papalina* bedeutet: Tortellini, wie der Papst sie mag), nämlich nach Pius XII. Als Kardinal war dieser hin und wieder zu Gast in dem römischen Lokal *La Cisterna* und soll dort vorzugsweise die besagten Tortellini gegessen haben. Nachdem Kardinal Pacelli dann unter dem Namen Pius XII. zum Papst aufgerückt war, gab man dem Gericht zu seinen Ehren den Namen *alla papalina*. Vatikanexperten behaupten allerdings, daß Kardinal Pacelli gar nicht auf *tortellini*, sondern auf *tagliatelle*, also auf die an der entsprechenden Soße angerichteten Nudeln, scharf gewesen sei. Und die dürfen natürlich nicht windelweich sein wie das Herz einer reumütigen Sünderin, sondern müssen *al dente* serviert werden.

P.S. Den *Tartufo* gibt's inzwischen nicht mehr. Ein neuer Besitzer betreibt das Lokal jetzt unter dem Namen *La Miranda*. Aber auch er führt die *Tortellini alla papalina* auf seiner Speisekarte.

P.P.S. Pius XII. war ein Asket von beachtlicher geistiger Fülle und schmaler körperlicher Gestalt. Wer von Natur aus mehr zur körperlichen Fülle neigt, sollte sich das kalorienreiche Sößlein, das den *Tortellini alla papalina* ihre päpstliche Aura verleiht, nicht hemmungslos leisten.

Tortellini alla papalina

400 g Tortellini
Salz, Pfeffer
30 g getrocknete Steinpilze
1 kleine Schalotte
250 ml Sahne
Salz, Pfeffer
etwas Butter
2 Eigelb
4–5 EL geriebener Parmesan
4 Scheiben gekochter Schinken

Die getrockneten Steinpilze eine Stunde in lauwarmem Wasser einweichen, dann in ein Sieb geben und gut durchspülen. Große Stücke werden geteilt. Inzwischen die Tortellini (bitte nehmen Sie die frischen, und nicht die

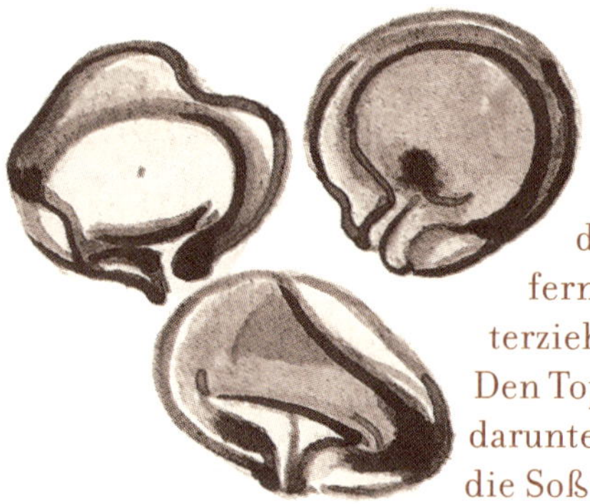

getrockneten, die nach nichts schmecken!) in reichlich Salzwasser *al dente* kochen. Die fein gehackte Schalotte zusammen mit den Steinpilzen in einem Topf in der heißen Butter kurz dünsten, die Sahne dazugießen, salzen und pfeffern und alles kurz aufköcheln. Den Parmesan unterziehen und die abgeseihten Tortellini dazugeben. Den Topf vom Feuer nehmen und das verquirlte Eigelb daruntermischen; es darf nicht stocken, sondern soll die Soße binden. Sofort auf angewärmten Tellern servieren; frisch geriebener Parmesan steht auf dem Tisch.

Für Gäste mit einem großen Magen fügen wir den *Tortellini alla papalina* ein wenig Schinken hinzu. In diesem Fall schneiden wir vier bis fünf Scheiben gekochten Schinken in kleine Stücke und geben sie, zusammen mit der Schalotte und den Steinpilzen, in die heiße Butter, vor allem dann, wenn wir unsere Tortellini nicht vor dem Hauptgang, sondern als Hauptgericht servieren.

Bartolomeo Scappi

Daß der heilige Pius V. den Gaumenfreuden nicht besonders zugetan war und seinem Leibkoch einmal gar mit Exkommunikation drohte, haben wir bereits vermerkt. Wären die Geschmacksnerven des Papstes nur halb so gut entwickelt gewesen wie sein Sinn für Abtötung und Buße, wüßten wir vermutlich etwas mehr über den Mann, der ihn verköstigte.

Bekannt ist nämlich bloß, daß Bartolomeo Scappi (nicht zu verwechseln mit Bartolomeo Sacchi, genannt Platina!) 1536 im Dienst des Kardinals Lorenzo Campeggi stand, in dessen Auftrag er zu Ehren Kaiser Karls V. ein Galadiner auszurichten hatte – und daß er Pius V. schon verköstigte, als dieser noch Kardinal und als solcher seinem Vorgänger auf dem Papstthron, dem etwas leichtlebigeren Pius IV., ein Dorn im Auge war.

Immerhin durfte sich Scappi am Hof Pius' V. mit dem Titel eines Päpstlichen Geheimkochs schmücken. Zu dieser Zeit jedoch übte er sein Metier bereits nicht mehr regelmäßig aus, sondern war so etwas wie ein emeritierter Küchenchef, der sich mehr der Theorie widmete. Im Jahre 1570 veröffentlichte er in Venedig unter dem nichtssagenden Titel *Opera* ein Kochbuch, das dann ein volles Jahrhundert lang immer wieder neu aufgelegt wurde.

Das ganze Werk gliedert sich in sechs Teile. Zunächst belehrt der Verfasser seine Kollegen über die Eigenschaften, die einem guten Koch abverlangt werden. Danach referiert er über Fleisch und Geflügel, anschließend über die Zubereitung von Fischgerichten, Eierspeisen und Suppen. In den folgenden drei Kapiteln schließlich befaßt er sich mit einer saisongerechten Küche, mit Desserts und der Schonkost für schwächliche Naturen und Rekonvaleszenten.

Bei so viel Sensibilität fällt es uns weniger schwer, dem Maestro zu verzeihen, daß er die Rekonvaleszent*innen* nicht eigens berücksichtigt.

Apostelsuppe

Eigentlich handelt es sich um eine Petersiliensuppe mit weiteren Kräutern, welche – so Scappi – »an den römischen Fürstenhöfen unter der Bezeichnung *Brodo apostolorum* (Apostelsuppe) bekannt ist. Diese Suppe ißt man in Rom im Sommer, wobei es dem Koch überlassen bleibt, ob er sie mit Schafskäse oder mit Eiern anreichern will.«

Wie die meisten seiner Zeitgenossen gibt sich Bartolomeo Scappi nur selten mit Nebensächlichkeiten wie Mengenangaben, Garzeiten oder Kochanleitungen ab. Ob mein Rekonstruktionsversuch gelungen ist, mögen Sie, meine verehrten Leserinnen und Leser, selber beurteilen.

750 ml Fleischbrühe
250 ml *agresto*
(Saft halbreifer Trauben;
ersatzweise: Apfelwein)
je 1 Messerspitze Safran,
Pfeffer und Zimt
1 großer Bund
gehackte Petersilie

2 Eier *oder* 4 gehäufte EL
geriebener Pecorino (Schafskäse)
2 EL gehackte Kräuter
(Majoran, Basilikum,
Bohnenkraut...)
Salz
1 Handvoll in Butter
geröstete Brotwürfelchen

Die Fleischbrühe mit den Gewürzen und den Kräutern aufkochen. Den Topf vom Herd nehmen und die Petersilie hinzugeben. Die Eier verquirlen und darunterrühren (oder den Schafskäse unterziehen). Die Suppe in Tellern anrichten und die gerösteten Brotwürfelchen darüberstreuen.

Schwefel oder Weihrauch?

Noch immer erzählt man sich in Rom, daß beim Tod eines Papstes aus dem Grab Silvesters II. in der Lateranbasilika ein Klappern von Gebeinen zu vernehmen sei.

Schon vor seiner Papstwahl im Jahre 999 stand Silvester im Ruf, mit zweifelhaften Mächten zu paktieren. Seine mechanische Uhr und eine Dampforgel machten ihn den Römern unheimlich. Als er zu allem Überfluß auch noch die arabischen Ziffern einführte, vermutete seine Umgebung, daß ihm dabei der Leibhaftige den Griffel geführt habe. In Wirklichkeit war der Franzose Gerbert d'Aurillac – so sein eigentlicher Name – ein höchst gelehrter Mönch, der sich nicht nur in der Theologie, sondern auch in den Naturwissenschaften bestens auskannte. Von der Zunft der Gelehrten wurde er unter anderem wegen seiner Abhandlung über das Astrolabium geschätzt, ein Instrument, dessen man sich zur Beobachtung der Gestirne und zur Berechnung ihrer Bahnen bediente.

Dem gemeinen Volk allerdings war der geistliche Tüftler nicht geheuer. Deshalb erstaunt es nicht, daß kurz nach seinem Tod im Jahre 1003 allerlei abstruse Geschichten über ihn in Umlauf kamen.

So erinnerte man sich immer wieder an eine Prophezeiung (die in Wirklichkeit erst nach dem Ableben des Papstes in die Welt gesetzt wurde), nach welcher der suspekte Klosterbruder von R zu R gehen werde. Tatsächlich war Gerbert von Aurillac zunächst Bischof von Reims, dann Erzbischof von Ravenna und schließlich wurde er Papst mit Sitz in Rom. Wie aber war es bloß möglich, daß der kleine Hirtenjunge aus der Auvergne die höchste Spitze der kirchlichen Karriereleiter erklimmen konnte? Dafür gab es bloß eine ebenso einfache wie einleuchtende Erklärung: So etwas schafft man nur mit Hilfe magischer Künste! Mit anderen Worten: Auf dem Stuhl Petri saß ein Nekromant und Hexenmeister.

Ein befremdliches Gerücht (das ebenfalls erst nach dem Hinscheiden Silvesters erfunden wurde) schien diese Ansicht zu bestätigen. Angeblich hatte der Teufel höchstpersönlich Gerbert darüber informiert, daß er in Jerusalem sterben werde. Worauf der Papst sich geschworen habe, niemals seinen Fuß in diese Stadt zu setzen.

Eines Tages jedoch, während er in einer römischen Kirche die Messe las, fühlte sich Silvester plötzlich elend. Möglicherweise bildete gerade dieses Vorkommnis den Anlaß für die spätere Legendenbildung. Offensichtlich handelte es sich um einen Schwächeanfall, der Silvester in der dem heiligen Kreuz geweihten Basilika *Santa Croce in Gerusalemme* ereilte. Was nachträglich in dieser Sache weiter verbreitet wurde, stammt aus der Requisitenkammer der Lügenmärchendichter.

Das Jerusalem der seltsamen Prophezeiung bezog sich also nicht auf die Stadt, sondern auf eine der römischen Hauptkirchen! Der Papst erkannte seine Unbesonnenheit. Er ließ sich auf einen Wagen betten. Anschließend sollte man seinen Leichnam dort begraben, wo die Zugpferde freiwillig stehen blieben. Natürlich hielten diese vor der Lateranbasilika (weil nämlich damals fast alle Päpste dort beigesetzt wurden).

Allein das umfassende Wissen Silvesters, mehr aber noch die Tatsache, daß er es sich zu einem guten Teil bei den Arabern und Juden von Córdoba angeeignet hatte, machte ihn verdächtig. Leute, die zuvor noch nie etwas von Astrolabien, Kuben und Parallelogrammen gehört hatten, konnten leicht auf den Gedanken verfallen, daß es sich dabei um irgendwelche geheime Formeln handle, die zur Beschwörung von Geistern und womöglich noch zu weit Schlimmerem dienten. Dies wiederum gab Anlaß zu dem Gerücht, daß es in den päpstlichen Gemächern nicht nach Weihrauch dufte, sondern nach Schwefel stinke.

Jede Geschichte hat eine Moral. Aus der unsrigen jedoch können wir gleich drei Dinge lernen, nämlich daß es dem guten Ruf auch von Päpsten nicht in jedem Fall förderlich ist, wenn sie ihrer Zeit ein bißchen voraus sind; ferner, daß gläubige Menschen sehr schnell dem Aberglauben verfallen, wenn man ihr intellektuelles Fassungsvermögen über die Maßen strapaziert; schließlich, daß Prophetien und Prognosen sich vorzugsweise dann als unfehlbar erweisen, wenn man sie *post festum* in die Welt setzt.

Holunderküchlein *(Gebackene Holunderblüten)*

Wenn der Aberglaube sogar in der Kirche immer ein paar Ritzen findet, durch die er eindringen kann, so stehen ihm in der Küche Tür und Tor und der Kamin offen. Tatsächlich kommt es immer wieder vor, daß Kobolde, Hexen und allerlei Schreckgespenster sich ausgerechnet vor dem warmen Herd versammeln, um dort ihre dunklen Beschwörungen zu murmeln und ihre wilden Tänze aufzuführen.

Dies tun sie mit Vorliebe im Juni, wenn der Holunder blüht und die backfreudigen Hausfrauen in einigen ländlichen Gegenden Helvetiens ihre Holderküchlein zubereiten.

Einem alten Volksglauben zufolge hausen Hexen bevorzugt in Holundersträuchern. Früher jedenfalls hüteten sich die Bauern sehr davor, die Axt an einen Holunderstrauch zu legen, aus Angst, das Blut einer versehentlich getroffenen Hexe könne aus den Zweigen tropfen. Andererseits sei, wer den Holunder vor der eigenen Haustür dulde, gegen Blitzschlag und Schlangenbiß gefeit. Nur sollte man sich im Herbst, wenn die Stare ziehen und die Beeren (gemeint ist hier *Sambucus nigra*) picken, nicht in die Nachbarschaft von Holunderbüschen begeben. Aus solch unklugem Verhalten nämlich würden einzig die Filialen chemischer Kleiderreinigungen Vorteil ziehen.

Eine gar köstliche Sache aber sind die Holunderküchlein. Genaugenommen handelt es sich dabei um fritierte Hollerblüten.

20 Holunderblüten
200 ml Süßmost (oder Bier)
150 g Mehl
1/2 TL Salz
1 Ei
500 ml Kokosfett oder Fritieröl
Puderzucker

Die Holunderblüten überbrausen und gut abtropfen. Mehl, Süßmost, Salz und Eigelb zu einem Omeletteteig verrühren. Bei Zimmertemperatur eine gute halbe Stunde ruhen lassen. Das steif geschlagene Eiweiß vorsichtig unterziehen. Die Holunderblüten am Stiel anfassen, durch den Teig ziehen und im Brattopf oder in der Friteuse bei 180 Grad schwimmend ausbacken. Mit Puderzucker bestreuen. – Statt der Holunderblüten kann man auch Dolden mit Beeren verwenden.

Ad limina apostolorum

Alle fünf Jahre, so will es das katholische Kirchenrecht, sind die Bischöfe gehalten, *ad limina apostolorum*, zu den Stätten der Apostel, zu wallfahren, um dem Papst einen Lagebericht über ihre Diözesen zu erstatten. Natürlich weiß der Papst schon lange im voraus, was seine geistlichen Mitarbeiter ihm erzählen werden. Denn wie andere Staaten pflegt auch der Vatikan mit den meisten Ländern diplomatische Beziehungen. Diese laufen über die Nuntiaturen, deren Nachrichtenübermittlungsdienste gewiß nicht weniger verläßlich funktionieren als ehemals die Rauchzeichen der Indianer. Denn ein päpstlicher Nuntius pflegt eben nicht nur die Beziehungen zwischen dem Heiligen Stuhl und der Regierung des Landes, in welchem er residiert, sondern hat immer auch ein sehr wachsames Auge auf den *Ordinarius loci*, den die Stellung haltenden Bischof, und dessen Kurie.

Die Bischöfe ihrerseits lassen sich aus inoffiziellen vatikanischen Kanälen ebenfalls mit Informationen eindecken über die gerade in Rom herrschenden Trends und Tendenzen, wobei sie außerdem manches erfahren über die im Vatikan jeweils aktuellen Richtungskämpfe und Rivalitäten. Auch sie wissen also schon im voraus, was sie bei ihrem Pflichtbesuch beim Papst so ungefähr erwartet.

Wie die Sache wirklich ausgegangen ist, kann die Öffentlichkeit dann dem *Osservatore Romano* entnehmen, wobei Ungeschulte im kirchlichen Dienst in der Regel einen Übersetzer benötigen, weil sie zwar die Wörter verstehen, aber die Botschaft nicht entschlüsseln können. Wenn der Papst von einer »guten Entwicklung« spricht, will er damit sagen, daß er seinen Bischöfen sehr verbunden ist, beispielsweise weil sie dem Opus Dei kräftig unter die Arme greifen. Wenn er seine »Mitbrüder im bischöflichen Amt« zu »vertiefter Zusammenarbeit« ermuntert, bedeutet das, daß sie seiner Ansicht nach auf dem falschen Weg sind. Und wenn er sich gar »besorgt« zeigt, dann haben sie – *sit venia verbo* – einen Anschiß erhalten und müssen mit drastischen Maßnahmen rechnen.

Bei ihrem Ad-limina-Besuch wallfahren die Bischöfe natürlich nicht nur zu den Gräbern der Apostel, sondern machen schon mal einen Abstecher in eine hübsche römische Trattoria, die sie noch von ihrer Studentenzeit her kennen; viele von ihnen haben ja zumindest einen Teil ihrer theologischen Ausbildung in Rom absolviert. In dieser Umgebung sind dann nicht nur pontifikaler Dank oder päpstliche Schelte, sondern auch die heimischen Eßgewohnheiten schnell vergessen. Dann können sich die Exzellenzen endlich an all den Dingen laben, die sie seit ihrem letzten Ad-limina-Besuch immer schon gern gegessen hätten, aber in ihrem bischöflichen Palais kaum je zu Gesicht bekamen. Zum Beispiel?

Der absolute Renner sind *Lasagne al forno* (die, bei allem Respekt vor den Herren Bischöfen, auch der Kater Garfield zu seiner Leibspeise erkoren hat; ich bereite sie allerdings auf meine Art zu), gefolgt von gratinierten Auberginen und einem Zucchinigratin und den überbackenen Kalbsschnitzelchen, von denen sogar Bischöfe lieber zwei zuviel als eines zuwenig essen. Ist es Zufall, daß meine berühmte Tomatensoße bei fast all diesen Rezepten keine Statistenrolle spielt? Als Nachtisch schlage ich Erdbeeren San Remo vor, eine Delikatesse, die ich sogar Kardinälen empfehlen kann.

Gemüse-Lasagne nach meiner Art

Wer nicht weiß, was man unter einer Lasagne versteht, kann sich in jedem Supermarkt informieren; ein Blick in die Tiefkühltruhe genügt. Dabei sollte man es dann aber wirklich bewenden lassen. Statt eine von diesen dubiosen Packungen in den Einkaufswagen zu legen, begibt man sich besser auf dem direktesten Weg zur Nudelabteilung, wo die grünen und weißen Teigblätter im Regal stehen, die man zur Herstellung einer achtbaren Lasagne benötigt.

Nudelteig

Natürlich kann man den Teig für die Lasagne (und andere Nudeln) auch selber herstellen. Das ist nicht einmal so aufwendig und hat zudem den Vorteil, daß man die Blätter auf die Größe der Gratinform zuschneiden kann. Hier das Rezept:

300 g Mehl
3 Eier
1 gestrichener TL Salz
3 EL Olivenöl

Das Mehl in eine Schüssel sieben, in die Mitte eine Mulde drücken. Die verrührten Eier hineingeben und das Salz und das Olivenöl hinzufügen. Das Mehl von außen nach innen zusammenschieben und mit der Eimasse vermengen. Den Teig aus der Schüssel nehmen und so lange kneten, bis er glatt ist. Falls er zu fest ist, ganz wenig Wasser hinzufügen. In eine Folie wickeln oder einfach unter der umgekehrten Teigschüssel mindestens 1 1/2 Stunden ruhen lassen.

Den Teig in 4 Teile schneiden und mit dem Nudelholz dünn ausrollen. Dabei immer wieder von der Arbeitsfläche lösen, kurz antrocknen lassen und bemehlen. Die Lasagneblätter auf einem Tuch trocknen lassen.

Grüner Nudelteig

250 g Mehl
2 Eier
1 gestrichener TL Salz
100 g gehackter, tiefgekühlter Spinat

Den aufgetauten Spinat in einem Sieb gut ausdrücken und statt des Olivenöls zu den Eiern und dem Mehl geben. Weitere Zubereitung nach dem Grundrezept.

Roter Nudelteig

Eine rote Paprika im Mixer pürieren und statt des Spinats untermischen. *Gelben Nudelteig* erhält man durch die Zugabe von Safran.

Falls von dem Teig für die Lasagne etwas übrigbleibt: Auswellen, luftig rollen und die Rolle in Abständen von etwa 1 cm mit einem scharfen Messer durchschneiden; auf diese Weise entstehen die beliebten Nudelnester.

Béchamelsoße

25 g Butter
1 mittelgroße Zwiebel
3 EL Mehl
300 ml Milch
200 ml heiße Fleischbrühe
Salz, Pfeffer
3 EL geriebener Parmesan

In einem Topf die Butter erhitzen und die feingehackte Zwiebel darin glasig dünsten. Das Mehl dazugeben und leicht anschwitzen lassen. Langsam die Milch hinzufügen und dabei kräftig mit dem Schneebesen rühren, damit sich keine Klümpchen bilden. Die heiße Fleischbrühe, die Gewürze und den geriebenen Parmesan beifügen und die Soße leicht aufkochen. Falls sie zu dick geraten ist, mit etwas Milch verdünnen.

Pilzeinlage

1 EL Olivenöl (extra vergine)
400 g Champignons in Scheiben
40 g getrocknete Steinpilze
1–2 gepreßte Knoblauchzehen
1 Bund gehackte Petersilie
4 EL geriebener Parmesan oder Sbrinz
1 Mozzarella (150 g), in kleine Würfel geschnitten
Salz, Pfeffer

Die Steinpilze etwa 3 Stunden in lauwarmem Wasser einweichen, abtropfen lassen und die größeren in Stücke schneiden. Das Öl in der Bratpfanne erhitzen, die Champignons dazugeben und wenden, bis die Flüssigkeit etwas eingekocht ist. Dann die Steinpilze kurz mitbraten und zum Schluß den Knoblauch und die Petersilie kurz mitdämpfen. Die Pfanne vom Herd nehmen, den Parmesan und die gewürfelte Mozzarella unter die Masse mischen und alles mit Salz und Pfeffer abschmecken.

Ricotta-Spinateinlage

350 g tiefgekühlter Blattspinat
200 g Ricotta
100 ml Sahne
1 gepreßte Knoblauchzehe
1 Messerspitze Muskat
Salz, Pfeffer

Den Blattspinat auftauen und grob schneiden, die Ricotta mit der Gabel zerdrücken und beides mit den übrigen Zutaten gut vermischen.

Ab jetzt arbeiten wir in Schicht. Zuerst geben wir auf den Boden der Gratinform ein paar Eßlöffel Béchamelsoße, legen darüber eine Schicht Lasagne und bestreichen diese mit der Pilzmasse. Anschließend folgt wiederum eine Teigschicht, die diesmal mit der Ricotta-Spinat-Mischung bestrichen wird, und dann wiederholen wir das Ganze, bis unsere Zutaten aufgebraucht sind. Die letzte Nudelschicht – die Lasagne müssen vollständig mit Flüssigkeit bedeckt sein –

bestreichen wir mit Béchamelsoße, und die möchte ebenso braun werden wie wir auf unserem letzten Italienurlaub. Deshalb bestreuen wir sie mit etwas geriebenem Parmesan und einigen Butterflöckchen und schieben die Gratinform für etwa 35–40 Minuten in den auf 200 Grad vorgeheizten Ofen. Und bedecken sie mit einer Alufolie, die wir erst gegen Ende der Backzeit entfernen; wir wollen ja keine schwarze, sondern eine goldbraune Kruste. Wenn uns die ersten Düftlein in die Nase steigen, wissen wir: Nächsten Sommer werden wir unseren Urlaub wieder in Italien verbringen...

Überbackene Auberginen

Für unsere überbackenen Auberginen benötigen wir zunächst einmal eine

Tomatensoße.

Bitte merken Sie sich das Rezept gut; Sie werden es noch für einige weitere Gerichte benötigen.

3 EL kaltgepreßtes Olivenöl (extra vergine)
1 große Zwiebel
1 Karotte
1 Stück Fenchel
2 Tassen sehr kräftige Fleischbrühe
1 große Dose geschälte Tomaten
2 EL Tomatenmarkkonzentrat
200 ml kräftiger trockener Rotwein
1 gestrichener TL Zucker
2 kleine rote Chilischoten (*peperoncini*)
1 TL getrocknete Rosmarinnadeln (oder ein Zweiglein frischer Rosmarin)
1/2 TL getrockneter Oregano
1 TL getrockneter Basilikum (oder 1 kleine Handvoll frische, fein gehackte Basilikumblätter)
etwas Maggiwürze
Salz, schwarzer Pfeffer, Streuwürze
400 g Hackfleisch

Die Zwiebel, die Karotte und den Fenchel schneide ich in Stücke und hacke sie mit dem Wiegemesser sehr fein, gebe sie in einen Topf und dünste sie in etwas Olivenöl an. Dann lösche ich mit Rotwein ab und gieße die Fleischbrühe darüber. Nun füge ich die Tomaten und alle übrigen Zutaten (außer natürlich dem Hackfleisch) hinzu und verrühre alles gut.

Das ganze Geheimnis einer hochwertigen Tomatensoße besteht aus drei Dingen: köcheln, köcheln und nochmals köcheln, und zwar immer schön auf kleiner

Flamme, bis sich die Ingredienzen derart miteinander zu einer sämigen Soße verbinden, daß man die einzelnen Zutaten nicht mehr herausschmeckt. Den Deckel setze ich so lange nicht auf, bis genügend Flüssigkeit verdampft ist – und das dauert schon eine gute halbe Stunde. Auf gar keinen Fall darf man den Zucker vergessen, weil dieser dem Tomatenmark seinen bitteren Geschmack nimmt. Ungefähr jede halbe Stunde rühre ich meine Soße mit einer Kelle ein bißchen auf. Bei dieser Gelegenheit kontrolliere ich auch, ob die Würzmischung stimmt.

Spätestens nach anderthalb Stunden brate ich das Hackfleisch in etwas Öl an und würze es mit Salz, Pfeffer und Streuwürze. Dann füge ich etwas Rotwein hinzu, den ich verdampfen lasse. Und gebe das Fleisch gleich anschließend in die Soße – nicht ohne vorher ein bißchen davon genascht zu haben.

Nach einer Gesamtkochzeit von etwa drei bis dreieinhalb Stunden fische ich das Rosmarinzweiglein und die kleinen scharfen Chilischoten aus der Soße.

Für unsere Auberginen sind die oben angegebenen Mengen mit Sicherheit viel zu groß. Aber Sie, meine lieben Köchinnen und Köche, werden es wohl ähnlich wie ich halten. Wenn ich mir schon so viel Mühe gebe, lohnt es sich, mindestens das Vierfache der hier angegebenen Zutaten zu verwenden. Was Sie heute nicht benötigen, füllen Sie portionsweise ab und frieren es ein. Sie werden sich jedesmal an mich erinnern, wenn unvorhergesehene Gäste bei Ihnen aufkreuzen. Selbstverständlich können Sie das Hackfleisch auch weglassen. So oder so paßt diese Soße zu allen nur möglichen Gerichten, beispielsweise zu fast allen Nudelarten, Lasagne inklusive, zu Zucchini- und anderen Gratins, zu Fleischpflanzel (von denen Sie hoffentlich auch noch einige im Gefrierfach verwahren) und, natürlich, zu unseren Auberginen.

4 mittelgroße Auberginen	Pfeffer
Salz	1 Mozzarella (150 g)
Olivenöl	100 g geriebener Parmesan

Auberginen waschen, Stielansätze entfernen und der Länge nach in nicht ganz 1 cm dicke Scheiben schneiden. Beidseitig mit etwas Salz bestreuen und 30 Minuten ruhen lassen. Den bitteren Saft mit Küchenkrepp oder mit dem Messerrücken entfernen. Die Auberginenscheiben mit ganz wenig Öl in einer Teflonpfanne grillieren und abkühlen lassen. Die Mozzarella in kleine Stücke zerteilen.

Ein Blech oder eine sehr große Gratinform ausbuttern und mit der einen Hälfte der Auberginen auslegen. Diese auf der Oberseite mit etwas Pfeffer bestreuen und mit reichlich Tomatensoße bestreichen. Die Mozzarellastückchen darüber verteilen und alles mit der zweiten Lage Auberginen bedecken. Tomatensoße (mit oder ohne Hackfleisch) daraufstreichen, mit Parmesan bestreuen und ein paar Butterflocken daraufgeben. Das Blech oder die Gratinform für rund 25 Minuten in den auf 200 Grad vorgeheizten Backofen schieben.

Am besten munden diese Auberginen, wenn man sie lauwarm serviert. Im übrigen eignen sie sich nicht nur als Beilage zu Fleisch, sondern auch als

Vorspeise oder, in etwas größerer Menge, als Hauptgericht. Die hier empfohlene Variante unterscheidet sich leicht von jener, die ich in meinem Kochbuch *Küche – Kirche – Kochgenüsse* vorschlagen habe. Inzwischen habe ich nämlich herausgefunden, daß die Auberginen viel besser schmecken, wenn man sie in nur zwei Schichten in einer sehr großen Gratinform überbackt; meine Gäste geraten jeweils schon allein beim Anblick der riesigen rotgoldbraunen Kruste in Ekstase.

Zucchinigratin

500 g Zucchini
2 EL Olivenöl
250 ml Tomatensoße
Salz, weißer Pfeffer
1 TL Butter
1 kleiner Bund gehackte Petersilie
4 gehäufte EL geriebener Sbrinz oder Parmesan
2 EL Semmelbrösel

Die Zucchini waschen und der Länge nach in etwa 1/2 cm dicke Scheiben schneiden. Das Olivenöl in einer Bratpfanne erhitzen und die Zucchinischeiben kurz anbraten.

Eine Gratinform mit Butter ausreiben und lagenweise Tomatensoße (vgl. vorheriges Rezept »Überbackene Auberginen«) und Zucchini (letztere mit einem Hauch Pfeffer, ganz wenig Salz und Petersilie bestreuen) einfüllen. Die letzte Schicht besteht aus Tomatensoße. Den Käse mit den Semmelbröseln vermischen und darüberstreuen. Butterflocken darübergeben und die Form auf die unterste Schiene des auf 220 Grad vorgeheizten Ofens schieben. Einen Küchenwecker brauchen Sie nicht einzustellen, denn nach einer Viertelstunde erinnert der im Wohnzimmer sich verbreitende Duft Sie daran, daß das Gericht gar ist.

Gratinierte Zucchini eignen sich auch als Vorspeise. Wenn Sie und Ihre Gäste am folgenden Tag keinen Zahnarzttermin haben, dünsten Sie noch eine oder zwei fein gehackte Knoblauchzehen in etwas Butter und verteilen sie auf der mittleren Zucchinischicht.

Überbackene Kalbsschnitzelchen

12 sehr kleine, dünn geschnittene Kalbsschnitzelchen (je 35–50 g)
Salz, Pfeffer
3 EL Olivenöl
2 Knoblauchzehen
250 ml Tomatensoße ohne Hackfl. (s. »Überbackene Auberginen«)
1–2 EL gehackte Petersilie
1 kleine Dose Champignons (120 g Abtropfgewicht)
4 EL Kapern
100 g geriebener Greyerzer
50 g geriebener Parmesan
3–4 EL Sahne

Das Öl in einer Gratinform gut verteilen. Die Knoblauchzehen in hauchdünne Scheibchen schneiden und diese auf dem Boden der Form verteilen. Die Tomatensoße darüberstreichen. Die Champignons und die Petersilie dazugeben. Die mit Salz und Pfeffer gewürzten Kalbsschnitzelchen darauflegen und mit den Kapern bestreuen.

Die Form für 20 Minuten auf der untersten Schiene in den auf 220 Grad vorgeheizten Backofen schieben.

Inzwischen den geriebenen Käse mit der Sahne gut vermischen. Mit einem Teelöffel kleine Häufchen auf die Schnitzelchen verteilen und alles nochmals etwa 10 Minuten überbacken. Dazu paßt am besten eine goldgelbe Polenta.

Erdbeeren San Remo

250 g Erdbeeren
3 EL Zucker
1 EL Mandelsplitter

Für die Creme

2 Eigelb
4 EL Zucker
1 Päckchen (10 g) Vanillezucker
1 Messerspitze Muskat
3 EL Weinbrand (z. B. Vecchia Romagna)
200 ml Sahne
1 Prise Salz

Die Erdbeeren waschen und abtropfen lassen. Stiele entfernen, Früchte halbieren und mit Zucker bestreuen. In Sektschalen verteilen und eine Viertelstunde im Kühlschrank ziehen lassen.

Inzwischen die Sahne unter Zugabe von einer Prise Salz steif schlagen, die Eigelb mit den übrigen Zutaten (außer natürlich den Mandelsplittern) verquirlen, schaumig schlagen und unter die steife Sahne ziehen. Die Creme über die Erdbeeren verteilen. Mit Mandelsplittern garnieren.

Von Starköchinnen und Kochpäpsten

Der Tod besiegte diesen Sieger nicht,
Er lebt im Ruhm noch, obwohl nicht im Leben.

William Shakespeare, König Richard III.

Sie alle waren geehrt zu ihrer Zeit,
und ihr Ruhm blühte in ihren Tagen.
Manche hinterließen einen Namen,
so daß man ihr Lob weitererzählte.

Jesus Sirach, 44. Kapitel, Verse 7–8

Klassiker sind Leute, deren Namen besser bekannt sind als ihre Werke. Dies gilt zumindest im Bereich der Literatur, der Musik und der bildenden Künste. Wenn aber die Gastronomen von einem ›Klassiker‹ reden, meinen sie genau das Gegenteil. In diesem Fall nämlich ist nicht der Name des Erfinders, sondern das von ihm geschaffene Werk in aller Munde. Was hier wörtlich zu verstehen ist.

Zum Beispiel das Schnipo, das sagenhafte Wiener Schnitzel mit Pommes frites, das natürlich nur schmeckt, wenn das Fleisch vorher zwischen zwei Folien flach geklopft wird (»so dünn wie Zeitungspapier und so groß wie ein Klodeckel«, sagt man in Wien). Wer sich auskennt, weiß zudem, daß man das Schnitzel *unbedingt* mit Zitronensaft beträufeln sollte, bevor man es salzt und pfeffert, mit Mehl bestäubt und im Ei wendet.

Das Produkt als Klassiker. Aber wer steckt dahinter? Beim Schnipo erweist sich die Suche nach einem prominenten Namen als völlig aussichtslos. Fest steht lediglich, daß die Wiener das Rezept nicht erfunden, sondern geklaut haben. Vermutlich wurde die Kalorienbombe in Istanbul kreiert, und zwar zu einer Zeit, als die Stadt noch Konstantinopel hieß. Von dort gelangte sie nach Mailand, wo die besseren Kreise im Mittelalter ihre Gerichte mit Blattgold schmückten. Als die Stadtväter im Jahre 1514 diese Macke per Dekret verboten, mußte die güldene Panade als Ersatz herhalten. Der Feldmarschall Radetzky lernte das Gericht 1848 unter der Bezeichnung *Costoletta alla milanese* schätzen; er war damals gerade damit beschäftigt, den Aufstand der Mailänder gegen die österreichische Oberherrschaft niederzuschlagen. Das vergoldete Kotelett schmeckte ihm so gut, daß er auch nach seiner Rückkehr nach Österreich nicht darauf verzichten mochte.

Die Sache sprach sich herum und schlug Wellen (genau wie die ausgebackene Panade), was schließlich dazu führte, daß sich die Wiener noch heute mit fremden Schnitzeln schmücken.

Das Schnipo, ein absolutes Muß für Kinder und ein unwiderstehliches Ich-dürfte-eigentlich-nicht für ältere Herrschaften mit Bauchansatz, hat eine nicht minder beliebte Verwandte im Adelsstand. Richtig, ich rede vom panierten Schnitzel mit Käse- und Schinkeneinlage, von dem sagenhaften Da-werde-ich-einfach-schwach, das auch unter dem Namen Ich-kann-nicht-widerstehen bekannt und als *Cordon bleu* auf den Speisekarten angeführt ist. Die letztere Bezeichnung geht auf den von Henri III (1551–1589) gegründeten Orden der Chevaliers du Saint-Esprit, der Ritter vom Heiligen Geist, zurück. Allerdings verbirgt sich hinter diesem frommen Etikett keine Mönchsgemeinschaft, sondern eine Gourmet-Clique, der nicht die sittliche Vervollkommnung der Menschheit, sondern die kulinarische Raffinesse der Franzosen am Herzen lag. Natürlich traf man sich regelmäßig, und regelmäßig wurden dabei die erlesensten Speisen aufgefahren. Einmal jährlich wurde der beste Gastgeber mit dem Cordon-bleu-Orden ausgezeichnet. Im Jahre 1791 jedoch machte man eine Ausnahme; die begehrte Auszeichnung ging nicht an einen der Gastgeber, sondern an eine Köchin. Diese nämlich hatte die Gäste mit einem Leckerbissen in Ekstase versetzt, den bis dahin noch nie jemand gekostet hatte und den wir heute, zur Erinnerung an das damals verliehene Ordensband, als *Cordon bleu* bezeichnen. Wäre die Auszeichnung an einen Koch gegangen, würde noch heute alle Welt ehrfürchtig seinen Namen lispeln. Von der Köchin jedoch, der unser fabelhaftes Schnitzel seine Entstehung verdankt, ist nicht einmal der Vorname überliefert...

Eine ganze Menge von kulinarischen Köstlichkeiten verdankt ihren Ursprung anonymen Küchenmeistern oder unbekannten Starköchinnen. Dazu zählt auch eine Näscherei, die zu unserer Kindheit gehörte wie das *Dinner for one* zum Fernseh-Vorabendprogramm an Silvester. Jawohl, ich meine das Marzipan!

Wenn wir den Venezianern glauben wollen, leitet sich das Wort vom lateinischen *Marci panis*, Brot des Markus, her. Zur Begründung dieser Ansicht verweisen sie darauf, daß man in der Lagunenstadt jeweils am 25. April, am Festtag des Evangelisten und Stadtpatrons Markus, jene Leckerei aus Mandeln, Zucker und Honig backt, die Marcel Proust in seiner Kindheit vermutlich viel besser geschmeckt hat als die berühmte *Madeleine*.

Das *Duden-Herkunftswörterbuch* weiß es natürlich besser und stellt die patriotisch eingefärbte Erklärung der Venezianer in Frage.

Mit größter Wahrscheinlichkeit entwickelte sich das Wort *Marzipan* aus dem Arabischen *mautaban*, was soviel wie *sitzender König* bedeutet. Das bezog sich auf eine Münze mit dem Bildnis einer thronenden Christusgestalt, die zur Zeit der Kreuzzüge im Umlauf war. Um 1200 ahmten die Venezianer diese Münze nach, wobei sie die ursprüngliche Bezeichnung zu *matapan* verballhornten. Später verwendeten sie den Ausdruck auch für ein Gewichtsmaß und anschließend für eine Schachtel, in der die damals schon legendäre Mischung aus Zucker und zerstampften Mandeln verkauft wurde und deren Gewicht dem fraglichen Maß in etwa entsprach. In der Folge ging der Name der Verpackung auf ihren süßen Inhalt über.

Heute wissen wir, daß die Araber schon zu Beginn des 9. Jahrhunderts aus Mandeln und Honig ein marzipanähnliches Gebäck herstellten. Dennoch behaupten die Lübecker weiterhin hartnäckig, diese Leckerei erfunden zu haben. Und warten überdies mit einer passenden Legende auf. Im 14. Jahrhundert, als die Stadt wieder einmal von feindlichen Truppen belagert wurde, hätten sich in den Vorratskammern bloß noch riesige Mengen von Mandeln und Honig befunden. Und just am Markustag ist dann ein anonymer Lübecker Bäckergeselle auf die Idee gekommen, daraus jenes weltberühmte Markusbrot zu backen, das bis zur Erfindung der Gummibärchen Generationen von Kindern zum Trost gereichte.

Natürlich hören wir uns unterhaltsame Geschichten ganz gerne an. Aber im Zweifelsfall, und der ist hier zweifelsfrei gegeben, halten wir uns doch lieber an den Duden und an die Historiker. Den letzteren fühlen wir uns ganz besonders verpflichtet, haben sie doch dafür gesorgt, daß nicht alle Erfinder und Erfinderinnen berühmter Rezepte in die Namenlosigkeit zurückgesunken sind.

Tragisches Ende eines Meisterkochs

Noch immer kann man in manchen Geschichtsbüchern nachlesen, daß ein gewisser Marcus Gavius Apicius (nach anderen: Caelius Apicius) um die Zeitenwende ganz Rom mit seinen Kochkünsten in Aufregung versetzte. Weiter wird kolportiert, daß Apicius der Ruf eines *Viveurs* anhaftete, der sein ganzes immenses Vermögen in die Verfeinerung der Küche investierte. Wer in dem ihm zugeschriebenen Rezeptbuch blättert, kommt unweigerlich zu der Überzeugung, daß er nicht nur ein versierter Koch, sondern auch ein exzentrischer Feinschmecker gewesen sei. Plinius der Ältere, der beim Vesuvausbruch im Jahre 79 n. Chr. ums Leben kam, überliefert in seiner *Naturgeschichte*, daß Apicius die Gänse mit Feigen mästete, um ihre Leber zu vergrößern; die *foie gras* ist also keineswegs eine Erfindung der französischen Küche. Besonderer Wertschätzung erfreuten sich die delikaten Soßen des Apicius. Zu seinen Standardrezepten gehörten überdies Flamingo- und Nachtigallenzungen, Wachtel-Spiegeleier, Schweineeuter und Brennesselauflauf. Und natürlich seine berühmten, mit Walnuß- oder Pinienkernen gefüllten und in Honig gewendeten Datteln, die man in Italien noch heute verkauft. Hier das Originalrezept:

Gefüllte Datteln (Dulcia domestica)

Palmulas vel dactilos excepto semine, nuce vel nucleis vel piper tritum infercies. Sale floris contingis, frigis in melle cocto et inferes.

Entsteine die Datteln und fülle sie mit Nüssen oder Pinienkernen oder mit gemahlenem Pfeffer. Bestreue sie mit etwas Salz, brate sie in erhitztem Honig und serviere sie.

Natürlich verwendete Apicius für diese Leckerei frische Datteln. Die getrockneten kann man auf die gleiche Weise zubereiten, oder aber man bestreut sie nach dem Entsteinen einfach mit ein paar Salzkörnern und wendet sie in Honig, den man vorher im Wasserbad verflüssigt hat.

Von soviel Finessen zeigte sich ein Zeitgenosse des Apicius, der Denker und Philosoph Seneca, gar nicht begeistert. In seiner Trostschrift an eine gewisse Helvia schreibt er, nicht ohne Genugtuung: »Nachdem Apicius sein ganzes Vermögen in die Küche investiert hatte, zog er notgedrungen Bilanz. Als er nun entdeckte, daß ihm nur noch wenig übrig blieb, fürchtete er, Hungers zu sterben, und machte seinem Leben durch Gift ein Ende.«

Jahrhunderte später führen die Kirchenlehrer ihrer Leserschaft den gottlosen Apicius als warnendes Beispiel vor Augen. So berichtet etwa der heilige Isidor von Sevilla, er verstarb im Jahre 633, daß der römische Feinschmecker mit seiner Kocherei nicht nur seinen Leib, sondern auch seine Seele zugrunde gerichtet habe. Und noch zu Beginn des 13. Jahrhunderts erinnert Hugo von St. Viktor, ein Augustiner-Chorherr und Verfasser zahlreicher philosophischer, theologischer und mystischer Werke daran, daß »ein gewisser Apicius« wegen seiner ausschweifenden Lebensweise ein schlimmes Ende nahm.

Von derartigen Scheltreden ließen sich die mittelalterlichen Mönche nicht beeindrucken, sondern schrieben die von dem ruchlosen Heiden überlieferten Rezepte weiterhin munter ab. Vermutlich hat sich mehr als einer von ihnen während der öden Kopiererei heimlich danach gesehnt, das klösterliche Skriptorium mit der Küche des Apicius zu vertauschen.

Während wir derlei zwar unbeweisbare, aber nicht unbegründete Verdächtigungen in die Welt setzen, schlägt sich der Historiker eine schwarze Robe über die Schultern und tritt als Anwalt des angeblich so gefräßigen Apicius auf den Plan. Und erhebt zuerst die Hand und dann die Stimme: Einspruch, Euer Ehren! Haben die Textkritiker denn nicht längst herausgefunden, daß der fragliche Apicius vermutlich *zwei Bücher* geschrieben hat (oder schreiben ließ), nämlich eine Sammlung mit allgemeinen Rezepturen (*De re coquinaria*) und eines über Soßen (*De condituris*)?! Haben die Philologen, die nicht nur über jeden Satz, sondern auch über jedes Wort, gar über jeden Buchstaben ganze Bände zu verfassen imstande sind, aufgrund des wortstatistischen Befunds nicht längst nachgewiesen, daß von den 478 Rezepten des »Apicius« (wohlgemerkt: in Anführungszeichen) bloß rund 300 – wenn *überhaupt* – von dem römischen Koch stammen können? Muß nicht schon jedem Küchenjungen, der in dem fraglichen Buch ein wenig schmökert, auffallen, daß »Apicius« sich ein bißchen oft wiederholt und daß in diesem Opus bezüglich der Rezeptfolge ein heilloses Durcheinander herrscht?! Legt das alles nicht den Schluß nahe, daß die fastenden Mönche in ihren Schreibstuben in einem schwachen Augenblick auch in anderen Kochbüchern schnüffelten und dann beim Kopieren ihres »Apicius« all die köstlichen Dinge, die sie selber nie auf ihren Tellern sahen, auf Pergament bannten?

Angesichts der Fülle seiner Argumente glauben wir unserem Historiker gern, wenn er zusammenfassend festhält: Der Apicius, der uns aus *unserer* Rezeptsammlung entgegentritt, ist keineswegs identisch mit dem berühmtberüchtigten römischen Koch. Mit höchster Wahrscheinlichkeit hat ein stadtbekannter Schlemmer und Zeitgenosse Jesu namens *Marcus Gavius* Apicius eine Sammlung von Rezepten zusammengestellt, die dann ein gewisser *Caelius* im 3. oder 4. Jahrhundert um andere Kochanweisungen erweiterte und unter dem Namen *Caelius Apicius* publizierte (daher die Zweifel bezüglich des Verfassernamens!). Die heutigen Ausgaben gehen zur Hauptsache auf zwei Manuskripte aus dem 9. Jahrhundert zurück. Kurzum, ähnlich wie man den Aposteln Matthäus, Petrus, Johannes und Jakobus und noch einigen anderen verschiedene Schriften des Neuen Testamentes zuschrieb, die ganz andere Leute in Umlauf gesetzt hatten, wurde Apicius als Autor von Kochrezepten genannt, die ihm nicht einmal dem Namen nach bekannt waren.

»Dies buoch sagt von guoter spîse«

»Dies Buch sagt von guter Speise, das macht die unverständigen Köche weise.« Mit diesem Vers beginnt das älteste erhaltene Kochbuch deutscher Sprache. Das Original ist Teil einer auch literarische und medizinische Abhandlungen umfassenden Pergamenthandschrift, welche zwischen 1345 und 1352 angefertigt wurde und dem in Würzburg residierenden bischöflichen Protonotar Michael de Leone als Hand- und Hausbuch diente. Eigentlich handelt es sich bei den Rezepten um zwei verschiedene Sammlungen mit insgesamt 96 Kochanleitungen. In der gereimten Einführung verspricht der anonyme Verfasser, die Zubereitung der einzelnen Gerichte so zu beschreiben, daß sogar Unkundige »groz gerihte machen / kuenne von vil kleinen sachen«.

Das erste Kochbuch deutscher Sprache, dessen Autor *namentlich* in Erscheinung tritt, ist in einer Abschrift aus dem Jahr 1460 auf uns gekommen und stammt von einem gewissen Meister Hansen, der sich als »des von Wirtenberg Koch« bezeichnet.

Wie die erste deutsche Rezeptsammlung stammt auch das erste in Deutschland *gedruckte* Kochbuch von einem unbekannten Verfasser. Es erschien um 1485 in Nürnberg unter dem Titel *Kuchenmaistrey* (Küchenmeisterei) und diente Generationen von Kochbegeisterten als Standardwerk.

Frauen treten in Nordeuropa erst um die Mitte des 16. Jahrhunderts als Autorinnen von Rezeptsammlungen in Erscheinung. Zu den ersten unter ihnen zählen die beiden Augsburger Patriziertöchter Philippine und Sabina Welser sowie die Basler Arztwitwe Anna Wecker, deren Mann die Kranken lieber mit heilsamer Kost als mit kostspieligen Heilmitteln zu kurieren pflegte. Das brachte die Weckerin 1591 auf die Idee, *Ein köstlich new Kochbuch* zusammenzustellen, worin sie notierte, was die Gesunden vertragen und was den Kranken frommt.

In all diesen Kochanleitungen fehlen nicht nur die Garzeiten, sondern auch die Mengenangaben. Daß die Fleischstücke zumeist am Spieß oder auf dem Rost gebraten werden, wird ebenfalls nicht eigens erwähnt. Häufig gart man nicht nur Fisch und Geflügel, sondern auch das Fleisch von Schlachtvieh vor dem Braten in einer Brühe. Dieses Kochen *und* Braten ist charakteristisch für die mittelalterliche Küche. Den durch das doppelte Erhitzen verlorengegangenen Eigengeschmack versucht man farblich zu kompensieren. Je bunter, desto besser, lautet die Devise. Grün gewinnt man aus Mangold, Petersilie oder Spinat, Blau aus Kornblumen, Holunder, Veilchen oder Akelei, Rot aus Obstsäften und Beeren, Braun aus geriebenen Lebkuchen. Für die Gelbtöne kommen Eier oder Safran in Frage; letzteren schätzt man weniger als Gewürz denn als Farbstoff.

Hinsichtlich der Speisenfolge kennt man keine festen Regeln. Als Teller dient zumeist ein Brotfladen. Löffel und Messer finden erst im 13. Jahrhundert allmählich Verbreitung. Die von den Mönchen in Montecassino noch im Jahre 1023 als Teufelszeug verschriene Eßgabel setzt sich in deutschen Landen erst um die Wende vom 16. ins 17. Jahrhundert durch. Für anständiges Benehmen beim Essen sorgen seit dem 13. Jahrhundert die »Tischzuchten«; es gilt jetzt plötzlich als unanständig, das Messer am Stiefelschaft zu säubern und sich ins Tischtuch zu schneuzen.

PHILIPPINE WELSER AUS AUGSBURG EMPFIEHLT

Sahnesuppe mit Sago
oder
Eier in gelber Soße

Lachs in Kräutersoße

Gefüllte Wachteln
Böhmische Erbsen

Bratäpfel in Vanillesoße
oder
*Ausgebackenes Früchtebrot**

*aus dem anonymen Würzburger Kochbuch

Was die hohe Kochkunst betrifft, betrachteten die Männer diese weiterhin als ihre Domäne, während die Frauen immer mehr in die Alltagsküche abgedrängt wurden. Deshalb scheint es angebracht, im Sinne einer späten Wiedergutmachung ein Menü aus den Kochanleitungen einer jener wenigen Starköchinnen zusammenzustellen, die sich damals auf dem Gebiet der Gastronomie durchzusetzen vermochten. Dazu greifen wir auf die Rezeptsammlung der

Philippine Welser zurück, die 1521 in ein altes Augsburger Patriziergeschlecht hineingeboren wurde und 1580 auf Schloß Ambras verstarb. 1557 vermählte sie sich mit Erzherzog Ferdinand von Tirol, dessen Vater, Kaiser Ferdinand I., die vorläufige Geheimhaltung der Ehe und den Verzicht auf die fürstlichen Erbfolgerechte der Kinder erzwang. Hans Jürgen Fahrenkamp und Trude Ehlert (siehe Literaturverzeichnis) haben die Vorschläge der Welserin mit den nötigen Mengenangaben und Garzeiten versehen.

Sahnesuppe mit Sago

750 ml Vollmilch
250 ml Sahne
50 g Sago
1 EL Zucker
etwas Zimt
1 EL Butter
2 Eier
Zimtzucker nach Belieben

Sahne und Milch vermischen, mit dem Sago unter Umrühren aufkochen. Zucker und Zimt zugeben, die Butter unterrühren und etwa 10 Minuten ziehen lassen. Den Topf vom Herd nehmen und die verquirlten Eier unterziehen. Nach Belieben etwas Zimtzucker darüberstreuen.

Eier in gelber Soße

4 Eier, hartgekocht
4 EL Orangenkonfitüre
3 EL scharfer Senf
2 EL trockener Rotwein
1 kleine Schalotte

Die Soßenzutaten miteinander verrühren und die fein gehackte Schalotte daruntermischen. Die Masse ein paar Minuten bei milder Hitze ziehen lassen und über die geschälten und halbierten Eier verteilen.

Lachs in Kräutersoße

1 Lachs von etwa 1 kg
1 l trockener Weißwein
2 große Zwiebeln in Scheiben
4 EL Kräuter
(Majoran, Petersilie, Kerbel, Dill)
2 Karotten in Stücke geschnitten
weißer Pfeffer, Salz
1 Zitrone (Saft)
2 Eigelb

Den Wein mit dem Gemüse, den Kräutern und den Gewürzen zu einem Sud aufkochen. Den ausgenommenen und gesäuberten Lachs hineingeben und etwa 10 Minuten ziehen lassen. Den Fisch herausnehmen, in Portionen zerteilen und

warm stellen. Nicht ganz ein Drittel des Suds mit dem Eigelb binden und über den Fisch verteilen. Und die Beilage? Ein kleines Stück Weißbrot genügt vollauf.

Gefüllte Wachteln

8 Wachteln
Salz, Pfeffer
100 g durchwachsener Speck in dünnen Scheiben

Für die Füllung
200 g Hackfleisch
Leber der Wachteln
Majoran, Rosmarin
Salz Pfeffer
2 gepreßte Knoblauchzehen
100 ml Weinbrand
4 EL Sahne
1 EL grob zerstoßene Pistazienkerne
4 EL Semmelbrösel

Nicht nur in Italien, sondern auch in unseren Breiten werden in Fachgeschäften kochfertige Zuchtwachteln angeboten. Diese gut waschen, abtrocknen und innen und außen leicht salzen und pfeffern.

Sämtliche Zutaten der Füllung gut miteinander vermengen (ideal wäre gehacktes Wildfleisch; notfalls begnügen wir uns mit der üblichen Mischung vom Schwein und vom Rind) und im Kühlschrank eine Stunde ziehen lassen. Die Wachteln mit der Farce füllen, mit Küchenfaden verschließen, mit den Speckscheiben bardieren und im Ofen bei 200 Grad eine halbe Stunde braten. Während dieser Zeit zwei- bis dreimal mit dem Bratfett begießen. Vor dem Servieren den Speck und den Küchenfaden entfernen. Als Beilage schlägt die Welserin Böhmische Erbsen vor.

Böhmische Erbsen

Unter dieser Bezeichnung führen die mittelalterlichen Rezeptsammlungen sehr verschiedenartige Gerichte auf. Was Philippine Welser darunter versteht, lassen wir sie selber erklären:

Willst du ein böhmisches Erbsengemüse machen, so nimm enthülste Erbsen und eine gute Fleischbrühe und tu sie in einen Topf, deck sie ab mit einem Tuch, damit der Dampf darin bleibt. So laß sie dämpfen, bis sie weich werden. Dann reib sie gründlich mit einem Reibstein, bis sie schön glatt sind. Danach schlag sie durch einen Durchschlag oder ein Sieb und nimm sie her und mach mit einer guten Fleischbrühe an, aber nicht zu dünn, denn es wird beim Kochen auch dünner. Und koch sie gut. Danach nimm frischen Speck, den koche, und wenn er gut gekocht ist, so nimm ihn und schneid ihn in feine Würfel, doch schneid ihn nicht zu fein, daß alles noch beieinander sei; leg ihn in heißes Schmalz und wende ihn ein paar Mal darin um, tu ihn dann heraus und leg ihn mitten in eine Schüssel, wenn du die Erbsen angerichtet hast.

Alles klar? Nein? Dann beginnen wir eben nochmals von vorn, und zwar mit den Zutaten:

400 g frische Erbsen
200 g geräucherter durchwachsener Speck
250 ml Fleischbrühe
25 g Schweineschmalz

Den Speck 30 Minuten in der Fleischbrühe kochen, dann die Erbsen dazugeben (getrocknete Erbsen über Nacht einweichen und sie dann gleich zusammen mit dem Speck ins heiße Wasser geben). Sobald die Erbsen gar sind, den Speck herausnehmen, die Fleischbrühe abgießen, den Speck würfeln und in einer Pfanne kräftig anbraten und über die Erbsen geben.

Bratäpfel mit Vanillesoße

4 säuerliche Äpfel (z.B. Boskop)
70 g Rosinen
50 g gehackte Mandeln
20 g Butter

Für die Soße
500 ml Milch
1 Vanilleschote
40 g Zucker
1 Prise Salz
2 Eigelb
1 TL Speisestärke

Die Äpfel waschen und das Kernhaus ausstechen, ohne den Boden zu verletzen. Mit Rosinen und Mandeln füllen und eine Butterflocke daraufgeben. Auf einem eingefetteten Backblech in dem auf 220 Grad vorgeheizten Ofen etwa 20 Minuten backen. Inzwischen die Milch und den Zucker mit der aufgeschnittenen

Vanilleschote aufkochen. Hitze reduzieren. Die Schote herausnehmen, auskratzen und das Mark mit dem Salz und dem verquirlten Eigelb unterschlagen. Die Speisestärke in etwas Wasser lösen, einrühren und die Creme nochmals ganz kurz aufkochen. Die Bratäpfel auf Teller legen und mit der Soße übergießen.

Die feinschmeckerische Gemahlin Erzherzog Ferdinands ist uns gewiß nicht gram, wenn wir für kräftigere Mägen einen konsistenteren Nachtisch präsentieren, dessen Rezept wir der eingangs zitierten Würzburger Pergamenthandschrift entnehmen.

Ausgebackenes Früchtebrot

2 Äpfel	125 ml Milch
2 Birnen	2 Eier
3 EL Wasser	70 g Mehl
Anis, Zimt	50 g Schmalz (oder Butter)
8 Scheiben Weißbrot	Zucker, Zimt

Die Äpfel und Birnen schälen, entkernen, würfeln und mit dem Wasser zu einem Mus verkochen. Dieses mit Anis und Zimt würzen. Das Mus auf vier Brotscheiben streichen. Die restlichen vier Scheiben darauflegen und mit wenig Milch beträufeln. Die Eier verquirlen, mit der restlichen Milch und dem Mehl zu einem Pfannkuchenteig vermengen. Die Brote darin wenden und in einer Pfanne in dem erhitzten Schmalz ausbacken, bis sie goldbraun sind. Vor dem Auftragen mit Zucker und Zimt bestreuen.

Dieses Gericht eignet sich nicht nur als (kalorienreicher!) Nachtisch, sondern ergibt, zusammen mit einem grünen Salat, auch ein ebenso einfaches wie schmackhaftes Abendessen.

P.S. Vielleicht ist Ihnen aufgefallen, daß das Gemüse in unserem Menü eine absolute Nebenrolle spielt. Tatsächlich legten die hohen Herrschaften vom Mittelalter bis in die Neuzeit mehr Wert auf die Ausbeute ihrer Jagdreviere und Fischteiche als auf den Ertrag ihrer Gärten.

Maestro Martino oder die Kunst zu würzen

Entgegen einer weitverbreiteten Annahme ist die Koch*kunst* keine französische Erfindung. Natürlich pflegte man seit dem 15. Jahrhundert an den französischen Höfen üppig zu tafeln. Aber zwischen einer opulenten Mahlzeit und einem delikaten Essen besteht ein mindestens ebenso großer Unterschied wie zwischen einem Lastesel und einem Reitpferd. Im Frankreich der Renaissance paßten die Gerichte durchaus zu den damaligen derben Tischsitten; die aufgetragenen Speisen nämlich bestanden fast ausnahmslos aus zerkochtem Mampf, der dann mit allen nur möglichen Gewürzen wieder halbwegs genießbar gemacht wurde.

Jedermann weiß, daß die Französische Revolution Veränderungen zur Folge hatte, die bis heute nachwirken. Aber nur wenigen ist bekannt, daß die italienische Revolution nicht weniger weitreichende, wenn auch ganz andere Konsequenzen zeitigte. Diese Umwälzung allerdings fand nicht auf den Straßen und Plätzen und schon gar nicht im Parlamentsgebäude statt, sondern –

ja, Sie haben es erraten! Der Schauplatz der italienischen Revolution war die Küche.

Denn nicht die französischen *gourmands*, sondern die italienischen *buongustai* verfielen im ausgehenden Mittelalter auf die Idee, das Aussehen und den Eigengeschmack der Speisen bei der Zubereitung nach Möglichkeit zu erhalten.

Maestro Martino war einer der ersten, welcher mit seiner *Nouvelle cuisine* Aufsehen erregte und zu Ansehen gelangte. Weil in jenen Zeiten noch niemand daran dachte, mit Küchenchefs einen Starkult zu betreiben, wissen wir bloß, daß er aus Como stammte und um die Mitte des 15. Jahrhunderts in Rom den Kardinal und päpstlichen Kämmerer Ludovico Trevisano bekochte, und zwar nach der Devise: Klasse vor Masse. Die zu seiner Zeit üblichen Eintöpfe ersetzte er durch Gerichte, in denen Fischfilets, Fleischstücke und Gemüse getrennt auf die Teller gelangten. Als einer der ersten benutzte er ein Siebtuch, um die Soßen zu passieren. Beim Würzen zeigte er sich zurückhaltend; allerdings verwendete er wie alle seine Zeitgenossen sehr viel Safran. Im Gegensatz zu diesen jedoch zerteilte er das Gemüse erst nach dem Kochen und verfeinerte es mit Käse. Über seine Erfahrungen führte er sorgfältig Buch. Auf diese Weise entstand, wohl gegen 1450, sein berühmtes *Liber de arte coquinaria*, das 1516 auf den Markt kam und bis um die Mitte des 18. Jahrhunderts immer neu aufgelegt und in viele Sprachen übersetzt wurde.

Von ihm übernehmen wir ein Rezept für eine kleine, zum Aperitif passende Vorspeise.

Fritierte Salbeiblätter

Piglia un poco di fiore di farina, et distemperala con ova et zuccaro, et un poca di canella et zafrano perché sia gialla; et habi de le foglie de salvia integre, et ad una l'integnirai o involterai in questa tale compositione, frigendole nel strutto o in bono olio.

Versuchen wir diese altitalienische Anweisung in unser geliebtes Deutsch zu übertragen:

Nimm ein bißchen Mehl und verrühre es mit Ei, Zucker, Zimt und etwas Safran. Dann ziehe die ganzen Salbeiblätter durch diese Teigmasse und fritiere sie in Öl.

Ecco tutto! Den Safran verwenden wir natürlich nicht nur wegen der Farbe – *perché sia gialla* –, sondern weil er dem Teiglein ein wunderbar apartes Aroma verleiht. Und um dieses noch zu intensivieren, erlauben wir uns, Maestro Martino daran zu erinnern, daß eine Prise Salz der Sache nicht schadet.

Fritierte Zucchiniblüten

Für diese geradezu klassische italienische Vorspeise, die sich (genauso wie der von Maestro Martino fritierte Salbei) auch als Beilage zu Fleischgerichten eignet, verwenden wir den gleichen Teig, wobei wir aber den Zucker und den Zimt weglassen und dafür etwas Milch (oder Bier) hinzufügen und das Salz nicht vergessen.

80 g Mehl
1 Ei
1 Messerspitze Safran
1 Messerspitze Salz
100 ml Milch (oder Bier)

Eigelb und Eiweiß trennen und alle Zutaten außer dem Eiweiß verrühren. Den Teig 20–30 Minuten ruhen lassen. Das Eiweiß steif schlagen und darunterziehen.

Überdies benötigen wir
12–16 Zucchiniblüten
1 Mozzarella (150 g)
4–5 Sardellen (oder Sardellenpaste)
350 ml Erdnuß- oder Fritieröl

Die Mozzarella je nach Anzahl der Zucchiniblüten in 12–16 fingerhutgroße Würfel schneiden. Die Sardellen in ebenso viele Stücke schneiden. Von den Zucchini nur die männlichen Blüten mit dem dünnen Blütenstiel verwenden. Diese sorgfältig abspülen und trockentupfen. Den Stempel wegen der Bitterstoffe herausbrechen. Die Blüten mit den Sardellen und den Mozzarellastückchen füllen, durch Zusammendrehen der Blütenspitzen verschließen, durch den Teig ziehen und in reichlich Öl goldgelb backen.

Das päpstliche Weingut an der Magliana

Sante Lancerio, der in der zweiten Hälfte des 16. Jahrhunderts lebte, war zwar kein prominenter Koch, wohl aber ein passionierter Weinkenner. Wenn sein Name nicht in der Küchen-, sondern in der Kirchengeschichte (und dort bestenfalls in einer Fußnote) erwähnt wird, hat das seinen Grund darin, daß er die Kirchenpolitik auf dem Umweg über die päpstliche Weinkarte ein klein wenig mitbestimmte. Denn wir alle wissen, wie sehr nicht bloß unsere alltäglichen Entscheidungen, sondern auch Entschlüsse von größerer Tragweite von unserem körperlichen Wohlbefinden abhängen; ein Glas guten Weins kann selbst einen Tyrannen einmal günstig stimmen oder einen Nachfolger des heiligen Petrus vor unbedachten Schritten bewahren.

Lancerio beriet Papst Paul III., allerdings nicht in politischen oder religiösen Fragen, sondern in önologischen Angelegenheiten. Einzig in dieser Eigenschaft hatte er in öffentlichen Dingen, wenn auch nur indirekt (siehe oben!) ein leises Wörtlein mitzureden.

Seine Erfahrungen im Umgang mit Wein hat Lancerio in einem ausführlichen Schreiben mit dem Titel *Della qualità dei vini* festgehalten, welches er für den Kardinal Guido Ascanio Sforza, einen Neffen Papst Pauls III., verfaßte. Dieser ausführliche Brief gilt als die erste Weinfibel in der Geschichte der Gastronomie. Bevor Lancerio sich jeweils ein eigenes, eher zögerliches Urteil erlaubt, zitiert er gewöhnlich seinen früheren Prinzipal, Papst Paul III., der sich, obwohl er die Inquisition neu organisierte und das Konzil von Trient einberief, mehr um seinen Weinkeller als um die Kirchenreform kümmerte, eine Tatsache, auf die der Verfasser schon in der Einleitung seines Briefes anspielt:

An den Hochwohlgeborenen Kardinal Guido Ascanio Sforza, General-Kämmerer der Heiligen Römischen Kirche.

Mein Hochwohlgeborener Schutzherr und Wohltäter! Angesichts der eminenten Bedeutung, welche der Auswahl der Getränke im Hinblick auf ein weltmännisches Benehmen zukommt, und aufgrund der Tatsache, daß diese ein Drittel unserer Ernährung ausmachen, scheint es mir von höchstem Nutzen, Eurer Erlauchten Hoheit einige Instruktionen über die Eigenschaften der Weine zukommen zu lassen, welche Seiner Heiligkeit seligen Angedenkens, Papst Paul III., Eurem Oheim und meinem Herrn und Wohltäter, besonders mundeten, und gleichzeitig darzulegen, aus welchen Gegenden diese edlen Säfte in die verehrungswürdige Stadt Rom gelangen, in welchen Lagen sie heranreifen und wie man sie am besten genießt, wobei ich mir erlaube, Euch in diesem Zusammenhang auch einige andere Hinweise und Fingerzeige zu geben, welche einem Manne von fürstlicher Abstammung von Nutzen sind. Außerdem werde ich Euch von den mühsamen Reisen berichten, welche Seine Heiligkeit Papst Paul III. während seines Pontifikats unternahm, und in welchen Gegenden er jene exquisiten Weine kostete, welche er vor allen anderen bevorzugte, und wie sie mir selber zusagten...

Anschließend gibt Lancerio eine detaillierte Beschreibung von vierundfünfzig Weinen, angefangen vom würzig-weichen Malvasia bis hin zu dem auch heute noch (auch von mir) hochgeschätzten Montepulciano. Einen von ihnen allerdings, den *Vino della Magliana*, sucht man heute vergeblich in den

römischen Weinhandlungen. Denn an der Magliana wachsen längst keine Reben mehr. Die Gegend ist total verbaut und bildet seit gut einem halben Jahrhundert einen modernen Stadtteil von Rom. Und kaum eine Rompilgerin oder ein Tourist weiß, daß dort noch immer der berühmte *Castello della Magliana* zu besichtigen ist, eine Prunkvilla, die seit der Renaissance den Päpsten als Landsitz diente.

In seiner umfassenden *Geschichte der Stadt Rom* erinnert der Kunsthistoriker Ferdinand Gregorovius daran, daß Girolamo Riario, ein Neffe Papst Sixtus' IV., am 10. April 1480 den Herzog Ernst von Sachsen und zwei andere deutsche Fürsten dorthin zur Jagd geladen und zu ihren Ehren ein prunkvolles Essen veranstaltet hatte. Papst Leo X., der eher auf Vogeljagd denn auf Seelenfang aus war, ließ an der Magliana aus Kreta und aus Armenien importierte Fasane aussetzen. Im Mai 1513, gerade zwei Monate nach seiner Wahl, führte ihn sein erster Ausritt zum *Castello della Magliana*. Daß sich nicht nur der päpstliche Hofstaat, sondern auch der Pontifex selber im Jagdkostüm präsentierte, verwunderte damals niemanden. Solche Expeditionen dauerten manchmal bis zu einem Monat, wobei Leo X. nicht nur jede Menge Vögel, Hirsche und Hasen erlegte, sondern gelegentlich auch gefährlicheren Jagdabenteuern frönte, indem er reißenden Wölfen nachspürte. Ausgerechnet auf seinem prunkvollen Landsitz an der Magliana erreichte den Papst die Nachricht, daß in Deutschland ein gewisser Martin Luther haarsträubende Häresien predige. Leo maß der Sache nicht allzuviel Bedeutung bei; sein Kurzkommentar ist überliefert: »*Frattate* – Klosterkram!«

In der Magliana also (der Name leitet sich vom Geschlechte der Manlia her, welchen dieses Gebiet im Spätmittelalter gehörte) wuchsen im 16. Jahrhundert Reben, die, wie Lancerio zu berichten weiß, auf Geheiß Leos X. gepflanzt wurden.

Der rote wie auch der weiße Wein, der im Gebiet der Magliana reift, schmeckt ausgezeichnet und ist insbesondere in der kalten Jahreszeit sehr bekömmlich. Es wachsen dort mehrere Rebsorten unterschiedlicher Herkunft. Einige davon wurden sogar aus Spanien importiert. Daß die Rebberge auf einem sanft ansteigenden Gelände angelegt wurden, begünstigt ihre Entwicklung. Der Papst tat gut daran, das Weingut bewachen zu lassen; es diente ihm übrigens des öfteren als Winterresidenz. Leider werden diese Rebberge inzwischen arg ver-

nachlässigt, was angesichts der mannigfaltigen Vergnügungen, die einen Papst in dieser nur fünf Meilen von Rom entfernten Gegend erwarten, überaus bedauerlich ist...

Wenn Martin Luther von Leo X. sprach, setzte er dabei einen Blick auf, für den man heute einen Waffenschein benötigte. Ein Minimalkonsens zwischen den beiden wäre dennoch möglich gewesen. Denn *einer* Lebensregel des teutschen Kirchenreformers hätte Leo X. zweifellos zugestimmt: »Für die Toten Wein, für die Lebenden Wasser – das ist eine Vorschrift für Fische.«

Im übrigen zeigt die Kirchengeschichte, daß es nur von Vorteil ist, wenn auch Päpste etwas Rebensaft zu sich und die Gesetze bezüglich der Weinproduktion unter die Lupe nehmen. Honorius III. beispielsweise sah sich am 13. Dezember 1220 gegenüber dem Erzbischof Olaf von Uppsala zu dieser Ermahnung genötigt:

Wie Wir gehört haben, kam in Deiner Gegend ein sehr verderblicher Mißbrauch auf, nämlich daß beim Meßopfer mehr Wasser als Wein verwendet wird. Entsprechend der wohlbegründeten Überlieferung der Kirche aber ist dies unzulässig. Deshalb gebieten Wir Deiner Brüderlichkeit, diesem Mißbrauch in Deiner Provinz Einhalt zu gebieten.

Praktische Fragen ähnlicher Art stellten sich auch in Frankreich gegen Ende des 19. Jahrhunderts, wie aus einer Anfrage des Bischofs von Marseille an das Heilige Offizium in Rom hervorgeht:

In mehreren Teilen Frankreichs, insbesondere in den südlichen Gegenden, ist der Weißwein, der zum Messopfer dient, so schwach und kraftlos, daß er nicht lange aufbewahrt werden kann, wenn ihm nicht eine bestimmte Menge Weingeist (Alkohol) beigemischt wird. Ist eine solche Mischung erlaubt? Und falls ja, welche Menge dieses Stoffes darf dem Wein beigefügt werden? Im Falle einer Bejahung: Ist Weingeist erforderlich, der aus reinem Wein bzw. aus der Frucht des Weinstocks gewonnen wurde?

Die Antwort des Papstes erfolgte am 30. Juli 1890:

Sofern der Weingeist (spiritus) aus dem Gewächs des Weinstocks gewonnen wurde, die beigegebene Menge Alkohol zusammen mit der, die der Wein, um den es sich handelt, von Natur aus enthält, nicht einen Anteil von zwölf Prozent übersteigt und die Beimischung geschieht, wenn der Wein noch sehr jung ist, ist es erlaubt, diesen Wein für das Messopfer zu verwenden.

Gefüllte Weinblätter

Da der Weinberg Leos X. an der Magliana nicht mehr existiert, müssen wir uns junge Weinblätter aus einem anderen Rebgut besorgen. In den Sommermonaten werden sie hin und wieder auf dem Markt angeboten. In Fachgeschäften bekommt man sie das ganze Jahr über in Dosen. Frische Weinblätter müssen vor dem Füllen 2–3 Minuten blanchiert werden. Weinblätter aus der Dose überbrüht man mit kochendem Wasser und läßt sie dann abtropfen.

200 g Weinblätter (etwa 30 Stück)	100 g geriebener Parmesan
2 Zwiebeln	1 Bund gehackte Petersilie
40 g Butter	2 EL Sultaninen
700 g Hackfleisch vom Rind	1 EL Pinienkerne
5 EL Semmelbrösel	Salz, Pfeffer, Koriander, Muskat
80 g Kalbsleberwurst	1 EL Zitronensaft
1 Ei	200–300 ml Fleischbrühe

Die Zwiebeln mit dem Wiegemesser sehr fein hacken und in der Hälfte der Butter dämpfen. Das Ei verquirlen. Beides zusammen mit allen übrigen Zutaten, außer der restlichen Butter, dem Zitronensaft und der Fleischbrühe, zu einem Teig kneten.

Die Weinblätter wie oben beschrieben vorbereiten. Den Boden eines großen Topfes mit einigen davon auslegen. Die übrigen mit der Blattunterseite nach oben auf der Arbeitsfläche ausbreiten. Auf jedes Weinblatt 1–2 EL von der Fleischmasse geben. Die Ränder über die Füllung schlagen, die Weinblätter aufrollen und in den Topf legen. Mit dem Zitronensaft, der restlichen Butter und der Fleischbrühe begießen, mit einem Teller beschweren und zugedeckt bei milder Hitze 45 Minuten sanft köcheln. Als Hauptspeise serviere ich dieses Gericht warm; als Vorspeise schmeckt es mit Stangenweißbrot kalt oder warm.

Weinsnobismus

Sante Lancerio wurde oft nachgeahmt. Und nie erreicht. Bei ihm heißt es einfach: Der Wein schmeckt ausgezeichnet. Schon wenn ich so etwas lese, reagieren meine Geschmacksnerven. Weil ich mir darunter etwas vorstellen kann.

Nun gibt es aber Leute, die erschnuppern sofort einen »Hauch von Patina«, wenn ich ihnen einmal einen alten Jahrgang vorsetze. Und sind tatsächlich beleidigt, wenn ich sie dann frage: »Soll ich Ihnen mal meinen Römertopf zeigen? Der hat auch eine Patina.«

Urteile über den Wein geraten nicht selten zu sprachlichen Karnevalsveranstaltungen. Das hängt wohl damit zusammen, daß die Degustatoren sich bei Weinproben mehr auf das Vokabular der zungenschnalzenden Werbefritzen als auf den Inhalt ihrer Gläser konzentrieren. Bei solchen Gelegenheiten lernen sie zunächst, daß Wein im Gegensatz zu einer Rose keinen Geruch, kein Parfum und keinen Duft hat, sondern ein Bukett. In total versnobten Kreisen hat der Wein sogar eine Nase. Die wiederum erinnert an gewisse Blumen, Kräuter oder Gewürze. Oder an seltene Hölzer. Herhalten müssen meistens die armen Veilchen. Aber auch Vanille, Cassis, Brombeeren und Sandelholz werden häufig bemüht. Was den Geschmack betrifft, ist eigentlich kein Attribut verboten, außer ein paar Tabuwörtern wie *köstlich* oder *märchenhaft* oder *göttlich*. In bezug auf die Farbe schließlich ist jeder Unsinn erlaubt, angefangen von »gelborange mit Purpurschatten« bis hin zu »rubinrot mit irisierendem Goldschimmer«.

Nicht der Geschmackssinn, sondern die sprachschöpferische Begabung öffnet den Zugang zur Kultgemeinde der Weinsnobs. Wer es nicht schafft, einen Wein auf feinsinnige und originelle Art zu charakterisieren, bleibt *ante portas*. Natürlich gibt es auch unter den Weinsnobs Kenner und Kennerinnen, die genau wissen, daß die meisten Beschreibungen weder originell noch feinsinnig sind, sondern an die mißlungenen Versuche erfolgloser Lyriker erinnern. Was soll man von einem Saint-Emilion halten, der angeblich wie ein »samtener Saphir« schmeckt? Oder was bedeutet »feinwürziger Bodenduft«? Müßte man da nicht zuerst einmal klären, *wonach* der Boden riecht, auf dem die Reben wachsen?

Selbst in Leitfäden für Weinliebhaber stößt man manchmal auf Beschreibungen, die eher die Psychoanalytiker als die Schlemmer faszinieren, beispielsweise wenn ein Experte die »muskulöse Struktur« und das »männliche Bukett« eines Weines rühmt. Latent homophile Bewertungen dieser Art sind fast nur noch durch ungezügelte Erotik zu übertreffen, etwa wenn ein Fachmann verkündet, daß eine »verführerische Blume« sich mit einem »gutstrukturierten Körper« paart. Warum sagt er nicht einfach: Romeo und Julia in der Flasche?

Die abgebrühtesten Weinsnobs erkennt man daran, daß sie, während sie einen Châteauneuf-du-Pape einschenken, ganz beiläufig fragen: »Waren Sie schon einmal in der Cuvée des Célestins?« In Wirklichkeit handelt es sich natürlich nicht um eine Frage, sondern um eine Mitteilung: *Ich* war schon dort! Wenn Ihnen einmal so etwas passiert, meine lieben Leserinnen und Leser, dann sollten Sie nicht um die Ecke denken, sondern die Frage als Frage auffassen und in einem möglichst nonchalanten Ton antworten: Natürlich. Dann machen Sie eine kurze Kunstpause und fügen hinzu: Schon mehrmals. Anschließend wird das Gespräch eine vernünftige Wendung nehmen, und Sie können Ihren 88er aus der Cuvée des Célestins in kleinen Schlucken genießen. Wohlgemerkt, in kleinen Schlucken, nicht in großen Zügen! Sonst merkt Ihr Gastgeber nämlich, daß Sie schon wieder gelogen haben.

Darf ich Ihnen zum Schluß noch mit einem guten Rat aufwarten? Wenn Sie nichts von Wein verstehen, sollten Sie sich bei diesbezüglichen Diskussionen auf ein verständnisvolles Nicken beschränken, das sowohl als Zustimmung wie auch als Ausdruck einer vornehmen Zurückhaltung gedeutet werden kann. Wenn man Sie insgeheim verdächtigt, in Sachen Wein ein Banause zu sein, halten Sie besser den Mund, als zu reden und damit die Zweifel zu beseitigen.

Im übrigen wird Ihnen mein Rotweinkuchen auch schmecken, wenn Sie einen hervorragenden Tropfen nicht zu würdigen wissen. Hier das Rezept:

Rotweinkuchen

250 g Butter (oder Margarine)
250 g Zucker
1 Päckchen Vanillezucker (10 g)
4 Eier
1 TL Zimt
1 TL Kakao
280 g Mehl
1 Päckchen Backpulver (18 g)
150 g Schokoladestreusel
3 EL gemahlene Hasel- oder Walnüsse
150 ml kräftiger Rotwein

Die Eier trennen, das Eiweiß steif schlagen. Alle Zutaten zu einem Teig verrühren. Die Eiweißmasse am Schluß sorgfältig darunterziehen und den Teig in eine Springform geben. In dem auf 180 Grad vorgeheizten Ofen 50 Minuten backen (Nadelprobe!). Falls Ihre Gäste zu diesem Kuchen lieber ein Glas Rotwein als eine Tasse Kaffee trinken, sollten Sie auf den Zuckerguß (125 g Puderzucker mit sehr wenig Rotwein verrühren) verzichten.

P.S. Auch den 90er aus der Cuvée des Célestins sollten Sie gelegentlich versuchen. Wenn Sie von Wein etwas verstehen.

Die ungewöhnliche Karriere des Pellegrino Artusi

Pellegrino Artusi wurde am 4. August 1820 in Forlimpopoli (heute Forlì) in der Emilia-Romagna geboren, wo er später die Drogerie seines Vaters übernahm und es zu einigem Wohlstand brachte. Als die Schutzgeldforderungen des damals gefürchteten Briganten Stefano Pelloni (heute würde man solche Gestalten als *mafiosi* apostrophieren) immer unverschämter wurden, packte Artusi seine Säfte und Kräutlein und den Mörser zusammen und zog nach Livorno, wo er eine leitende Stellung in einem Handelsunternehmen übernahm und später eine Bank gründete. Die Geschäfte liefen so geschmiert, daß sich der inzwischen Fünfzigjährige zwar nicht zur Ruhe, wohl aber an seinen geliebten Studiertisch setzte, um ein paar Bücher zu schreiben – unter anderem über den zur Schwermut neigenden Dichter Ugo Foscolo und dessen etwas frohsinnigeren Kollegen Giuseppe Giusti. Allerdings kam Artusi nicht nur in Sachen Literatur, sondern auch im Bereich der Gastronomie immer mehr auf den Geschmack. Tatsache ist, daß sich das schriftstellerische Talent des ehemaligen Pillendrehers und Exbankiers erst so richtig entfaltete, als er damit begann, Kochrezepte älteren und jüngeren Datums zu sammeln und zu einem Buch zusammenzustellen. So glich er immer mehr jenem berühmten Hausherrn aus dem 13. Kapitel des Matthäusevangeliums, »der aus seinem Vorrat Altes und Neues hervorholt«. Zustande kam schließlich eine bemerkenswerte Rezeptsammlung, für die Artusi wohl einen sachgerechten Titel, *La scienza di cucina e l'arte del mangiare bene*, aber vorerst keinen Verleger fand.

Pellegrino Artusi betrachtete sich keineswegs als Meisterkoch (obwohl der Florentiner Dichter Olindo Guerrini ihn später als solchen bezeichnete),

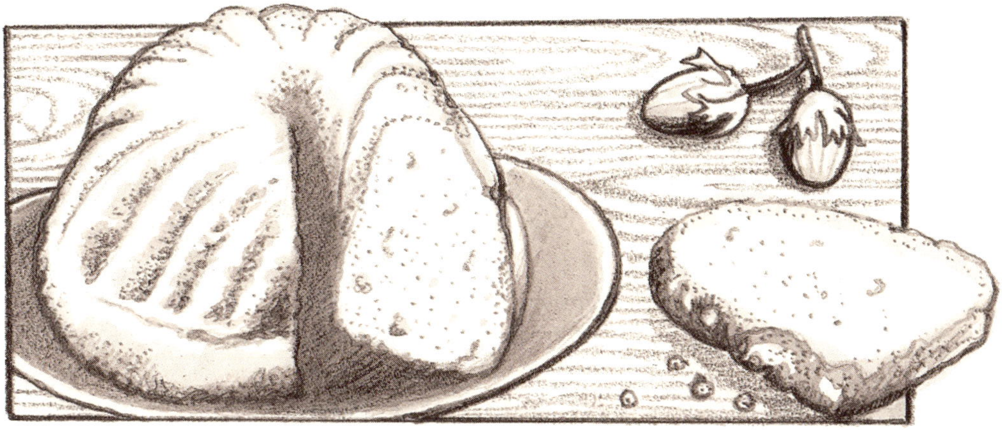

noch hegte er den Ehrgeiz, ein Lehrbuch für angehende Küchenprofis zu verfassen (was er dennoch schaffte). Und schon gar nicht dachte er daran, zu den Gastrokritikern seiner Zeit in Konkurrenz zu treten. Seinen eigenen Worten zufolge war er schlicht und einfach von allem Schönen und Guten angetan, und deshalb widerstrebte ihm der Gedanke, »daß Gottes Gaben mißachtet werden«.

Über die Schwierigkeiten, einen Verlag für sein Manuskript zu begeistern, berichtet Artusi im Vorwort seiner Sammlung, für das er eine Überschrift wählt, die sogar Rohköstlerinnen und Körnerpicker neugierig macht: *Storia di un libro che assomiglia alla storia della Cenerentola* (Geschichte eines Buches, die einige Ähnlichkeiten aufweist mit der Geschichte vom Aschenbrödel). Artusis Aschenbrödel, zunächst von zahlreichen Verlegern abgelehnt und von den Literaten belächelt, machte schon kurz nach seinem ersten Auftritt, will sagen nach seinem Erscheinen im Jahre 1891, nicht bloß *bella*, sondern *ottima figura*. Seither hat das Werk über 70 Nachdrucke mit einer Gesamtauflage von einer halben Million Exemplaren erlebt. Im Juni 1996 köderte der italienische Ölgigant AGIP damit die Kraftfahrerinnen und Kraftfahrer, indem er ihnen für einen Ölwechsel (nicht in der Friteuse, sondern im Motor) ein Exemplar dieses außerordentlichen Kochbuches kostenlos offerierte.

Ich selber fahre in Italien keinen Wagen, aber das Buch habe ich mir trotzdem beschafft; über das Wie mag ich mich hier nicht äußern (und mündlich bloß gegenüber Personen meines Vertrauens). Jedenfalls ist der Band nicht nur deshalb lesenswert, weil er 775 hervorragende und teilweise auch etwas eigenwillige Rezepte enthält; er ist auch von sittengeschichtlichem Interesse, weil der Verfasser sich in der ländlichen, in der bürgerlichen und in der höfischen Küche auskennt und darüber hinaus über regional bedingte Unterschiede und Feinheiten bestens Bescheid weiß. Außerdem kommen nicht nur die gastronomisch Interessierten, sondern auch die Liebhaber und Liebhaberinnen literarischer Schöpfungen auf ihre Kosten. Denn Artusi will nicht dozieren, sondern kommunizieren; ihm gelingt es, seine Leserschaft aufs angenehmste zu unterhalten; da und dort läßt er ein geistreiches Zitat einfließen, erzählt eine Anekdote, erlaubt sich hin und wieder ein Wortspiel oder eine diskrete Andeutung. Ab und zu hebt er den Mahnfinger, ohne zu verletzen, beispielsweise, wenn er in seiner Anleitung zur Herstellung einer Tomatensoße davor warnt, die Nase in fremder Leute Angelegenheiten zu stecken:

In der Romagna lebte einst ein Priester, der wegen seiner unbezähmbaren Neugierde stadtbekannt war. Wenn er die Familien besuchte, ließ er sich keine Gelegenheit entgehen, sich in sämtliche häuslichen Angelegenheiten einzumischen. Anderseits handelte es sich um einen überaus ehrenwerten Mann, und da sein Eifer aufs Ganze gesehen mehr Gutes als Böses zur Folge hatte, ließ man ihn gewähren. Dies aber hinderte den stets zum Spott neigenden Pöbel nicht daran, dem frommen Mann den Spitznamen Don Pomodoro zu verpassen, womit man andeutete, daß die Tomaten es gewohnt sind, sich bei der Zubereitung von fast allen Gerichten in der einen oder anderen Weise Zutritt zu verschaffen. Richtig daran ist, daß eine gute Tomatensoße für die gepflegte Küche schlechthin unverzichtbar ist.

Was die Tomatensoße betrifft, erlaube ich mir, Artusis Rezeptur durch meine eigene zu ersetzen (siehe das Rezept für »Überbackene Auberginen« im 2. Kapitel dieses Buches). Aber natürlich stimme ich Artusi zu, wenn er bemerkt: »Die beste Soße, die ihr euren Gästen vorsetzen könnt, besteht aus einem freundlichen Gesicht und ungekünstelter Herzlichkeit.«

Hin und wieder geschieht es, daß Artusi den ausgestreckten Mahnfinger zu einem Warnfinger krümmt, beispielsweise, wenn er vom Sohn eines ihm bekannten Wirtes berichtet, der seine Gesundheit durch das »geheime Laster« ruiniert hat:

In der Folge suchte dieser den Arzt auf, welcher ihm riet, allmorgendlich zwei frische Eier zu trinken. Glücklicher- oder (wie wir gleich sehen werden) unglücklicherweise besaß besagter Wirt einen sehr großen Hühnerstall, wo sich der Jüngling jeden Morgen die Eier frisch besorgen konnte. Nach ein paar Tagen jedoch sagte sich dieser Hohlkopf: Wenn zwei Eier mir guttun, wirken viere wohl noch besser. Und wieder ein paar Tage später meinte er: Warum eigentlich nicht gleich sechs Eier austrinken statt bloß vier? Und so ging das weiter, bis er schließlich pro Tag auf seine zwölf bis vierzehn Eier kam. Worauf er von einem schweren Magenleiden befallen wurde, das ihn, ich weiß nicht wie lange, ans Bett fesselte.

Artusis Rezepte lesen sich so angenehm, daß man ihn fast überhört, wenn er zu Tische bittet. Dabei sind seine Gerichte nicht nur überaus lecker, sondern auch höchst verträglich. Den überzeugendsten Beweis dafür lieferte Pellegrino Artusi selber. Er starb am 30. März 1911, im Alter von fast 91 Jahren.

Weil Artusi sich als so unterhaltsam erweist, habe ich ein Menü aus seinem Kochbuch zusammengestellt, bei dem nicht nur der Gaumen, sondern auch der Geist auf seine Kosten kommt.

PELLEGRINO ARTUSI
EMPFIEHLT

Minestrone

Kalbsschnitzel nach Bauernart

als Beilage nach Wahl:
Blumenkohlpastete
Fenchelpastete
Artischockenpastete
Spinatpastete

Kartoffelkuchen

Minestrone

Diese Gemüsesuppe erinnert mich an ein Jahr voller allgemeiner Angst und gleichzeitig auch an ein persönliches Erlebnis. Im Jahr des Heils 1855 war in manchen Teilen Italiens die Cholera ausgebrochen, und die allseits befürchtete Verbreitung dieser Krankheit ließ nicht lange auf sich warten. Ich befand mich damals in Livorno. An einem Samstagabend betrat ich eine Trattoria und aß dort eine Minestrone. Anschließend machte ich einen kleinen Spaziergang und legte mich dann schlafen. Ich hatte an der Piazza del Voltone Quartier bezogen, in einem kleinen weißen Gasthaus, das von einem gewissen Domenici geführt wurde. Mitten in der

Nacht brach in meinem Magen ein fürchterlicher Orkan aus, was mich in Angst und Schrecken versetzte. Die ganze Nacht über wanderte ich hin und her zwischen dem Bett und dem luogo comodo, *dem bequemen Örtchen (das in Italien eher die Bezeichnung* luogo scomodo, *verdiente, denn in der Regel handelt es sich um einen grausigen Winkel). Die verdammte Gemüsesuppe wird mich noch umbringen, dachte ich des öfteren, voller Groll gegen den Wirt, der möglicherweise völlig unschuldig war an meinem Malheur. Obwohl völlig entkräftet, nahm ich am Morgen den ersten Zug nach Florenz, wo ich mich bald wieder besser fühlte. Am Montag dann erreichte mich die Nachricht, daß in Livorno die Cholera ausgebrochen und Domenici ihr als erster zum Opfer gefallen sei. Offensichtlich war es also nicht die Minestrone, die mir damals so zu schaffen machte! Hier nun das Rezept* (Anmerkung des Übersetzers: für 6–8 Personen), *wie ich es, nach drei Versuchen, für gut befunden habe:*

40 g Speckwürfel
Knoblauch und
Petersilie nach Belieben
2 l entfettete Rinds-
und Hühnerbrühe
100 g entkernte frische Bohnen
600 g Wirsing,
Spinat und Karotten
etwas Stangensellerie
1 Zucchini
1 mittelgroße Kartoffel
1 kleine Zwiebel
350 g Reis
Salz, Pfeffer
75 g geriebener Parmesan

Zuerst die Bohnen in Salzwasser halb gar kochen. Das übrige Gemüse in kleine Würfel bzw. in feine Streifen schneiden. Die Speckwürfel in einem großen Topf erhitzen, den in kleine Stücke geschnittenen Knoblauch und die gehackte Petersilie und anschließend die Bohnen und das übrige Gemüse mitdünsten. Wer's mag, kann noch etwas Tomatenkonzentrat daruntermischen. Mit Pfeffer und Salz abschmecken und alles in die heiße Fleischbrühe geben. Den Reis dazuschütten. Sobald dieser gar ist, den Parmesan unterziehen. Ich weise jedoch darauf hin, daß diese Minestrone für schwache Mägen denkbar ungeeignet ist.

Kalbsschnitzel nach Bauernart

4 Kalbsschnitzel
Öl, Salz, Pfeffer
1 Handvoll in Salzwasser eingelegte Oliven
3 EL Kapern
1 Sardelle
1 Eigelb
1 EL Parmesan
Butter
3 EL Tomatensoße

Diese Art von Schnitzel widerstrebt meinem Geschmack (um Mißverständnisse zu vermeiden: es ist immer noch Artusi, der hier das Wort führt!); *deshalb überlasse ich es lieber den Bauern, sie zu verspeisen. Weil sie anderen aber vielleicht munden, will ich euch das Rezept nicht vorenthalten. Eine Tasche in die Schnitzel schneiden. Das Fleisch mit etwas Öl einreiben und mit Salz und Pfeffer würzen. Die entkernten Oliven, die Kapern und die Sardelle mit dem Wiegemesser fein hacken. Das Eigelb und den Parmesan daruntermischen. Die Schnitzel damit füllen, mit einem Zahnstocher verschließen und in Butter und etwas Tomatensoße braten.*

P.S. Im Gegensatz zu unserem Gewährsmann schmecken uns diese Bauernschnitzel so gut, daß wir keinen Augenblick zögern, sie in den Adelsstand zu erheben.

Blumenkohlpastete

350 g Blumenkohl
300 ml Milch
1 El Mehl
3 Eier
60 g Butter
Salz
30 g geriebener Parmesan

Den Blumenkohl im Salzwasser nicht ganz gar kochen und dann die Röschen zerteilen. Diese in 30 g Butter dünsten, salzen und, wenn sie die Butter aufgesogen haben, etwas von der Milch dazugeben. Die Masse durchs Sieb streichen. Mit der restlichen Butter, der Milch und dem Mehl eine Béchamelsoße zubereiten. Diese zusammen mit den verquirlten Eiern und dem Parmesan mit der Blumenkohlmasse vermischen und diese in eine ausgebutterte Form geben. Im Wasserbad erhitzen und warm servieren.

Nach dem gleichen Prinzip bereitet Artusi auch *Bohnen-, Fenchel-, Artischokken- und Spinatpasteten* zu. Diese Pasteten schmecken auch kalt, sei es als Beilage zu Fleisch oder Fisch, sei es als vegetarische Vorspeise.

Kartoffelkuchen

Es besteht wahrlich kein Grund, sich darüber zu mokieren, daß ich Kartoffeln mit Kuchen in Verbindung bringe. Wenn eure Gäste dieses Gebäck genießen, ohne seinen plebejischen Ursprung zu erraten, so versucht ja nicht, sie von ihrer Unwissenheit zu heilen. Denn leider spielt in manchen Kreisen beim Essen die Phantasie eine viel größere Rolle als die Geschmacksnerven. Ich rate euch deshalb dringend davon ab, solche Ignoranten über die Zusammensetzung eines Gerichts zu informieren. Die besten Speisen schmekken ihnen plötzlich nicht mehr, wenn sie wissen, daß diese aus preisgünstigen Zutaten zubereitet sind. In dieser Hinsicht könnte ich euch mit einer ganzen Reihe von Beispielen aufwarten. Es mag aber hier der Hinweis auf einen mir bekannten Feinschmecker genügen, welcher einen Kuchen über den grünen Klee lobte und sich zwei Tage daran delektierte. Als er jedoch in Erfahrung brachte, daß es sich um eine Kürbistorte handelte, gebärdete er sich so, als hätte er statt des Kuchens eine Ohrfeige erhalten. Hier nun das Rezept für meinen Kartoffelkuchen:

700 g Kartoffeln	30 g Butter
150 g Zucker	Salz
70 g gemahlene Süßmandeln	1 geriebene Zitronenschale
5 Eier	1 EL Semmelbrösel

Die Kartoffeln kochen, schälen und noch heiß durchs Sieb streichen. Die Mandeln, die Zitronenschale und den Zucker gut mit dem Kartoffelbrei vermischen. Diesen mit dem Rührlöffel etwa eine Stunde lang bearbeiten und dabei allmählich die flüssige Butter und die verquirlten Eier einzeln hinzufügen. Die Masse in eine ausgebutterte und mit Semmelbröseln bestreute Springform geben und im Ofen backen.

Für Nebensächlichkeiten hat Artusi offenbar wenig übrig. Sonst hätte er uns bestimmt verraten, daß die Backzeit in dem auf 190 Grad vorgeheizten Ofen rund 50 Minuten beträgt (Nadelprobe!). Außerdem tut man gut daran, dem Teig 1 TL Backpulver unterzumischen. Ich selber gebe jeweils noch etwas Sahne und

3–4 EL Bitterorangen-Marmelade zur Teigmasse, die ich natürlich nicht eine Stunde lang mit dem Rührlöffel bearbeite. Mit der elektrischen Teigknetmaschine brauche ich dazu gerade zehn Minuten.

Vom Küchensklaven zum »Kaiser der Köche«

Es muß nicht immer Kaviar sein. Auch einfache Mahlzeiten kann man so zubereiten, daß sie ein Gütesiegel verdienen. Darum wußte schon der französische Küchenchef Auguste Escoffier (1846–1935), der zu Beginn unseres Jahrhunderts als »Kaiser der Köche« gefeiert wurde. Natürlich machte es ihm Spaß, alle nur möglichen Delikatessen zu erfinden. Die aber hat er sehr häufig auf der Grundlage von frugalen Gerichten weiterentwickelt.

Sobald Escoffier in einem Betrieb das Sagen hatte, wehrte er sich vehement gegen die unmenschlichen Arbeitsbedingungen in den Hotelküchen. Die Herrschaften, welche sich in den oberen Etagen an den Delikatessen ergötzten, hatten nämlich keine Ahnung, daß diese sozusagen in der Hölle zubereitet wurden, wo auch Escoffier in seiner Jugend als Küchensklave gedient hatte.

Die Hotelküchen befanden sich damals zumeist im Keller. Lediglich durch schmale Wandöffnungen in Gehsteighöhe kam etwas Luft herein. Diese Öffnungen wurden während der Essenszeiten ausnahmslos verschlossen, damit für die angerichteten Speisen nur ja keine Erkältungsgefahr bestand. Besonders während des Sommers geriet schon allein der Aufenthalt in diesen Höhlen zur Qual, da die Köche vor sich einen brennenden Kohleofen und hinter sich einen offenen Holzkohlegrill hatten. Die offenen Gasflammen, welche den Raum erhellten, machten die Hitze noch infernalischer. Und die betrug mindestens fünfunddreißig Grad. Auch die hygienischen Zustände waren katastrophal. 1903 schockierte die Weihnachtsausgabe von *La Presse* ihre Leserschaft mit der Mitteilung, daß die Köche mehrerer erstklassiger Pariser Restaurants sich dermaßen vor dem Schmutz in ihren Küchen ekelten, daß sie sich weigerten, die dort zubereiteten Speisen zu essen. Kein Wunder daher, daß die meisten Kochkünstler unter diesen Bedingungen ein Durchschnittsalter von gerade knapp vierzig Jahren erreichten, wie Escoffier im Jahre 1912 konstatierte. Später, als er selber Anteile an Hotels übernahm, sorgte er in seinen Betrieben für bessere Zustände und akzeptablere Arbeitsbedingungen.

Dazu paßt, daß Escoffier, nachdem er es in Monte Carlo, Paris und Rom, aber auch in Luzern und London eher zu Weltruhm als zu Reichtum gebracht hatte, sich nicht genierte, im Ruhestand zwei Bücher über delikate Gerichte für arme Leute zu veröffentlichen.

Dort ist nachzulesen, worin das sorgfältig gehütete Geheimnis von Escoffiers Rühreiern bestand. Er steckte einfach ein Stück Knoblauch auf die Gabel, mit der er die Eier schlug; *voilà, c'est tout!* Aber das hätte man den Herrschaften nicht verraten dürfen. Denn Knoblauch war damals ein gesellschaftliches Tabu.

Inzwischen haben sich die Zeiten auch in dieser Hinsicht geändert. Weshalb wir uns offen zur Knolle bekennen und ihr bei jeder nur möglichen Gelegenheit frönen. Unabdingbar ist sie auf jeden Fall für die Zubereitung eines Zaziki, eines ebenso einfachen wie berühmten griechischen Gerichtes, das wir als Vorspeise servieren.

Zaziki

1 große Salatgurke
1 großer Becher Joghurt nature (500 g)
3 gepreßte Knoblauchzehen
1 EL Olivenöl
Pfeffer, Salz
1 großer Bund Dill

Mit dem Schneebesen Joghurt, Knoblauch, das Öl, die Gewürze und den klein gehackten Dill miteinander verrühren. Die Gurke schälen, in sehr dünne Scheiben hobeln und mit der Soße vermischen. Kühl servieren. Dazu gibt's Stangenweißbrot.

Sautiertes Hähnchen Mireille

Für sechs Personen. Nach unserem Abstecher in die griechischen Gefilde erwarten Sie, liebe Leserinnen und Leser, sicher noch ein Originalrezept von Auguste Escoffier. Falls Sie wie ich zu den bekennenden Knofelfans gehören, scheint mir das sautierte Hähnchen Mireille das Richtige zu sein. O-Ton Escoffier:

Das Hähnchen in Öl sautieren (garen) und, wenn es halb gar ist, eine gehackte Zwiebel, eine concasse *(gedünstete, mit wenig Salz und Pfeffer gewürzte Tomatenwürfelchen) aus vier Tomaten sowie eine gewürfelte Paprikaschote zugeben. Zehn Minuten vor dem Auftragen mit einem kleinen Stück zerdrückten Knoblauchs aromatisieren. Das Hähnchen anrichten. Den Tomatensaft in einen Topf geben, auf die Hälfte reduzieren und über das Hähnchen passieren.*

Der Koch als Werbeträger

Er ist nicht nur Koch, sondern auch Schriftsteller. Oder Autor, das tönt besser. Und natürlich schreibt er keine Kriminalromane, sondern veröffentlicht Kochbücher. Als Gastronom kreierte er nicht nur ungewöhnliche Rezepte, sondern auch einen neuen Begriff: *La nouvelle cuisine.*

Die Rede ist von Paul Bocuse, der 1926 in Collonges-au-Mont-d'Or (am goldenen Berg) bei Lyon geboren wurde. Damit war ihm der goldene Kochlöffel sozusagen in die Wiege gelegt. Mit 14 begann er seine Lehre. Nach dem Krieg schaute er dem legendären Fernand Point auf die Finger und in die Töpfe. 1961 übernahm er das Restaurant seines Vaters, wo er sich den ersten Stern im

Gourmetführer erkochte. Der zweite wurde ihm ein Jahr später zugesprochen. 1965 machte der Michelin das Dreigestirn komplett.

Bocuse gilt als einer der Väter der *Nouvelle cuisine*. Heute assoziiert man mit diesem Begriff in der Regel mehrgängige Menüs, mickrige Portionen und magere Kost. Mehrgängige Menüs? »Das wäre ja wie fünf Minuten Mozart, fünf Minuten Verdi, fünf Minuten Beethoven! Und nach weiteren fünf Minuten kann sich niemand mehr erinnern, was auf dem Teller war!« Mickrige Portionen? »Da spürt man ja gar nicht mehr, was man im Mund hat.« Magere Kost? »Gewiß, wenn man darunter eine gesunde Ernährung versteht. Aber zu Weihnachten schmecken Äpfel eindeutig besser als Erdbeeren.« Von dieser kargen Küche hat sich der König der Köche nachhaltig distanziert: Er bevorzugt, zumindest heute und nach eigener Aussage, die *Cuisine du marché*, die auf den Tisch bringt, was der Markt gerade an Frischem bietet.

Allerdings geht Bocuse nicht nur als Starkoch und Bestsellerautor auf Kundenfang; er verdient sich auch ein Zubrot als Werbeträger für Küchengeräte, Weine und Konserven. Ein Küchenpapst wirbt für Küchengeräte? Naja. Er empfiehlt Weine? Da kennen wir uns selber bestens aus. Er propagiert Konserven? Pardon, Monsieur Bocuse, aber das ist nun wirklich des Schlechten zuviel. Sie werden gewiß verstehen, daß wir von Ihnen ein klein wenig enttäuscht sind. Da wir nun einmal etwas antiquiert denken, sind wir nach wie vor der Ansicht, daß der Schuster bei seinen Leisten und der Koch bei seinen Töpfen bleiben sollte. Hingegen können wir Ihnen versichern, daß uns Ihr *Coq au vin à la Bocuse*, dessen Zubereitung Sie in Ihrem Buch *Die Renaissance der Französischen Küche* beschreiben und für den Sie *keine* Konserven verwenden, hervorragend geschmeckt hat.

Coq au vin à la Bocuse

1 Hahn aus der Bresse (ca. 3 kg)
2 Karotten
1 Zwiebel
1 Zweig Thymian
1/2 Lorbeerblatt
einige Pfefferkörner
2 Flaschen roter Burgunder
3 EL Erdnußöl
3 Knoblauchzehen
1 TL Salz

Für die Garnitur
100 g junge Zwiebeln
250 g Champignons
250 g durchwachsener Räucherspeck
30 g Butter
10 Petersilienstiele

Am Vorabend den kochfertigen Hahn in 10 große Stücke zerteilen und in eine tiefe Schüssel legen. Die Karotten und die Zwiebel schälen, in dünne Scheiben schneiden und über das Fleisch streuen. Den Thymian und die Pfefferkörner zufügen und den Wein angießen. Zugedeckt über Nacht in den Kühlschrank stellen.

Am nächsten Tag die Fleischstücke und das Würzgemüse aus der Marinade heben und trockentupfen. Die Marinade durch ein feines Sieb seihen. In einer großen Pfanne die Fleischstücke partienweise nacheinander im heißen Öl anbraten. Anschließend in einen gußeisernen Schmortopf legen. Das trockengetupfte Würzgemüse ebenfalls in der Pfanne anbräunen, danach zum Fleisch geben. Die zerdrückten Knoblauchzehen sowie etwas Salz zufügen, die Marinade angießen und alles gut miteinander vermischen. Zum Kochen bringen, anschließend den Deckel auflegen und auf ganz kleiner Flamme je nach Alter des Hahns 1 bis 2 Stunden schmoren lassen.

Unterdessen für die Garnitur die Zwiebeln schälen und die Champignons putzen. Die Zwiebeln ganz lassen, die Champignons vierteln. Den Räucherspeck von der Schwarte befreien und in kleine Streifen schneiden. Zusammen mit den Zwiebeln und den Champignons in der Butter anbräunen und 8 Minuten garen. Erst kurz vor dem Servieren unter das Ragout heben. Den Coq au vin *abschmecken, mit fein geschnittener Petersilie bestreuen und servieren.*

Was Erasmus unter Tischmanieren versteht

Von Tischzuchten war in diesem Kapitel bereits kurz die Rede. Wie sehr sich nicht nur der Geschmack, sondern auch die Manieren ändern, dokumentiert ein kurzer Abschnitt aus einer Schrift über *Die Methode des Studiums*, die Erasmus von Rotterdam im Jahre 1511 veröffentlichte und die ein ganzes Kapitel »Vom gemeinsamen Essen« enthält. Gewisse Dinge werden erst verständlich, wenn man sich daran erinnert, daß man damals üblicherweise mit Holzlöffeln aus Keramik- oder Zinnschüsseln aß. Gewöhnlich teilten sich zwei Gäste ein Trinkgefäß. Das Messer brachte jeder Gast selber mit. Die Gabel als persönlicher Teil des Eßbestecks setzte sich im 16. Jahrhundert und gegen den Widerstand der Kirche allmählich durch. Nun aber soll Erasmus endlich selber zu Wort kommen.

Beim Mahl soll man heiter sein, nicht ausgelassen. Erst wenn man sich gewaschen hat, setzt man sich zum Essen hin. Selbstverständlich reinigt man seine Fingernägel, kommt nicht als ein Schmutzfink und hat vorher die Toilette benutzt und notfalls noch seine Bedürfnisse

erledigt. Trägt man ein enggeschnürtes Gewand, ist es ratsam, den Gürtel zu lockern; denn während des Mahles macht das keinen guten Eindruck.

Wer auf seinem Stuhl hin und her wackelt von einem Schenkel auf den andern, erweckt den Eindruck, als furze er gerade oder versuche einen loszuwerden. Man sitze also ruhig und aufrecht. Bekleckerte Finger abzulecken oder am Rock abzustreifen, ist eins wie das andere ungehörig. Man macht das vielmehr mit der Serviette oder einem besonderen Handtuch. Ganze Bissen verschlingen nur Störche und Possenreißer. Was angereicht wird, soll man mit drei Fingern oder einer Brotscheibe entgegennehmen.

Nur Leckermäuler meinen alles, was ihre Zunge reizt, abnagen zu müssen. Es gehört sich nicht, einem anderen anzubieten, was du schon halb abgenagt hast. Bäurisch ist es auch, angeknabbertes Brot noch einmal in die Suppe zu tunken. Ebenso unpassend ist es, gekautes Brot aus dem Mund zu holen und auf den Tisch zu legen. Hat man wirklich etwas im Munde, was sich dann nicht schlucken läßt, wirft man es unbemerkt irgendwohin. Völlig ausgekaute Speisen oder abgenagte Knochen, die einmal auf dem Tisch liegen, darf man nicht wieder aufnehmen.

Nur Katzen, nicht Menschen, lecken Zucker oder andere Spuren von Süßigkeit vom Teller oder von der Platte. Fleisch wird zuerst auf dem Teller klein geschnitten, dann gibt man etwas Brot hinzu, bevor man es ißt. Das geschieht nicht etwa nur, weil es gute Sitte ist, sondern auch, weil es gesund ist. Manche Leute schlingen mehr, als daß sie essen, nicht anders, wie man so sagt, als wenn sie ihre Henkersmahlzeit hätten. Solche Fresserei findet man nur bei Räubern. Manche stopfen gleichzeitig so viel in den Mund, daß ihre Backen auf beiden Seiten wie Schläuche anschwellen. Wieder andere schmatzen beim Essen wie die Schweine. Vor Gier beim Essen schnaufen manche durch die Nase, als ob sie erstickten. Es ist weder anständig noch ratsam, mit vollem Mund zu trinken oder zu reden.

Es gehört sich nicht, die Augen spazierengehen zu lassen und zu beobachten, was jeder einzelne ißt. Es ist überhaupt unziemlich, jemand am Tisch ungewöhnlich lange anzustarren. Noch ungehöriger ist es, nach einem hinüberzuschielen, der auf der gleichen Seite sitzt. Der Gipfel der Unverschämtheit ist es aber, wenn jemand recht umständlich seinen Kopf umdreht, um zu beobachten, was an dem anderen Tische vorgeht.

Bittet man dich, das Dankgebet zu sprechen, falte deine Hände und zeige dich bereit, bis die Tischgenossen verstummen und es Zeit ist zu beten. Wende dich dabei ehrfürchtig und aufmerksam zum Tischältesten hin.

Wie Könige und Fürstinnen tafelten

Das Essen, das für mich gemacht;
Das Trinken, das für mich erdacht!
Für mich wird Küch' und Keller bestellt;
Zum Essen und Trinken kam ich zur Welt.

Pedro Calderón de la Barca,
Das Festmahl des Belsazar

Dies Geschlecht kann sich nicht
anders freuen als bei Tisch.

Friedrich Schiller, Wallensteins Tod

Die Seele des Feinschmeckers ist mit
seinem Gaumen identisch, die Schöpfung
hat ihn zum Essen bestimmt. In seiner
beschränkten Unfähigkeit ist er nur
bei Tisch an seinem Platz; sein Urteil
geht über die Schüsseln nicht hinaus.

Jean Jacques Rousseau, Emile

Die Episode ereignete sich während des Festbanketts, das der Sonnenkönig Ludwig XIV. in seinem Versailler Schloß zu Ehren des englischen Monarchen ausrichtete. Man speiste ohne Gabel, aber, wie das Hofzeremoniell es vorschrieb, mit dem Federhut auf dem Kopf. Weiter sah die Etikette vor, daß *les Messieurs* jedesmal, wenn eine Dame das Wort an sie richtete, den Hut zu heben hatten. Da die Gemahlin Ludwigs XIV. während des Galadiners keinerlei Grund sah, sich in verbaler Zurückhaltung zu üben, war der hohe Gast aus England ständig gezwungen, seine Kopfbedeckung zu lüften. Und die war am Ende so beschmutzt, daß das Speisefett auf seine Schultern tropfte.

Überliefert wird diese Begebenheit vom Herzog de Rouveroy, Louis Saint-Simon, der in seinen Memoiren die letzten Regierungsjahre seines Landesherrn schonungslos kritisiert. Heute mag seine Schilderung als kurios und die höfische Etikette als exzentrisch erscheinen. Aber für die damaligen Junker bot der englische König keinen befremdlichen Anblick.

In der Regel, das heißt, wenn keine Staatsgäste verköstigt werden mußten und keine Ehrenbankette stattfanden, speiste der König an einem eigens für ihn reservierten Tisch. Wenn die Tafel bereit und das Essen angerichtet war, betraten zuerst die Höflinge den Saal; der König selber gab sich erst zum Schluß die Ehre. Sein Bruder genoß das Privileg, ihm in einem silbernen Schiffchen, das im Vorzimmer von der Leibgarde bewacht wurde, die Serviette und das Salzfäßchen reichen zu dürfen. Wie beim Auftragen der Speisen zu weiter zu verfahren war, hatte Ludwig XIV. in den von ihm am 7. Januar 1681 höchstpersönlich erlassenen Ordonnanzen *en détail* festgelegt. Den Anfang machten zwei königliche Gardesoldaten mit geschultertem Gewehr, gefolgt vom Türhüter, vom Hofmeister und vom *Gentil homme servant*. Ihnen schlossen sich der *Contrôleur Général* und der *Contrôleur Clerc d'office* an. Hinterher betraten der Königliche Küchenvorschneider, der Königliche Aufseher für die Gefäße und die Bediensteten vom Königlichen Mundschenkamt den Saal. Den Abschluß bildeten zwei Soldaten der Königlichen Garde.

Dann ergriff der *Gentil homme servant* die erste Schüssel, für die übrigen Bediensteten das Zeichen, ihrerseits Hand anzulegen. Die ganze Zeit über, während welcher der König aß, hatten seine Höflinge im Saal zu stehen, schweigend und mit hutbedeckten Häuptern. Einzig die Königin besaß das Privileg, sich an den königlichen Tisch setzen zu dürfen, sofern sie nicht allein mit ihrem eigenen Hofstaat speiste.

Im Grunde diente diese ganze Etikette einzig der Demonstration der Macht. Es wäre daher falsch zu vermuten, daß die herumstehenden Junker sich gelangweilt oder gar den Wunsch verspürt hätten, an der königlichen Tafel *mitzuessen*. Denn die zum Zuschauen Geladenen konnten sich einreden, daß der König sie *vorher* wenigstens einen Augenblick lang mit gnädigem Blick betrachtet hatte. Doch dieser Blick war, wie Saint-Simon richtig erkannt hat, nicht gnädig, sondern kalkulierend:

> *In allem liebte der König Glanz, Verschwendung, Fülle. Es war wohlberechnet, daß er die Sucht, ihm nachzueifern, in jeder Weise begünstigte. Er impfte sie seinem ganzen Hofe ein. Wer alles draufgehen ließ für die Küche, die Kleidung, die Gespanne, die Hofhaltung und das Spiel, der gewann sein Wohlwollen. Um solcher Dinge willen sprach er Leute an. Indem er so den Luxus gewissermaßen zur Ehrensache und für manche zur Notwendigkeit machte, richtete er nacheinander alle zugrunde, bis sie schließlich einzig und allein von seiner Gnade abhängig waren.*

Am Hof von Versailles zählte nur der König. Um das zu demonstrieren, brauchte es die Etikette. Für uns hingegen zählt der Anstand. Was den anbelangt, hilft uns die Bibel zweifellos mehr als alle königlichen Ordonnanzen. Ein schönes Beispiel dafür, daß ein untadeliger Charakter wichtiger ist als tadelloses Auftreten, findet sich im 31. Kapitel des Buches *Jesus Sirach*:

> *Mein Sohn, sitzt du am Tisch eines Großen,*
> *dann reiß den Rachen nicht auf!*
>
> *Sag nicht: Es ist reichlich da.*
> *Denk daran, wie häßlich ein gieriges Auge ist.*

Wohin schon ein anderer blickt,
dahin streck deine Hand nicht aus,
sonst triffst du mit ihm in der Schüssel zusammen.

Iß wie ein gesitteter Mann, was vor dir liegt,
und sei nicht gierig, sonst verabscheut man dich.

Hör als erster auf, wie es der Anstand verlangt,
und schlürfe nicht, sonst erregst du Anstoß.

Auch wenn du unter vielen sitzt,
streck deine Hand nicht vor dem Nachbarn aus!

Hat ein wohlerzogener Mensch nicht mit wenig genug?
So wird es ihm in seinem Bett nicht übel.

Schmerz, Schlaflosigkeit und Qual
und Magendrücken hat der törichte Mensch.

Gesunden Schlaf hat einer, der den Magen nicht überlädt;
steht er am Morgen auf, fühlt er sich wohl.

Hast du dich dennoch von Leckerbissen verführen lassen,
steh auf, erbrich sie, und du hast Ruhe.

Wer bei Tisch anständig ist, wird gelobt,
sein guter Ruf steht fest.

Wer sich bei Tisch schlecht benimmt,
wird öffentlich beschimpft,
sein schlechter Ruf steht fest.

Immerhin scheint der Verfasser dieser Zeilen mit der Tatsache vertraut zu sein, daß das Essen oft sehr viel besser ist als alle guten Vorsätze. Mit den möglichen Folgen hat er sich offenbar abgefunden (»Hast du dich dennoch verführen lassen...«). Seinen etwas lehrerhaften Tonfall wird man ihm schon deshalb nicht verübeln, weil es ihm nicht bloß um das Wohlverhalten, sondern gleichzeitig auch um das Wohlbefinden seiner Leserschaft geht.

Wie aus der Einleitung seines Buches hervorgeht, hat Ben Sirach seine Anstands- und Weisheitsregeln im Jahre 132 vor Christus zu Papyrus gebracht.

Ähnlich wie er äußert sich im 8. nachchristlichen Jahrhundert ein arabischer Gelehrter namens Ibn Muqaffa:

Mein Sohn, wenn du zu einem Essen eingeladen bist, so blicke nicht in die Richtung, aus der die Speisen kommen und die Platten aufgetragen werden: Bleibe beherrscht auf deinem Platz sitzen, strecke nicht als erster die Hand nach einem Gericht aus und lasse den anderen Gästen den Vorrang. Sei auch nicht der letzte, der seine Hand vom Brot und vom Tisch zurückzieht, damit dich die Gäste nicht für einen ungebildeten Menschen halten, der die Beute seiner Gier ist. Vermeide es bei allen Gelegenheiten, diese Fehler zu begehen, und bedenke, daß Geduld, Überlegung und Augenmaß nötig sind.

Die klassische arabische Literatur hat sich auch später immer wieder ausführlich mit dem hier von Ibn Muqaffa angesprochenen Thema beschäftigt. Zu den berühmtesten Werken dieser Art zählt das elfte Buch von al-Ghazâlîs Hauptwerk *Die Wiederbelebung der religiösen Wissenschaft*, eine Art *Summa* der islamischen Theologie. Al-Ghazâlî, ein arabischer Denker und Lehrer persischer Abstammung, lebte von 1058 bis 1111. Er gilt als einer der größten islamischen Theologen aller Zeiten. Uns scheint es vielleicht etwas verwunderlich, daß ausgerechnet ein Gottesgelehrter und Gesetzeslehrer sich so ausführlich ausläßt über die Art, Gäste einzuladen und zu bewirten, über die Zubereitung und das Auftragen von Speisen, über Tischmanieren oder auch über die Frage, wann, was und wieviel man als Geladener am Ende eines Mahles von den übriggebliebenen Speisen mit nach Hause nehmen darf.

Die damaligen Muslime allerdings hätten sich gewundert, wenn ein Gelehrter vom Format eines al-Ghazâlî sich über solche Dinge *keine* Gedanken gemacht hätte. Zumindest grundsätzlich unterscheidet der Islam nicht zwischen religiösen und profanen Belangen. Soweit als nur möglich versucht er, auch die kleinsten Details des alltäglichen Lebens auf der Grundlage des Korans zu reglementieren. Was die Eß- und Trinksitten betrifft, wird man kaum sagen können, daß es sich dabei um Nebensächlichkeiten handelt, wenn man bedenkt, daß ein achtzigjähriger Mensch ungefähr drei bis vier Jahre seiner Lebenszeit am Tisch verbracht hat...

Was al-Ghazâlî schon vor dem ersten Kreuzzug zu Pergament brachte, wird noch heute in vielen Gegenden von den Muslims eingehalten. Wichtig ist dabei nicht nur das Tischgebet, das sich sozusagen über die ganze Mahlzeit hin erstreckt. Damit die Eßgier den Menschen nicht vom Gedanken an Gott ablenke, empfiehlt al-Ghazâlî nämlich, bei jedem Bissen den Namen Gottes anzurufen:

Man sage beim ersten Bissen >Im Namen Gottes<, beim zweiten >Im Namen Gottes, des Gnädigen< und beim dritten >Im Namen Gottes, des Gnädigen und Barmherzigen<; und man sage es laut, so daß man keinen andern Gedanken hat. Man esse mit der Rechten, beginne mit dem Salz und schließe damit. Man nehme kleine Bissen und kaue sie gut. Solange man den einen nicht hinuntergeschluckt hat, soll man nicht nach dem anderen greifen, denn das wäre Übereile beim Essen. Auch bemäkle man keine Speise. Der Gepriesene (der Prophet Mohammed) pflegte nichts an seiner Speise auszusetzen. Wenn sie ihm zusagte, aß er sie, wenn nicht, ließ er sie stehen. Man esse ferner von dem, was einem nahe ist, außer beim Obst, denn es steht einem frei, daß man *mit seiner Hand darin herumfährt. Man breche das Brot und schneide es nicht mit dem Messer. Auch wische man sich nicht die Hand am Brot ab. Man wische ferner seine Hand erst dann an dem Mundtuch ab, wenn man seine Finger abgeleckt hat, denn man weiß nicht, auf welcher von seiner Speise der Segen (Gottes) ruht. Man blase auch nicht in das heiße Essen, denn das ist verboten, sondern habe Geduld, bis man essen kann. Man trinke nicht oft während des Essens, außer wenn man an einem Bissen würgt oder wirklich Durst hat. Vor dem Trinken schaue man in den Krug und rülpse und atme nicht hinein. Was von den Speisen übrigbleibt, sollen die Gäste nicht mitnehmen, es sei denn, der Gastgeber erkläre sich von ganzem Herzen damit einverstanden, oder man weiß es so, daß man seine Einstellung kennt und daß er sich darüber freut. Wenn man aber meint, er sieht es nicht gern, ziemt es sich nicht, daß man etwas mitnimmt.*

So gewappnet gegen die Anfechtungen der Völlerei und versehen mit diesen guten Ratschlägen aus der jüdischen und islamischen Literatur, werden wir gewiß leichter verdauen, was wir im folgenden über die Eßgewohnheiten christlicher Könige und Fürsten zu hören bekommen.

Das Hochzeitsessen von Mailand

Im Mai 1488 verheiratete sich in Mailand der einem alten Adelsgeschlecht entstammende Feldherr Gian Giacomo Trivulzio mit Beatrice di Avalos, der Schwester des Marchese von Parma. Unter den Gästen befand sich auch ein Abgesandter der Republik Venedig, der Humanist Ermolao Barbaro. Ihm verdanken wir einen Bericht über das an die Trauung sich anschließende Bankett, der sich angesichts der dargebotenen Köstlichkeiten allerdings etwas nüchtern ausnimmt.

Zunächst verwundert Barbaro sich darüber, daß man das Rosenwasser zum Händewaschen »nicht im Stehen, sondern im Liegen« reichte. Anschließend zählt er im sachlichen Ton eines altgedienten Behördenangestellten die fünfzehn Gänge auf, die bei diesem Festessen gereicht wurden: Plätzchen aus gezuckerten Pinienkernen und Marzipankuchen; geröstetes Brot mit Spargel; gekochter Thunfisch; gebratenes Gazellenfleisch; gesottener Kalbskopf; ein Ragout von Kapaunen, Täubchen, Hühnchen, Rinderzunge, Schinken und Milchdrüsen von Sauen; gebratener Ziegenbock, Tauben, Rebhühner, Fasane, Wachteln, und als Beigabe eingemachte Oliven; in gezuckertem Rosenwasser gekochter Haushahn; ein gebratenes Schwein in prächtiger Soße; gebratener Pfau mit dunkler Soße (und hier erlaubt sich Ermolao Barbaro endlich eine persönliche Zwischenbemerkung: »schmeckt nach Eisen, ist aber aus Pistazien und wertvollen Gewürzen«); ferner Zabaione aus Eiern, Milch, Salbei und Puderzucker; gezuckerte Quitten; Artischocken und Pinienkerne; schließlich, als Nachspeise, Datteln, Obst, Zuckerwerk und süße Weine. Aufgetragen wurden die einzelnen Gänge auf silbernen Tellern, bei Trompetenspiel und Fackellicht. »An den Fackeln baumelten Käfige mit lebendem Geflügel und Wild von der Spezies, die der Chefkoch als nächstes Gericht bestimmt hatte.« Verschönert wurde das Gelage durch die Auftritte von Gauklern, Tänzern, Seiltänzern und Musikanten.

Angesichts eines derartigen Festessens werden wir wohl, je nach Veranlagung, Neid oder Bewunderung empfinden. Um beim Verzehr *und* bei der Schilderung einer derartigen Speisenfolge mithalten zu können, ist nicht nur ein starker Magen, sondern auch ein geschultes Gedächtnis erforderlich. Möglicherweise litt unser Gewährsmann unter Verdauungsbeschwerden; jedenfalls erklärt er ausdrücklich, daß er eigentlich »wenig Lust am Essen« verspürte und sich »deshalb eher als Zuschauer denn als Tafelgenosse« sah. Oder hegte er bloß einen etwas übertriebenen Hang zur Askese?

Wenn wir den Bericht des berühmten Humanisten in Ruhe durchgehen, entdecken wir darin ein paar Kleinigkeiten, die uns stutzig machen. Da ist zunächst einmal von »wertvollen Gewürzen« die Rede; ferner heißt es, daß das Mahl »im Liegen« eingenommen wurde; schließlich werden als besonderer Leckerbissen »Milchdrüsen von Sauen« aufgetragen. Kommt uns das alles nicht irgendwie bekannt vor? Bezeichnet nicht schon der Schlemmer Apicius das Schweineeuter als Delikatesse aller Delikatessen (vgl. den Abschnitt »Tragisches Ende eines Meisterkochs« im vorherigen Kapitel)? Trockenes Brot statt saftigen Braten wollen wir essen, wenn die Schilderung des Mailänder Hochzeitsschmauses nicht auf die Antike verweist! Ähnliches kennen wir doch aus dem *Gastmahl des Trimalchio*, von dem der römische Schriftsteller und *arbiter elegantiae* Petronius (um 66 nach Christus) in seinem Roman *Satyricon* berichtet (vgl. weiter unten das Kapitel über *Fasten und Völlerei*)! Tatsächlich waren Apicius und Petronius für die Humanisten des 15. Jahrhunderts keine Unbekannten. Indem der Feldherr Gian Giacomo Trivulzio sein Hochzeitsessen nach ihrem Vorbild arrangiert, will er der Mailänder *high society* demonstrieren, daß das Soldatendasein höherer Bildung und höfischer Lebensart keineswegs entgegensteht. Dabei gebärdet er sich allerdings wie Molières *bourgeois gentilhomme*, nämlich eine Spur zu protzig. Das Ambiente, die Atmosphäre, das Menü – alles ist äußerst distinguiert. Und wirkt doch deplaciert. Trivulzio begeht die gleiche Torheit, welcher neureiche Emporkömmlinge immer wieder verfallen; dauernd müssen sie sich und anderen beweisen, daß sie sich alles erlauben können. Unergründlich ist nur, warum sie dieses seltsame Gebaren für eine kulturelle Leistung halten.

Mit unserem Menü, bestehend aus einer Vorspeise (Camembert im Teigmantel), einem Hauptgericht (Vitello tonnato mit Gemüsestrudel) und einem bescheidenen Nachtisch (Grießköpfchen à l'orange) können wir Trivulzio natürlich keine Konkurrenz machen. Aber das liegt auch gar nicht in unserer Absicht.

Camembert im Teigmantel

1 Camembert (250 g)
150 g Champignons
1 EL Butter
Salz, Pfeffer
4 große Lattichblätter
150 g Blätterteig
1 Eigelb

Die Lattichblätter in Salzwasser blanchieren. Die Champignons in kleine Stücke schneiden und in der Butter dünsten. Den Camembert vierteln. Je ein Teil davon und ein Viertel der gedünsteten Champignons in ein Lattichblatt einwickeln und mit Blätterteig umhüllen. Die Teigtaschen mit Eigelb bepinseln und in dem auf 220 Grad vorgeheizten Ofen eine Viertelstunde backen.

Zusammen mit einem Salat eignet sich diese Vorspeise auch als Hauptmahlzeit für zwei Personen. In diesem Fall wird der Camembert natürlich nur in zwei Teile geteilt und in zwei Teigtaschen verpackt.

Vitello tonnato (Kalbfleisch an Thunfischsoße)

700 g Kalbfleisch
(Nuß oder Schlüsselriemen)
100 ml kräftige Fleischbrühe
Salz, weißer Pfeffer

Für die Thunfischsoße
150 g Thunfisch aus der Dose
(Abtropfgewicht)
2 Sardellenfilets
(oder 1 EL Sardellenpaste)
1 El Kapern
80 g Kräutermayonnaise
50 ml Sahne (oder Kaffeesahne)
2 EL Zitronensaft

Entgegen einer weitverbreiteten Gewohnheit koche ich das Fleisch nicht in einem Sud aus Wasser, Weißwein, Zitrone, besteckter Zwiebel, Karotte und Sellerie, sondern bereite es im Römertopf zu. Das Bratenstück mit Salz und Pfeffer einreiben, mit der heißen Fleischbrühe übergießen und in den vorher gewässerten Römertopf legen. Diesen in den *kalten* Ofen schieben, die Hitze anschließend auf 200 Grad einstellen, das Fleisch etwa 80 Minuten garen und auskühlen lassen.

Für die Soße sämtliche Zutaten im Mixer pürieren. Den Zitronensaft erst darunterrühren, wenn die Soße bereits sämig ist, weil die Sahne sonst scheiden würde.

Das kalte Fleisch in dünne Scheiben schneiden, auf einer flachen Platte anrichten und die Soße darüber verteilen. Mit Kapern und, falls gerade vorhanden, mit ein paar entsteinten grünen Oliven garnieren.

Gemüsestrudel

200 g tiefgefrorener Blattspinat
200 g tiefgefrorener Broccoli
20 g getrocknete Steinpilze
1 rote und 1 gelbe Paprika
1 Knoblauchzehe
1 mittelgroße Zwiebel
1 großer Bund Petersilie
2 EL Pinienkerne
2 EL Öl, weißer Pfeffer, Salz, Streuwürze
100 g Gorgonzola (oder ein ähnlicher Käse)
300 g Blätterteig
1 EL Milch
1 Eigelb

Den Blattspinat auf- und den Broccoli antauen lassen. Die Pilze 30 Minuten in lauwarmem Wasser einweichen. Inzwischen die Paprika entkernen und in kleine Würfel schneiden. Die Knoblauchzehe, die Zwiebel und die Petersilie mit dem Wiegemesser fein hacken. Die Pilze waschen und ausdrücken; große Stücke etwas zerkleinern.

Nun die Pinienkerne (ohne Zugabe von Öl oder Fett!) in einer Teflonpfanne goldbraun rösten und in einem Schälchen beiseite stellen. Das Öl in der Pfanne erhitzen, Knoblauch und Zwiebel glasig dünsten, Petersilie, Pilze und das restliche Gemüse dazugeben und ebenfalls einige Minuten dünsten. Salzen, pfeffern und auskühlen lassen.

Den gewürfelten Gorgonzolakäse sowie die Pinienkerne unter die Gemüsemasse mischen und die Füllung wurstförmig auf dem Blätterteig verteilen und leicht zusammendrücken. Den Blätterteig an den Rändern mit etwas Milch bestreichen, einen Strudel formen, diesen mit dem zerquirlten Eigelb bepinseln, mit der Nahtstelle nach unten auf ein Backblech legen und oben mit einer Gabel mehrmals einstechen.

Das Blech auf die unterste Schiene des auf 220 Grad vorgeheizten Backofens schieben und den Strudel während etwa 35 Minuten backen.

An heißen Sommertagen schmeckt dieser Gemüsestrudel auch kalt. Natürlich kann man dazu auch gartenfrischen Broccoli und schnittfrischen Spinat verwenden; dann aber muß man beide Gemüse vorher blanchieren. Anstelle von Spinat und/oder Broccoli eignen sich auch Sojasprossen, die man erst ganz am Schluß mit den Paprikawürfeln kurz andämpft.

Grießköpfchen à l'orange

500 ml Milch
je 1 Messerspitze Salz und Ingwer
1 Orange
70 g Hartweizengrieß
1 Gläschen Orangenlikör (Grand Marnier; Cointreau)
40 g Zucker
Butter

Die Orangenschale mit einer Raffel abreiben. Die Milch zusammen mit dem Salz, dem Ingwer und der geriebenen Orangenschale kurz aufkochen, den

Grieß beigeben und unter Rühren etwa 10 Minuten köcheln. Kurz vor Beenden der Kochzeit den Orangenlikör und den Zucker unterrühren.

Vier kleine Pudding- oder Tortenförmchen ausbuttern, je eine dünne Orangenscheibe hineinlegen, den heißen Brei darübergießen, glattstreichen und erkalten lassen. Die Förmchen nach dem Erkalten der Masse auf Teller stürzen.

Elf Gänge mit 99 Gerichten

In Mailand hält es uns noch eine Weile. Gut vier Jahrzehnte nachdem Trivulzio sich mit Beatrice di Avalos vermählt hatte, fand dort ein nicht weniger denkwürdiges Bankett statt, das ebenfalls in die Annalen eingegangen ist. Am 24. Januar 1529 bat der Illustrissimo Signor Don Ercole da Este, seines Zeichens Herzog von Chartres, den Erzbischof der lombardischen Hauptstadt und weitere 106 erlauchte Würdenträger samt Ehegesponsen und Ehrendamen zur Tafel. Das Menü umfaßte elf Gänge mit insgesamt 99 verschiedenen Gerichten. Zum vierten Gang beispielsweise verspeisten die Gäste *unter anderem* Rebhühner, Kaninchen, Kapaunen, Tauben, Lampreten und Kastanientörtchen, während vier zartsuße Stimmen ihr Ohr mit Madrigalen erfreuten. Als neunter Gang wurden immerhin noch 2000 Austern, Früchte, Süßspeisen und Waffelgebäck gereicht. Dazu ergötzten sich der Herzog und der gnädige Herr Erzbischof zusammen mit der übrigen Tafelrunde an den Darbietungen venezianischer und bergamaskischer Hofnarren. Gegen Ende des Banketts, während die Flötenspieler ihre Instrumente ansetzten, wurden parfümierte Zahnstocher gereicht. Nachdem die Herrschaften noch diverse eingemachte Früchte und Süßigkeiten verzehrt hatten, erhoben sie sich zum Tanz, der sich dem Chronisten zufolge bis in die Morgenstunden hinzog.

Der Chronist: Gemeint ist Cristoforo di Messisbugo, eigentlich Messi Sbugo oder Messi, genannt Sbugo, wie er selbst in mehreren auf uns gekommenen Autographen schreibt.

Gelegentlich kann man lesen, daß besagtes Bankett nahezu hundert Gänge beinhaltete. Diese Zählung beruht jedoch auf einem Irrtum. Im Gegensatz zu heute bestand in der spätmittelalterlichen und frühneuzeitlichen Küche ein Gang oder eine Tracht (von *Auftragen*) nicht aus einem Gericht und seinen Beilagen, sondern bezeichnete einen Auftritt des Servierpersonals, das dann jeweils mehrere Gerichte, oft bis deren zehn, gleichzeitig servierte. Einem Gang, wie er damals in Mailand angeboten wurde, entspricht heute ein opulentes Mahl mit Vorspeise, Fisch, Fleisch, mehreren Beilagen und Nachtisch. Wie die meisten anderen Berichterstatter jener Zeit hält auch Cristoforo di Messisbugo in seinen Aufzeichnungen penibel die Anzahl der Vorlegeschüsseln fest, in denen die einzelnen Gerichte serviert wurden. Dies wiederum erlaubt Rückschlüsse auf die Anzahl der Gäste, denn eine Schüssel war gewöhnlich für zwei (selten für drei oder vier) Personen bestimmt.

Lammkoteletts im Kräutermantel

An dem besagten 24. Januar 1529 bekamen die Gäste in Mailand alle nur möglichen Arten von Vögeln und Geflügel und Fischen vorgesetzt. Es fehlten weder Gemse noch Wildschwein, weder Spanferkel noch Rind. Nur Lamm kam keines auf den Tisch. Und dem möchten wir hier abhelfen.

Wenn die Bewohner des Vorderen Orients von Fleisch sprechen, ohne die Art näher zu bezeichnen, bezieht sich das fast durchwegs auf Lamm-, Hammel- oder Schaffleisch, das schon in biblischen Zeiten eine wichtige Rolle spielte. Und lange vorher! Denn anhand von Knochenfunden aus dem Irak läßt sich nachweisen, daß das Schaf dort schon um 9000 vor Christus gezüchtet wurde. Dabei handelte es sich um Tiere, die allesamt weniger als ein Jahr alt waren, also um Lämmer. Was beweist, daß unsere Geschmacksnerven zumindest in dieser Hinsicht denen der prähistorischen Menschen nichts voraushaben; denn auch wir ziehen ein Stück zartes Lammfleisch einem fetten Hammelbraten vor.

12 Lammkoteletts	Salz, Pfeffer
2 Bunde feingehackte Petersilie	Olivenöl
4 gepreßte Knoblauchzehen	

Petersilie und Knoblauch zu einer Masse vermischen; salzen, pfeffern. Das Öl in der Bratpfanne erhitzen und die Koteletts beidseitig je 2–3 Minuten braten. Die obere Seite mit der Kräutermasse bestreichen, diese gut andrücken und die Koteletts mit der Kräuterseite nach unten kurz ausbraten. Dazu passen Bratkartoffeln und Chicorée-Gemüse.

Chicorée-Gemüse

4 mittlere Stangen Chicorée	Salz
1 EL Butter	

Die Chicoréestangen halbieren und den bitteren Strunk herausschneiden. Die Butter in einer Bratpfanne erhitzen, den Chicorée andämpfen und mit wenig Salz bestreuen. Zugedeckt auf kleiner Flamme 10 Minuten weichdämpfen. Am Schluß die Hitze etwas erhöhen, bis der Chicorée eine goldbraune Farbe annimmt.

Ein kleines Gedeck für Seine Majestät

Vom Sonnenkönig war schon in der Einleitung zu diesem Kapitel die Rede. Ob Ludwig XIV. seine öffentlichen Mahlzeiten nur ein- oder mehrmals am Tag inszenierte, läßt sich aus den Quellen nicht mit letzter Eindeutigkeit ermitteln. Unbestritten hingegen ist, daß auch das sogenannte kleine Gedeck Seiner Majestät (also das, was wir heute als Schnellimbiß oder Jause bezeichnen) aus mindestens drei Gängen mit Dutzenden von Gerichten bestand. Dazu gehörten diverse Suppen, Hors-d'œuvres, etliche Arten von Braten und gedörrte und eingemachte Früchte. Einem Chronisten zufolge fand der König es angemessen, sich an einem Fasttag mit folgendem Menü zu kasteien: »*Suppen:* ein Karpfen in der Größe zweier Daumen, hundert Flußkrebse, eine Milchsuppe. *Kleine Suppen:* zwei Schildkröten, eine Kräutersuppe. *Zwei kleine Vorspeisensuppen:* eine Seezunge, Ragout aus Gemüse und Fleisch mit Wasser zubereitet. *Hors-d'œuvres:* ein großer Hecht, vier Forellen in der Größe von vier Daumen. *Kleine Hors-d'œuvres:* drei Barsche, vier mittelgroße Seezungen. *Vier Gerichte als Hors-d'œuvres:* zwei Barsche, zwei Seezungen, hundert Austern, sechs Meerdrachen. *Gebratenes:* ein mittelgroßer Lachs, sechs Seezungen.« Begreiflicherweise ist von einem Nachtisch nicht die Rede; es handelt sich ja schließlich um eine Fastenmahlzeit.

Aus mehreren, sehr unterschiedlichen Quellen wissen wir, daß der Appetit Ludwigs XIV. einem Titanen zur Ehre gereicht hätte. Dennoch ist nicht anzunehmen, daß er sämtliche hundert Flußkrebse und die hundert Austern *und* alle übrigen Speisen verschlungen hat. Wohl aber scheint die Annahme begründet, daß er von allen Gerichten ausgiebig kostete. Der Rest wurde, entsprechend den damaligen Gepflogenheiten, vermutlich von den Höflingen, von den Hofköchen und von den Hofhunden verzehrt.

Die Schwägerin des Königs hingegen, die mit dem Herzog Philipp I. verheiratete Liselotte von der Pfalz, hatte mit der königlichen Küche und den feudalen Eßgewohnheiten wenig im Sinn. Aus ihrer Korrespondenz geht hervor, daß ihr urwüchsiges deutsches Wesen auch in der galanten Versailler Umgebung keinerlei Schaden nahm. Die spröde Liselotte schätzte kräftiges Sauerkraut und eine ordentliche Biersuppe weit mehr als Fasane und Schokolade. Was sie von solchen Spezialitäten hielt, teilt sie mit der ihr eigenen Freimütigkeit in einem ihrer Briefe mit: »Diese delikaten Speisen sind nicht meine Sache.«

Wir unsererseits möchten den trotz aller höfischen Intrigen herrschenden Palastfrieden nicht stören und schlagen deshalb für den französischen Monarchen und die deutschstämmige Prinzessin

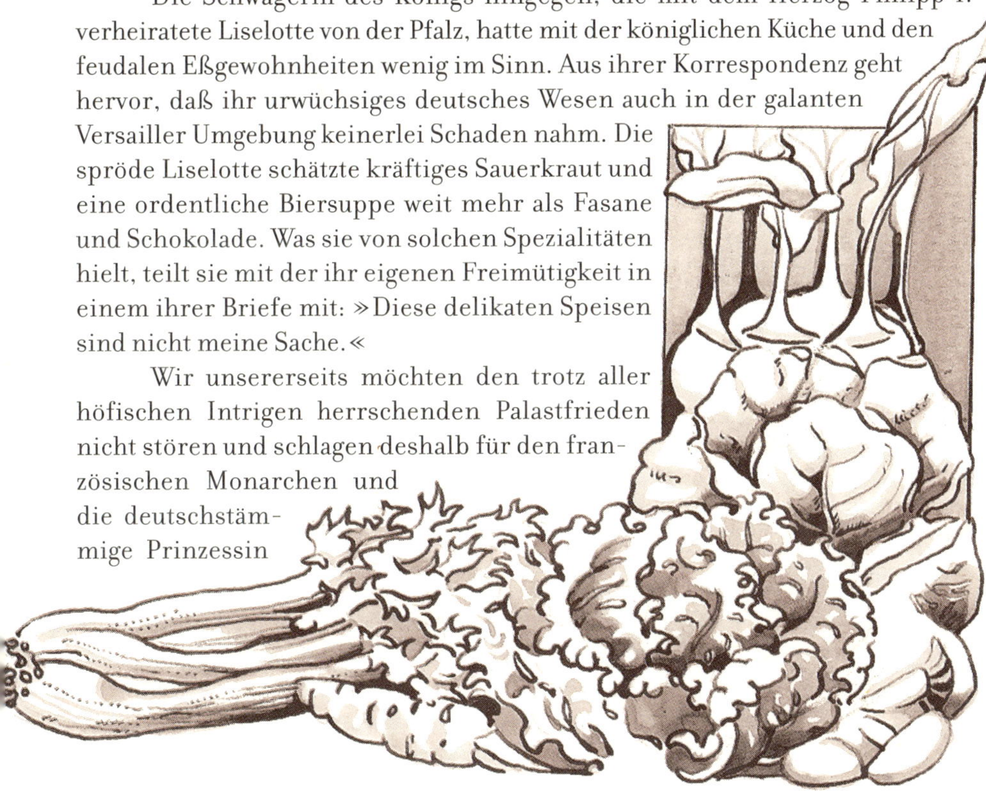

separate Gerichte vor. Die letztere überraschen wir mit ihrer geliebten Biersuppe und mit unseren deftigen Sauerkrautwickeln, während wir für den König ein Fastenmenü zusammenstellen, bestehend aus gefüllten Morcheln, einer Quiche royale, einem Karpfen blau mit Dillsoße und, als Zugabe oder Beilage, einem Zucchini-Pfannkuchen, wohl wissend, daß unsere Spezialitäten für ihn lediglich eine Kompensation für mangelnde Konversation darstellen; er speist ja – Sie erinnern sich? – zumeist allein an seinem Tisch.

Biersuppe

300 ml dunkles Bier
2 EL Butter
2 EL Mehl
1 TL Zucker
1 TL Curry *oder* 1/2 TL Zimt
2 Eigelb
450 ml Milch
wenig Sahne
Salz (*oder* Bouillon-Granulat)
Pfeffer

Das Mehl in der heißen Butter anschwitzen und das Bier dazugießen. Mit dem Schneebesen gut umrühren, damit sich keine Klümpchen bilden. Zucker und Curry (bzw. Zimt) hinzufügen und kurz aufkochen. Den Topf vom Herd nehmen, die Eigelb mit der Milch verquirlen und darunterrühren. Die Suppe mit Salz und Pfeffer abschmecken und mit etwas Sahne verfeinern.

Sauerkrautwickel

1 Kopf Weißkohl
1 Zwiebel
wenig Butter
400 g Schweinehackfleisch
300 g Kalbsbrät
1 Bund gehackte Petersilie
Salz, Pfeffer, Koriander, Muskat
3 EL Tomatenmark
1 gestrichener TL Zucker
Cayennepfeffer
200 ml Weißwein
1 kg gekochtes Sauerkraut
4–5 EL geriebener Greyerzer
200 ml starke Fleischbrühe

Die Zwiebel hacken und in etwas Butter glasig dünsten. Das Hackfleisch mit dem Kalbsbrät, der Petersilie und den Gewürzen gut durchkneten und daraus 12 wurstförmige Fleischpflanzel formen.

Während der Kohlkopf 10 Minuten in reichlich Wasser kocht, erinnern wir uns an Goethes Mahnung in *Wilhelm Meisters Wanderjahre*: »Der Hausfrau soll es nicht an Kohl noch an Rüben oder sonst einem Gemüse im Topf ermangeln, damit dem unseligen Kartoffelgenuß nur einigermaßen das Gleichgewicht gehalten werde.« Nachdem der Kohlkopf ausgekühlt ist, lösen wir 12 große Blätter davon ab, breiten sie auf einem Tuch aus und legen je ein Fleischpflanzel auf ein Kohlblatt. Die Seitenränder klappen wir über die Füllung und rollen die Blätter anschließend wie eine Zigarre zusammen.

Der Rest wird emotionslos erledigt. Den Backofen auf 200 Grad vorheizen. Tomatenmark, Zucker und Cayennepfeffer mit dem Weißwein verrühren und die Flüssigkeit mit dem Sauerkraut vermischen. Dieses in einer großen, ausgebutterten Gratinform für 20 Minuten in den Ofen schieben.

Inzwischen die Fleischbrühe in einem sehr großen Topf erhitzen. Die Krautwickel mit der Naht nach unten hineinlegen und bei geschlossenem Deckel auf kleiner Hitze etwa 20 Minuten ziehen lassen. Anschließend die Päckchen aus dem Topf in die Gratinform heben, die Flüssigkeit darübergießen und *nur die Krautwickel* mit Käse bestreuen. 15 Minuten gratinieren.

FASTEN-ZWISCHENMAHLZEIT FÜR LOUIS XIV., KÖNIG VON FRANKREICH

Gefüllte Morcheln

Quiche royale

Karpfen blau mit Dillsoße

Zucchinipfannkuchen

Gefüllte Morcheln

16–20 große getrocknete Morcheln
1 Ei
1 TL Mehl
1 EL geriebener Parmesan
70 g Quark
je 1 Messerspitze Safran, Muskat, Salz und Pfeffer

Für die Soße
100 ml Wasser von den eingeweichten Morcheln
1 Brühwürfel
100 ml Kaffeesahne
1 Gläschen trockener Vermouth (Noilly Prat)
Salz, Pfeffer
30 g eiskalte Butter

Die Morcheln zwei bis drei Stunden in lauwarmem Wasser einweichen, sehr gründlich waschen und abtropfen lassen.

Das Ei verquirlen und zusammen mit dem Mehl, dem Quark, dem Parmesan und den Gewürzen zu einem flüssigen Teig verrühren. Die Farce mit einem Spritzsack in die Morcheln füllen.

Das Morchelwasser filtern, in einem Topf erhitzen, den zerbröselten Brühwürfel dazugeben, die Kaffeesahne und den Vermouth unterrühren, die Soße mit Salz und Pfeffer abschmecken und aufkochen, damit sich die Füllung in den Morcheln, die nun mit einem Löffel sorgfältig in den Topf gelegt werden, sofort verfestigt. Die Hitze reduzieren und die Morcheln etwa 20 Minuten sanft köcheln. Den Topf vom Herd nehmen und die eiskalte Butter vorsichtig unterrühren, damit die Soße sämig wird.

Auf vorgewärmte Teller einen Soßenspiegel geben. Die Morcheln darauf verteilen und je Teller eine davon der Länge nach entzweischneiden (denn das Auge ißt mit!).

Quiche royale

1 runder Hefeteig (250 g)
100 g geriebener Greyerzer
120 g geräucherter Lachs in Tranchen
200 g Blattspinat (aus der Tiefkühltruhe)
1 EL Kapern
1/2 rote Paprika, in Streifen geschnitten
1 kleine Zwiebel

Für den Guß

2 Eier
150 g Quark
100 ml Sahne
Pfeffer
1/2 TL Salz
1 Messerspitze Muskat
1 EL Meerrettich
2 EL geriebener Parmesan

Ein Kuchenblech mit dem ausgewellten Teig belegen und diesen mit der Gabel mehrmals einstechen. Den grob geriebenen Käse auf den Teigboden streuen. Die zu Röllchen geformten Lachstranchen sternförmig darauf verteilen. Kleine Häufchen von dem aufgetauten Spinat und Paprikastreifen dazwischenlegen. Die Kapern darauf verstreuen. Die Zutaten zum Guß miteinander verquirlen und diesen darübergießen. Die Zwiebel in dünne Ringe schneiden und diese schön regelmäßig auf den Guß legen, damit nachher ein ansehnliches Muster entsteht.

Die Quiche in dem auf 220 Grad vorgeheizten Backofen etwa 30 Minuten backen.

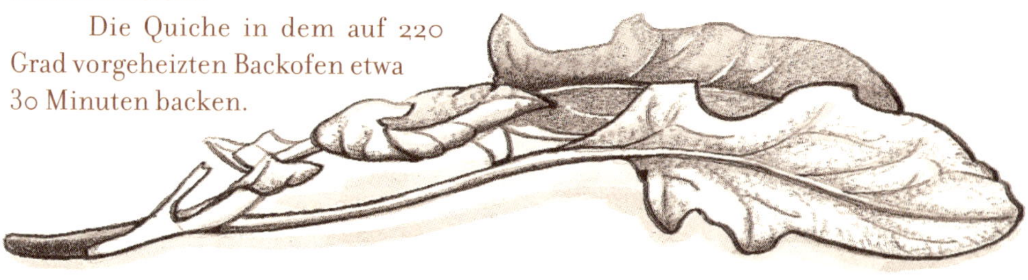

Karpfen blau

1 kochfertiger Karpfen (ca. 1,2 kg)
100 ml heißer Essig
Salz
1 Zwiebel
6 Pfefferkörner
1 Gewürznelke
1 Lorbeerblatt

Den Karpfen nicht schuppen. Unter fließendem Wasser abspülen, auf eine Platte legen, mit heißem Essig beträufeln, innen leicht salzen (außen hingegen nicht, da sonst der Schleim, der die Blaufärbung hervorruft, verletzt würde).

In einem großen Topf reichlich Wasser erhitzen. Einen Schuß Essig, die in große Teile zerschnittene Zwiebel und die Gewürze hinzugeben und alles während einer Viertelstunde zu einem Sud kochen. Die Garnitur herausnehmen, den Fisch in den Sud geben und etwa 15–20 Minuten ziehen lassen. Dazu reichen wir eine Dillsoße und, weil man am Hof des Sonnenkönigs noch keine Salzkartoffeln kannte, einen Zucchinipfannkuchen.

Dillsoße

1 Schalotte
1 El Butter
1 TL Mehl
100 ml trockener Weißwein
100 ml starke Gemüsebrühe
100 ml Sahne (oder Kaffeesahne)
1 Lorbeerblatt
weißer Pfeffer
2 Bund (oder 1 El getrockneter) Dill
etwas Zitronensaft

Die Schalotte schälen, sehr fein hacken und in der erhitzten Butter glasig dünsten. Das Mehl darüberstäuben und unter Rühren hellgelb anschwitzen. Mit dem Weißwein ablöschen und mit dem Schneebesen gut verrühren. Die Gemüsebrühe und anschließend die Sahne und das Lorbeerblatt hinzufügen. Pfeffern.

Die Soße etwa 20 Minuten bei ganz schwacher Hitze köcheln lassen. Inzwischen den Dill waschen, fein hacken und unterrühren. Die Soße mit etwas Zitronensaft abschmecken.

Zucchinipfannkuchen

500 g Zucchini
2–3 Eier
1 EL Mehl
1 kleiner Bund Petersilie
1 kleiner Bund Schnittlauch
1 Handvoll Basilikumblätter
1 Schalotte
2–3 EL geriebener Hartkäse
Salz, Pfeffer
3 EL Olivenöl

Die Zucchini mit der Röstiraffel in eine Schüssel reiben, leicht salzen und durchmischen. Die Eier mit dem Mehl verquirlen, die gehackten Kräuter, die *sehr* fein gehackte Schalotte und den Käse daruntergeben. Die Masse mit den Zucchini vermischen. Pfeffern.

Das Olivenöl in einer Bratpfanne erhitzen, die Zucchinimasse darüber verteilen und, wenn sie auf der einen Seite goldbraun gebraten ist, mit einem Teller wenden. Das Gericht schmeckt heiß und lauwarm. An heißen Sommertagen reiche ich es auch kalt, als vegetarische Vorspeise.

Königliches Mahl

Heute haben wir uns vorgenommen, wie die Fürsten zu speisen. Allerdings verstehen wir darunter etwas anderes als König Ludwig XVI. von Frankreich.

Die absolutistische Monarchie lag damals in den letzten Zügen. Aber noch huldigte das Volk den Fürsten, und die Fürsten huldigten dem König. Und der König? Huldigte der Völlerei. Von Ludwig XVI. nämlich ist überliefert, daß er zum ersten Frühstück um sechs Uhr morgens vier Koteletts, ein Masthuhn, sechs Eier und einige Scheiben Schinken verschlang. Angesichts des Appetits dieses Monarchen waren letztere wohl nicht zu dünn geschnitten.

Anschließend ging Ludwig XVI., der in Staatsgeschäften keine sehr glückliche Hand hatte, nach Möglichkeit seiner Lieblingsbeschäftigung nach, die (purer Zufall oder psychologische Notwendigkeit?) ausgerechnet der Nahrungsbeschaffung diente. Kurzum, Seine Majestät schwang sich aufs Pferd und ritt aus, zur Jagd. Darüber wurde penibel Buch geführt. In dreizehn Jahren erlegte der König immerhin 189.251 Stück Niederwild und 1.274 Hirsche. Wenn er auf der Pirsch war, pflegte er das Mittagsmahl im Freien einzunehmen. Meistens kehrte er ja erst zum Abendessen heim, zu dem er dann allerdings unglaubliche Mengen verschlang. Nach Tisch legte er sich schlafen. Mindestens einmal in der Nacht unterbrach er sein im ganzen Schloß vernehmliches und in ganz Frankreich berühmtes Schnarchen, um noch eine Kleinigkeit zu sich zu nehmen, die seine Köche für ihn bereithalten mußten. Gewöhnlich bestand diese nächtliche Zwischenmahlzeit aus einer Poularde und etlichen hartgesottenen Eiern, zu denen er eine oder zwei Flaschen Bordeaux trank. Seine blutjunge Frau, die österreichische Kaisertochter Marie Antoinette, scheint vor allem zu Beginn ihrer Ehe wegen der Völlereien und Jagdveranstaltungen ihres Gemahls in mehr als einer Hinsicht etwas zu kurz gekommen zu sein. Jedenfalls beschwerte sie sich in ihren Briefen an die Mutter immer wieder darüber, wie sehr sie sich vernachlässigt fühle.

Wenn *wir* fürstlich speisen, denken wir selbstverständlich nicht daran, die königlichen Freßorgien nachzuahmen. Uns geht Qualität vor Quantität. Anstelle der von Ludwig XVI. bevorzugten Poularde, des jungen gemästeten Huhns, begnügen wir uns mit gewöhnlichem Hühnerfleisch. Zubereiten wollen wir es diesmal im Wok, der klassischen chinesischen Pfanne, die aus der fernöstlichen Arme-Leute-Küche den Weg in die Paläste der dortigen Kaiser gefunden hat.

Huhn mit Glasnudeln und Gemüse

Für die *Marinade* verrühren wir

1/2 gepreßte Knoblauchzehe
3 EL Sesamöl
3 EL Sojasoße
1 zerbröselten Brühwürfel
etwas Salz und Pfeffer

Für unser Hühnergericht mit Glasnudeln und Gemüse benötigen wir

3–4 Hühnerbrüstchen
1 Zwiebel
1 Apfel
4–5 große Champignons
1 rote Paprika
3 EL Öl
25 g Glasnudeln
1 EL Sesamöl
1 EL Sesamkörner

Die in Streifen geschnittenen Hühnerbrüstchen mit der Marinade vermischen. Das Fleisch eine Stunde ziehen lassen. Die Glasnudeln 10 Minuten in heißem Wasser einweichen.

Zwiebel und Apfel schälen und würfeln. Paprika und Champignons in Streifen schneiden. Das Hühnerfleisch im Wok in Öl ein paar Minuten braten und warm stellen. Anschließend Zwiebel, Paprika, Champignons und Apfel in sehr wenig Öl dünsten (wegen der unterschiedlichen Garzeiten in der hier angezeigten Reihenfolge in den Wok geben!). Die abgetropften Glasnudeln mit einer Schere in fingerlange Stücke schneiden und zusammen mit dem Fleisch daruntermischen. Das Ganze mit Salz, Pfeffer und Sesamöl abschmecken. Vor dem Auftragen mit Sesamkörnern bestreuen.

Die Landshuter Fürstenhochzeit oder der bayrische Hunger

Alle drei Jahre wird im bayrischen Landshut eine märchenhafte Hochzeit nach altem Muster neu inszeniert. Die historische Vermählung zwischen dem jungen Landshuter Herzog Georg und der polnischen Königstochter Jadwiga fand im November 1475 statt. Das anschließende Fest, zu dem neben dem Kaiser auch rund zehntausend Gäste erschienen, dauerte eine volle Woche. Für die Verköstigung der Geladenen sorgten 146 Köche. Wenn wir den Aufzeichnungen des Administrators Glauben schenken (und wir haben keinen Grund, seine Angaben anzuzweifeln), wurden *unter anderem* 40.000 Hühner, 11.500 Gänse, 1.537 Lämmer, 1.133 ungarische Schafe, 285 Brühschweine, 232 Ochsen und 200.000 Eier verzehrt. An Tranksame herrschte ebenfalls kein Mangel; ausgeschenkt wurden an die 20.000 Eimer Wein. Daß das Bier nicht eigens erwähnt wird, ist mehr als nur ein Indiz dafür, daß der herzogliche Buchhalter aus Bayern stammte. Ansonsten hat er natürlich, wie am Landshuter Hof üblich, penibel Buch geführt (seine Abrechnung wird heute in der Münchner Staatsbibliothek aufbewahrt). Sonst hätten es die Landshuter Herzöge ja nie geschafft, ihren Ehrentitel »Der Reiche« über drei Generationen hinwegzuretten. Die Schatullen waren bestimmt nicht leer, nachdem die Kosten der Hochzeit von 1475 beglichen waren – in heutiger Währung kostete das ganze Spektakel rund 25 Millionen Mark.

Da staunen wir nun mit offenem Mund. Und kommen gerade deswegen auf den Gedanken, ihn mit einem bayerischen Leckerbissen zu stopfen. Wir entscheiden uns – wofür denn sonst? – für Schweinshaxe und Semmelknödel.

Schweinshaxe

2 Hinterhaxen vom Schwein (je ca. 1 kg)
2 EL Schweineschmalz (ersatzweise Bratbutter)
3 Karotten
1 Stück Sellerie (ca. 200 g)
2 Zwiebeln
1 Knolle Fenchel
2 Knoblauchzehen
Salz, schwarzer Pfeffer
250 ml Fleischbrühe
100 ml dunkles (wenn möglich Franziskaner-)Bier

Die Karotten und den Sellerie in grobe Stücke schneiden. Die Zwiebeln und den Fenchel vierteln. Den Knoblauch hälfteln (falls er nicht mehr jung ist: den bitteren grünen Schößling in der Mitte entfernen!).

Die Schwarte der Schweinshaxen rautenförmig einschneiden, dann mit Salz und Pfeffer einreiben. Das Schweineschmalz (oder die Bratbutter) in einem Bräter erhitzen und die Haxen kräftig anbraten.

Das Gemüse dazugeben, kurz mitbraten und die Fleischbrühe angießen. Den Bräter für eine Stunde in den auf 220 Grad vorgeheizten Backofen schieben und die Haxen immer wieder einmal mit der Bratenflüssigkeit begießen. Dann die Haxen mit Bier bestreichen und die Hitze auf 250 Grad erhöhen, damit sich nach ungefähr einer Viertelstunde eine herrlich braune Kruste bildet.

Da die Semmelknödel, die wir dazu reichen, erst mit einer kräftigen Soße gescheit schmecken, pürieren wir den Bratensatz und die Garnitur und würzen die Tunke gegebenenfalls mit etwas Salz und Pfeffer.

Semmelknödel

10 altbackene Semmeln
250 ml Milch
2 Eier
1 kleine fein gehackte Zwiebel
1 Bund gehackte Petersilie
1 EL Butter
Salz, Pfeffer
1 abgeriebene Zitronenschale *oder* Muskat

Die Semmeln in dünne Scheiben schneiden und in der Milch einweichen. Die verquirlten Eier daruntermischen. Die Zwiebel in der Butter glasig- und die

Petersilie kurz mitdünsten. Zusammen mit den Gewürzen unter die Brot-Eier-Masse mischen und diese zu acht Knödeln formen. *Vorsicht!* Den Teig nicht durchkneten, da die Knödel sonst nicht gelingen!

Die Knödel in heißem, *fast* siedendem Wasser 15–20 Minuten ziehen lassen. Falls einer oder zwei davon übrigbleiben, werden sie am folgenden Tag in Scheiben geschnitten und in Butter gebraten.

Für den Fall, daß wir keine altbackenen Semmeln im Haus haben, behelfen wir uns mit Grießknödeln.

Grießknödel

120 g Grieß
140 g Butter
2 Eier
1 TL gehackter Schnittlauch
1 EL gehackte Petersilie
Salz

Die Butter und die Eier schaumig rühren. Den Grieß, die Kräuter und eine Messerspitze Salz daruntermischen und die Masse zwei Stunden lang ruhen lassen. Kleine Knödel formen und diese im heißen Salzwasser dreißig Minuten ziehen lassen. Allfällige Reste am anderen Tag in Scheiben schneiden und in Butter braten. Falls dann zufällig noch ein Bekannter oder eine Freundin vorbeischaut, werden die Scheiben noch etwas angereichert, will sagen in Mehl und Ei gewendet und paniert. Zusammen mit einem Salat ergeben sie eine kleine Mahlzeit.

Trauermahl für Albrecht den Weisen

Während seine Junker und Hofschranzen sich an Turnieren und an der Jagd verlustierten, zog Herzog Albrecht IV. von Bayern es vor, Akten zu studieren und Reformpläne auszubrüten, was sich 1506 auszahlte, als es ihm gelang, ganz Bayern zu einem einzigen Land unter einem einzigen Herrscher zusammenzufügen. Seine Stubenhockerei trug ihm den Ehrentitel »Der Weise« ein. Der damit verbundene Mangel an Bewegung aber brachte es mit sich, daß Albrecht einen *sehr* barocken Anblick bot (womit er seiner Zeit wiederum voraus war; bekanntlich hat er sich dem Bayernvolk als Wegbereiter der Renaissance präsentiert). Der übergewichtige Landesvater verstarb am 18. März 1508 im Alter von etwas über sechzig Jahren.

Die offizielle Trauerfeier fand erst im Januar des folgenden Jahres statt, als sich die Herzogin, eine habsburgische Kaisertochter, schon längst ins Kloster zurückgezogen hatte. Das Leichenmahl nach dem Gedächtnisgottesdienst begann um ein Uhr nachmittags und endete, wie der Chronist versichert, beim Morgengrauen. Die verhältnismäßig wenigen Gäste waren auf vier Tische verteilt. Aufgetragen wurden 23 Gänge, unter anderem ein gesottener Schweinskopf, Kapaune, Hühner, Trockenfleisch, Sauerkraut (das man dazumal Zettelkraut nannte), Rehschlegel, Kuttelflecken, eine Pastete mit Birnen, Vögel, Karpfen sowie gebratene Fasane, Hasel- und Rebhühner, Wildbret, verschiedene Gemüse und natürlich jede Menge Zuckerwerk und Näschereien.

Niemand mußte sich also hungrig vom Tisch erheben. Anderseits werden sich die Gäste nicht maßlos überessen haben. Denn erstens galten (und gelten) in Bayern nun einmal andere Maßstäbe als in den umliegenden Landen, und zum zweiten ist nicht mehr auszumachen, was wir uns unter den »lustigen (d. h. lustvoll oder angenehm anzuschauenden) besicht-essen« vorstellen sollen, von denen der Chronist redet. Handelte es sich um Schau*gerichte* oder um Schau*essen*? Unter den letzteren verstand man kunstvoll angerichtete Speisen, während die Schaugerichte aus figürlichen Szenen aus Wachs, Holz oder anderen Materialien bestanden, und als kalorienfreie Zwischengänge der Erbauung oder aber der Erheiterung der Tafelnden dienten. Allerdings ist diese Unterscheidung aus zwei Gründen nicht sehr hilfreich. Einerseits nämlich wird die Terminologie nicht einheitlich verwendet, und anderseits waren auch die Figurengruppen häufig mit allerlei Naschwerk ornamentiert.

Was die Schauessen betrifft, bekamen die Geladenen anläßlich der Totengedenkfeier Albrechts des Weisen unter anderem das »erst Alter der Welt« zu Gesicht, nämlich Adam und Eva unter einem Baum, um den sich eine Schlange wand, die einen Apfel zwischen den Zähnen hielt. Eine andere Szene zeigte die Arche Noachs »mit beigelegten Oblaten, von Zucker gebacken«. Plastisch dargestellt wurde auch die Geburt Christi, und zwar auf die übliche Art, nämlich mit Maria und Josef und Ochs und Esel; die Krippe war aus Marzipan gearbeitet. Ganz zum Schluß folgte, das Ende des Totengedenkmahles ankündigend, sinnigerweise eine Darstellung des Jüngsten Gerichts.

Wir denken dieweil an ein Gericht ganz anderer Art, dessentwegen die Zeitgenossen Albrechts des Weisen vermutlich gern auf ihr Zettelkraut und ihren Kuttelfleck verzichtet hätten, wenn sie vor die Wahl gestellt gewesen wären. Nämlich? Richtig, es handelt sich um etwas Fremdländisches, und zwar um die berühmte

Französische Zwiebelsuppe

500 g Zwiebeln	4 Scheiben Pariserbrot
2 EL Öl	1 EL Butter
1 EL Mehl	1 Knoblauchzehe
1 l Fleisch- oder Gemüsebrühe	4 EL geriebener Greyerzer

Das Öl in einem Topf erhitzen, die Zwiebeln in mitteldünne Scheiben schneiden und auf kleiner Stufe etwa 15 Minuten dünsten. Das Mehl darüberstreuen und alles gut durchmischen. Mit der Fleisch- oder Gemüsebrühe ablöschen. Die Suppe unter gelegentlichem Rühren eine halbe Stunde köcheln.

Die Butter in einer Pfanne schmelzen, die Brotscheiben mit der halbierten Knoblauchzehe einreiben und goldbraun rösten.

Die Suppe in vier feuerfeste Schüsselchen gießen und die Brotscheiben darauf verteilen. Den geriebenen Käse darüberstreuen und die Suppe in der oberen Hälfte des auf 250 Grad vorgeheizten Ofens während fünf Minuten gratinieren.

Zum *Dünsten der Zwiebeln keine Butter verwenden*, da sie sonst matschig werden. Außerdem hat diese delikate Suppe den Vorteil, daß man sie bereits am Vortag zubereiten kann.

Fürstlicher Leichenschmaus auf dem Dorf

Eine Bestattung ohne anschließendes Leichenmahl ist wie Weihnachten ohne Schnee. So jedenfalls scheint man es in unseren Breitengraden noch immer zu empfinden. Daß dabei die Trauer ganz allmählich in Fröhlichkeit übergeht, hängt wohl nicht oder nicht nur mit den bei einer solchen Gelegenheit unentbehrlichen zwei, drei Vierteln Wein zusammen (die auch nicht mehr sind, was sie einmal waren; heute kriegt man meistens gerade noch zwei schlecht eingeschenkte Zehntel, wenn man ein Viertel bestellt). Vielmehr bin ich der Überzeugung, daß diese Heiterkeit insgeheim ein Ausdruck jener Ahnung oder jener Zuversicht ist, daß sich das Leben letztlich eben doch als stärker erweist als aller Tod.

Der Schweizer Schriftsteller Gottfried Keller illustriert das an jener Stelle seines autobiographischen Romans *Der grüne Heinrich*, wo er sich an das Begräbnis seiner Großmutter und das daran sich anschließende Leichenmahl erinnert. Im Unterschied zum spätmittelalterlichen Chronisten, der die einzelnen Gänge, die zum Gedenken an Albrecht den Weisen aufgefahren wurden, geradezu lustvoll aufzählt, entsinnt sich Keller nicht mehr daran, was auf den Tisch kam; er berichtet lediglich von »einem ungeheuren und heftigen Essen«, zu dem die Trauergäste »den Wein in tiefen Zügen schluckten«.

Endlich schwankte der Sarg vor uns her, die Weiber schluchzten und die Männer sahen bedenklich und verlegen vor sich nieder, der Geistliche erschien auch und machte seine Würde geltend, und ohne viel zu wissen, wie es zugegangen, sah ich mich endlich an der Spitze des langen Zuges auf dem Kirchhofe und dann in die kühle Kirche versetzt, welche von der Gemeinde ganz angefüllt wurde. Erst als mir durch den Sinn fuhr, daß es die leibliche Mutter meines Vaters gewesen, und an meine Mutter dachte, welche einst auch also in die Erde gelegt werde, da vergegenwärtigte sich mir wieder mein Zusammenhang mit diesem Grabe, und das harte Wort: »Ein Geschlecht vergeht und das andere entsteht!« verlor die scheinbare Kälte seiner Notwendigkeit.

Der eingeladene Teil der Versammlung begab sich nun wieder nach dem Trauerhause, dessen Räume alle mit den Vorrichtungen des Leichenmahles erfüllt waren.

Anfänglich wurde mäßig und bedächtig gesprochen und die Speisen in großer Ehrbarkeit eingenommen. Die Bauern saßen aufrecht an ihre Stühle oder an die Wand gelehnt, in beträchtlichem Abstand vom Tische und stachen die Fleischbissen mit feierlich ausgestrecktem Arme an, die Gabel am äußersten Ende haltend. So führten sie ihre Beute auf dem weitesten Weg zum Munde und tranken den Wein in kleinen, züchtigen, aber häufigen Zügen. Die Aufwärterinnen trugen die breiten Zinnschüsseln in erhobenen Händen in der Höhe ihres Gesichtes heran, mit gemessenem Paradeschritt, die Hüften gewaltig hin und her wiegend. Wo sie die Tracht auf den Tisch setzten, mußten die beiden Zunächstsitzenden einen Wettstreit beginnen, indem sie ihnen ihre Gläser zum Trinken boten und jeder wenigstens zwei gute Witze auf den Nebenbuhler losließ; dieser kleine Kampf wurde dann dadurch geschlichtet, daß die Aufwärterin aus jedem Glase nippte und mehr oder weniger zufrieden mit der Ausführung dieser Etikette sich zurückzog.

Nach Verfluß zweier langer Stunden wurden die Gerichte feiner und leckerer, die Roheren unter den Gästen näherten sich immer mehr dem Tische, legten die Arme darauf und begannen nun erst, auf dem möglichst kürzesten Wege, ein ungeheures und heftiges Essen, wozu sie den Wein in tiefen Zügen schluckten. Die Älteren und Feineren aber wurden lauter im Gespräche, rückten ihre Stühle zusammen und ließen die Unterhaltung allmählich in eine gehaltene Fröhlichkeit übergehen. Diese war wohl zu unterscheiden von einer gewöhnlichen lustigen Stimmung und eine symbolische Absicht, welche eine heitere Ergebung in den Lauf der Dinge und das Recht des Lebens gegen den Tod bedeuten sollte.

Auf einmal fing es über unseren Köpfen an zu brummen und zu quieken. Geige, Baß und Klarinette wurden angestimmt und ein Waldhorn erging sich in schwülen, verliebten Tönen. Während der rüstige Teil der Versammlung aufbrach und nach dem geräumigen Boden heraufstieg, sagte der Schulmeister: »So muß es also doch getanzt sein? Ich glaubte, dieser Gebrauch wäre endlich abgeschafft, und gewiß ist dies Dorf das einzige weit und breit, wo er noch manchmal geübt wird! Ich ehre das Alte, aber alles, was so heißt, ist doch nicht ehrwürdig und tauglich! Indessen mögt ihr einmal zusehen, Kinder, damit ihr später noch davon sagen könnt; denn hoffentlich wird das Tanzen auf Leichenbegängnissen endlich doch verschwinden!«

Abhanden gekommen sind diese die Grenzen des Schicklichen manchmal überschreitenden Bräuche allerdings erst sehr viel später, und zwar nicht nur in der Umgebung von Zürich, wo Gottfried Kellers Großmutter lebte, sondern auch in Bayern. Dort sah die Obrigkeit sich schon 1802 unter Bezugnahme auf frühere Verfügungen zu folgendem Erlaß genötigt:

Es ist zwar schon aus älteren und neueren Verordnungen das übermäßige Schmausen und Trinken bei Hochzeiten, Kindstaufen und Leichenbegängnissen strenge verboten. Nichts desto weniger aber muß man gewahr werden, daß hin und wieder diesem Verbote zuwider gehandelt und besonders mit dem Leichentrunke bei Begräbnissen auf dem Lande zu sehr exediert werde, indem bei Leichenbegangnissen armer Personen deren Verlassenschaft kaum zur Bestreitung der Totenbahre und anderer Funeralkosten hinreicht, doch ein Leichentrunk von mehreren Eimern Bier gefordert und auch gereicht, dann bei Leichenbegängnissen mehr vermöglicher Personen den ganzen Tag auf Kosten der Erben fortgetrunken, und anstatt des nur zur Labung der aus der Ferne kommenden Trauerpersonen bestimmten Trunkes ein sittenverderbliches, schwelgerisches Trinkgelag gebildet wird.

1835 – und das war etwa zu der Zeit, als Gottfried Kellers Großmutter verstarb – sahen sich die Behörden in Bayern erneut veranlaßt, den Untertanen ihr sittenwidriges Treiben bei Leichenbegängnissen vorzuwerfen:

Mahlzeiten und Leichentrünke nach dem Begräbnisse sind Entehrungen des trauervollen Andenkens, welches jeder Rechtschaffene dem Verblichenen schuldig ist.

Nehmen Sie es mir nicht übel, meine lieben Leserinnen und Leser, wenn ich mir an dieser Stelle gestatte, in Sachen Leichenschmaus ein persönliches Sterbenswörtchen hinzuzufügen. Oder ist es vielleicht eine Zumutung, wenn ich meine Freundinnen und Freunde bitte, mir, nachdem mein letztes Stündlein geschlagen, noch einen allerletzten Wunsch zu erfüllen?

Ich würde mich freuen, wenn sie an meinem Grab ein Vaterunser beten; von den Katholiken erhoffe ich mir außerdem ein Ave Maria. Was die Atheisten betrifft, möchte ich keinesfalls, daß sie gegen ihr Gewissen handeln; meinerseits werde ich jedoch versuchen, den lieben Gott davon zu überzeugen, daß sie eher aus Begriffsstutzigkeit denn aus Bosheit nichts von ihm wissen wollen. Anschließend sollen sich alle ein wenig zusammensetzen, den Tod tot sein lassen und ihrer Freude am Leben Ausdruck verleihen, indem sie eine Maß Bier oder zwei, drei Schöpplein kühlen Blauburgunder trinken und dazu ein großes Stück von dem von mir kreierten Käsekuchen verzehren, von dem sie schon früher nie genug kriegen konnten.

Käsekuchen nach meiner Art

400 g Blätterteig	2 Eier
100 g Emmentaler	250 ml Sahne
200 g Greyerzer	Salz
100 g Hüttenkäse	Pfeffer
(Cottage Cheese)	Muskat
3 kleine gekochte Kartoffeln	1 Zwiebel

Den (gebrauchsfertig gekauften) Blätterteig auf einem runden Kuchenblech von ca. 28 cm Durchmesser auslegen. Den Käse mit einer Röstiraffel grob raffeln und auf dem Teig verteilen.

Für den Guß die gekochten und geschälten Kartoffeln zusammen mit dem Hüttenkäse im Mixer pürieren, die schaumig geschlagenen Eier und die Sahne darunterziehen, etwas Salz, Pfeffer und Muskat hinzufügen, und die Masse über den Käse gießen. Die geschälte Zwiebel in dünne Ringe schneiden und diese auf dem Guß schön regelmäßig anordnen. Das schmeichelt nicht nur unserem Gaumen, sondern erfreut auch das Auge, weil auf diese Weise beim Backen auf der Kuchenoberfläche ein originelles Muster entsteht. Das Kuchenblech für etwa dreißig Minuten in den auf 200 Grad vorgeheizten Ofen schieben.

Galantes in der Gastronomie

Wenn wir der Legende glauben wollen, ist kein geringerer als ein Nachfolger des heiligen Petrus, zumindest indirekt, der Schöpfer der berühmten Crêpes. Am Ende des 5. Jahrhunderts nämlich sollen auf Anregung des heiligen Papstes Gelasius hin zur Speisung der Rompilger unter den Bewohnern der Ewigen Stadt Mehl, Eier und Milch gesammelt worden sein, woraus man dann dünne Kuchen backte – die ersten Crêpes!

Diese Legende hört sich ebenso schön an, wie sie unwahrscheinlich ist. »Crêpes« (wir setzen das jetzt vorläufig noch in Anführungszeichen) wurden sicher schon lange vorher gebacken, wenn auch in etwas elementarerer Form als heute. Im Grunde genügen dazu Mehl, Wasser und etwas Fett oder Öl. Aus diesen Zutaten nämlich stellten schon die alten Kulturvölker ihre Brotfladen her. Wann die eigentlichen Crêpes (ohne Anführungszeichen) entstanden sind, läßt sich nicht mehr feststellen. Die Tatsache jedoch, daß man ähnliches Gebäck in den verschiedensten Teilen der Welt findet, läßt darauf schließen, daß diese kulinarische Köstlichkeit schon vor vielen Jahrhunderten die Gaumen in Entzücken und die Menschen in Euphorie versetzte.

In Frankreich gehören die Crêpes zum Fasching wie in gewissen Gegenden Deutschlands der Christstollen zu Weihnachten. Jedenfalls ist die Kunst des Crêpes-Backens nirgends so hoch entwickelt wie in Frankreich. Das geht schon daraus hervor, daß die Spanier ihren hauchdünnen Pfannkuchen als *Tortilla francesa* (französischen Eierkuchen) bezeichnen. Allerdings handelt es sich auch hier wiederum um eine Verallgemeinerung. Denn nicht Frankreich schlechthin, sondern die Bretagne ist vermutlich die Heimat der Crêpes, weil die eigentlichen (also die besten) Crêpes angeblich dort zubereitet werden. Tatsächlich werden weder die österreichisch-ungarischen *Palatschinken* noch die russischen *Bliny* so espenlaubdünn gebacken wie ihre bretonischen Geschwisterlein.

Wenn sie schon nicht von einem Papst erfunden worden sind und demzufolge auch mit dem Glauben nichts zu tun haben, so kommt ihnen wenigstens auf dem Gebiet des Aberglaubens eine gewisse Bedeutung zu. Wer an Mariä Lichtmeß eine Crêpe wenden kann, die gleichzeitig mit einer Münze in die Luft geworfen wird, und dabei das Geldstück wieder auffängt, wird das ganze Jahr über nie unter Geldmangel leiden.

Die wohl berühmteste Variante unserer Leckerei ist die Crêpe Suzette. Das Rezept entstand, als ein Koch in Monte Carlo für den Prinzen Eduard von Wales die Crêpes in Mandarinenbutter wendete und mit etwas Curaçao tränkte. Diese Köstlichkeit benannte der Prinz galant nach seiner Geliebten: Crêpe *Suzette*. Hätte es sich bei der fraglichen Dame um eine *Haduwig* oder eine *Brunhilde* gehandelt, so wäre dem neu kreierten Gericht vielleicht etwas weniger Erfolg beschieden gewesen... Die Crêpe Suzette hingegen zerfließt einem schon auf der Zunge, wenn man bloß den Namen ausspricht.

Heute ersetzt man die Mandarinen in der Regel durch Orangen und den Curaçao der Originalfassung durch Grand Marnier oder Cointreau. Und während die Crêpe Suzette ursprünglich nicht flambiert wurde, gerät sie in unseren Tagen, wo immer man sie bestellt, in Feuer und Flamme.

Crêpes Suzette

Für die Crêpes

80 g Mehl
2 Eier
1 Messerspitze Salz
1 TL Zucker
10 g (1 Beutelchen) Vanillezucker
150 ml Milch
2 abgeriebene Orangenschalen
25 g Butter
Butter zum Ausbacken

Zum Flambieren

3 El Zucker
30 g Butter
150 ml Orangensaft
Saft von 1 Zitrone
50 ml Cognac
25 ml Orangenlikör (Grand Marnier)

Außerdem

4–8 Kugeln Orangen-, Vanille- oder Zimteis

Für den Teig das Mehl in eine Schüssel sieben. In der Mitte eine kleine Mulde ausheben und die Eier hineingeben. Salz, Zucker, Vanillezucker und Milch hinzufügen und alles mischen, bis ein glatter Teig entsteht. Die geriebene Orangenschale und die zerlassene Butter unterziehen und den Teig zugedeckt mindestens anderthalb Stunden ruhen lassen, damit er gut aufquillt. Falls er zu fest ist, mit etwas Milch oder einem Schuß Orangenlikör verdünnen.

Im Crêpe-Pfännchen (notfalls in einer Teflonpfanne) ganz wenig Butter zum Schmelzen bringen und aus dem Teig kleine, hauchdünne Crêpes backen und diese auf einen Teller schichten.

Nun in einer Flambierpfanne die Butter erhitzen, den Zucker dazugeben und leicht karamelisieren. Mit dem Orangen- und Zitronensaft ablöschen und die Soße unter Rühren etwas einkochen. Die einzelnen Crêpes zweimal falten, so daß Dreiecke entstehen, und für etwa 2 Minuten in die heiße Soße legen. Mit Grand Marnier und Cognac übergießen und flambieren. Auf Tellern anrichten, mit der restlichen Soße übergießen und mit 1–2 Kugeln Orangen-, Zimt- oder Vanilleeis servieren.

Bei Schriftstellern und Künstlern zu Gast

Küche
Josef

Was ist für Keller, Haus und Herd
Dein Kranz, was Kunst und Ruhm mir wert,
Die ich nicht messen kann und wägen?
Frau Agnes keift; doch Dürer spricht:
Den Lorbeer, Freundin, sollst du nicht
Auf deine Küchenwaage legen,
Nicht mit der Myrte Stuben fegen.

Anastasius Grün, Gedichte (Sprüche)

Die Kunst geht nach Brot.

Gotthold Ephraim Lessing, Emilia Galotti

Wer ein Buch ißt,
der weiß nachher alles, was drin steht.

Franz Hohler, Das verspeiste Buch

Künstler sind auch bloß Menschen. Selbst unter ihnen gibt es solche, die sich bloß ernähren (wenn ihre Kunst sie denn überhaupt ernährt). Anderen wiederum bedeuten die Gaumenfreuden (vorausgesetzt, sie können sie sich leisten) zumindest nicht weniger als ihre Kunst.

Goethe scheint zu den letzteren gehört zu haben. Zwar spielt das Essen in seinem Werk nur eine untergeordnete Rolle. Seine privaten Briefe jedoch enthalten jede Menge an Mitteilungen über eingenommene Mahlzeiten, Klagen über die Qualität der Speisen und Bemerkungen über die feine Küche, aber immer wieder auch Lobreden auf Köchinnen und Gastgeber.

1802 meldet er seiner Frau Christiane aus Jena, wo er sich gerade aufhält, daß sein »Mittagstisch immer nur zur Not genießbar« und die Knackwürste zu stark gesalzen seien. »Deine bleiben noch immer die besten. Sorge ja bei der neuen Schlacht dafür, daß sie gut werden, weil ich zum Frühstück nun daran gewöhnt bin.« Dann bittet er seinen »Bettschatz« aufs allerinständigste, ihm »mit jedem Botengange etwas gutes Gebratenes, einen Schöpsenbraten, Kapaun, einen Truthahn zu schicken, es mag kosten, was es wolle«. Ein andermal schickt Goethe seiner Frau eine Rehkeule, Gemüse und frische Früchte, und gleichzeitig wünscht er sich postwendend »Suppen-Ingredienzien und etwas Parmesan-Käse, als welcher zu den Macaronis ganz unentbehrlich ist«. Christiane wiederum läßt ihn wissen, daß sie aus den Früchten vom Kirschbaum einen Kuchen gebacken und wann sie die ersten Kohlrabi und Artischocken gegessen hat. Goethe seinerseits: »Um nicht aus dem Geiste zu kommen, habe ich einen Karpfen kommen lassen und die polnische Soße gleich aus der Tasche bezahlt...« Dann wieder bittet er um »ein Fläschchen von unserem gewöhnlichen Öl zum Salat; denn das beste hier ist nicht eßbar«. Christiane tut ihm den Gefallen, und die Antwort läßt nicht auf sich warten: »Mit meiner leiblichen Nahrung geht es nun auch schon besser, die Trabitius bereitet den Spargel sehr gut, so wie auch gelegentlich einen Eierkuchen; Schillers versorgen mich mit Braten, und Dein Öl macht mir den Salat wieder schmackhaft.«

Daß sich Goethe auch um Details in der Küche kümmerte, bezeugt unter anderen Schriftstücken ein Postskriptum zu einem Brief, den er im Januar 1811 an seine Frau abschickte:

Den Schweinskopf betreffend. Der Kopf liegt in der Schachtel; die Soße, in welche der Kopf gleich gelegt werden muß, und so lange bis er aufgegessen ist, muß er drinnen liegen bleiben; die Senfsoße, welche dazu gemacht wird, sagt der Mundkoch Weise, sollst Du nur gleich bei dem Mundkoch Steinert bestellen lassen, dieser wisse schon, wie er sie machen sollte. Wir hätten sie hier machen lassen, er sagte aber: es wäre besser, wenn sie gleich auf der Stelle gemacht würde.

Wenn das Gespräch sich ums Essen und ums Weintrinken drehte, konnte Goethe jedem Gesprächspartner Paroli bieten (den Gesprächspartnerinnen gegenüber ist er eher sanft aufgetreten). Andere Geistesgrößen haben geschluckt, was sie vorgesetzt bekamen. Wieder andere haben sich in Sachen Gastronomie Dinge zugetraut, von denen sie besser die Hände gelassen hätten. Zu erwähnen wäre etwa der heute kaum mehr bekannte Komponist Johann Schobert, ein Vorklassiker, der vermutlich in Nürnberg um 1740 geboren wurde und nach dessen Sonaten Mozart seine ersten vier Klavierkonzerte schrieb. Am 28. August (Goethes Geburtstag!) 1767 starb Schobert mit seiner Familie und Freunden nach dem Genuß selbstgesammelter Pilze. Künstler sind eben auch bloß Menschen.

Nicht nur unter den Musikern, sondern auch unter den Literaten gibt es eine ganze Menge Leute, die nichts vom Kochen verstehen. Dennoch kommt es vor, daß ihre Erzeugnisse verschlungen werden. Daß man Bücher aber nicht nur verschlingen, sondern auch mit Anstand und Manier verspeisen kann, hat der Schweizer Schriftsteller Franz Hohler jüngst herausgefunden. Seine Geschichte ist eigentlich nicht *seine* Geschichte, sondern handelt von seinem Urgroßvater und heißt *Das verspeiste Buch.* Das ist hier wörtlich zu nehmen. Franz Hohler würde sich bestimmt freuen, wenn Sie, meine lieben Leserinnen und Leser, seinen Urgroßvater auf seinem Tagesausflug an die Basler Herbstmesse begleiten würden, wo man ihm in einer Kleinbasler Pinte als Scherz einen Schüblig mit Buchbrot vorsetzt, weil er dank oder sagen wir besser wegen seiner Kurzsichtigkeit das R für ein B gelesen (also das »Ruchbrot«, das dunkle Schweizer Roggenbrot, mit einem »Buchbrot« verwechselt) hat, und dieses Buchbrot ist nichts anderes als ein Buch, genauer noch, ein italienisches Kochbuch – Sie ahnen oder merken, meine Verehrtesten, daß wir nicht vom Thema abkommen, sondern es vielmehr einkreisen –, das der Urgroßvater, welcher zu der Zeit, als die Geschichte spielt, noch ein junger Stutzer ist, zur allgemeinen Überraschung zu verspeisen beginnt, Seite für Seite, mit einer weißen Soße, wobei er zwischendurch ein Rädchen nach dem andern von seinem Schüblig abschneidet und plötzlich zum noch größeren Erstaunen aller behauptet, gegessene Buchseiten verwandelten sich sofort in Wissen, und da das Buch unter der weißen Soße auf seinem Teller ein italienisches Kochbuch ist, beginnen die teilweise ungläubigen, zum Teil bloß erstaunten Gäste ihn, den Urgroßvater, der kein Italienisch kann, nach seinem Italienisch abzufragen, ein Examen dies, welches er ohne Angst, aber mit viel Würde besteht, wobei er jedoch plötzlich den Spieß umdreht, und zwar ohne daß auch nur einer der Anwesenden (die männliche Form trifft den Sachverhalt; es befinden sich nämlich keine Frauen und zufälligerweise auch keine Damen in der etwas anrüchigen Pinte) dies vorerst gemerkt hätte, so daß der Witz, den diese sich mit ihm machen wollten, sich gegen sie selber kehrt, sie möchten ja auch Italienisch lernen, und zwar ebenfalls auf die schnelle Tour, und deshalb zahlen sie alle den geforderten Preis, als der Urgroßvater, nachdem er selber nicht einmal ein Sechstel des Buches verspeist hat, Seite um Seite herausreißt und diese zu einem der Sache angemessenen Preis an die Spaßvögel verkauft, welche die Blätter hinunterwürgen – ja, *würgen*, denn »ein stockfleckiger alter Schmöker wird auch durch die beste Soße nicht zum Kopfsalat« –, während der Urgroßvater den Rest seines Buches in ein Taschentuch wickelt; dann verbeugt er sich kurz nach allen Seiten hin, wünscht allen frohgemut einen guten Appetit für die *cucina italiana*, und wenn er übers Jahr wiederkomme (die Basler Herbstmesse war schon damals eine Institution, und so wie wir den Urgroßvater kennen, hätte der lieber auf die ewige Seligkeit als auf diesen Ausflug verzichtet, aber vielleicht weiß der Hohler Franz das besser), wenn er also übers Jahr wiederkomme, meint er, würden sie alle italienisch miteinander parlieren (eigentlich müßte man ja *parlare* sagen), verabschiedet sich dann endgültig mit einem freundlichen Kopfnicken von den buchseitenkauenden Witzbolden in der Kleinbasler Kneipe, allerdings ohne die Rechnung mit dem lombardischen Bartwichsenverkäufer gemacht zu haben, der sich bisher im Hintergrund gehalten hat und der jetzt meint, ausgerechnet er könne Franz Hohlers Urgroßvater daran hindern, sich aus diesem Scherz davonzustehlen, in welchem er, der Bartwichsenverkäufer, doch auch eine gewisse Rolle spielte, wie wir noch sehen werden, meine lieben Leserinnen, ja, ihr habt richtig gehört, ich wende mich jetzt ausschließlich an euch (das vertrauliche Possessivpronomen soll euch nicht stören, es geht mir euch gegenüber einfach leichter über die Lippen als das steife Sie; die Männer beißen in dieser engen ungelüfteten Kleinbasler Kneipe noch immer an ihren Buchseiten herum, und wenn auch nur eine einzige achtbare Frau dort gewesen wäre, aber welche wagt sich schon allein in einen derart grobschlächtigen Haufen, hätte die Sache eine andere Wendung genommen, unter anderem auch, weil dann bestimmte von mir in meinem Bericht jetzt übergangene Bemerkungen mit Sicherheit unterblieben wären) – also, liebe Leser*innen*, ich möchte jetzt weder meinen Faden noch eure Sympathie verlieren und euch bloß bitten, den etwas zwielichtigen Lombarden keinesfalls aus den Augen zu lassen, denn nur wenn ihr ihm folgt, werdet ihr auch dem Urgroßvater noch einmal begegnen und sehen, wozu der fähig ist. Ich meinerseits will euch, und das gilt nun wiederum auch für Sie, liebe Leser, nur verraten, daß ich dieses Buch von Franz Hohler in einem Zug verschlungen habe und daß es mir bestens bekommen ist.

Großschlund und Riesenkehle

François Rabelais († 1553), anfänglich Franziskaner, dann Benediktiner, schließlich Weltgeistlicher und Arzt, zuallererst und immer jedoch ein Schriftsteller und Erzähler von überschäumender Phantasie und überbordendem Witz, räumt dem Essen in seinen ausgefallenen Geschichten einen überdurchschnittlich breiten Raum ein. Gargantua (›der Herabschlinger‹) beispielsweise, der Titelheld des gleichnamigen Romans, ist schon von seiner Abstammung her prädestiniert, ein Schwelger und Freßbeutel zu werden, ist er doch der Sohn des gefräßigen Grandgousier (›Großschlund‹) und der nimmersatten Gargamelle (›Riesenkehle‹), die noch wenige Augenblicke vor ihrer Niederkunft »sechzehn Mud, zwei Kübel und sechs Töpfe« Kutteln verschlang.

Was Gargantua allein zum Frühstück verzehrt, erinnert an die Eßgewohnheiten König Ludwigs XVI., der fast genau zweihundert Jahre nach Rabelais' Tod, nämlich 1754, geboren wurde (falls Sie sich nicht mehr an seinen Heißhunger erinnern, blättern Sie eben zurück, zum vorherigen Kapitel, wo vermerkt ist, wie Könige und Fürstinnen tafelten).

Gargantua teilte also seine Zeit so ein, daß er gewöhnlich zwischen acht und neun Uhr aufwachte, ob es nun Tag war oder nicht. Dies hatten seine früheren Erzieher angeordnet, indem sie sich auf Davids Spruch beriefen: Vanum est vobis ante lucem surgere *(»Es ist umsonst, daß ihr früh aufsteht«; Psalm 127,2).*

Dann reckte und streckte und wälzte er sich noch etwas in seinem Bett, um seine Lebensgeister zu wecken; dann zog er sich entsprechend der Jahreszeit an, trug aber sehr gerne einen großen langen Rock aus dickem Leinen, der mit Fuchs-

fell gefüttert war; anschließend kämmte er sich mit seinen vier Fingern und dem Daumen, denn seine Erzieher sagten, sich auf eine andere Art und Weise zu kämmen, zu waschen und zu säubern sei nur Zeitverschwendung auf dieser Welt.

Dann rotzte er sich die Kehle frei, rülpste, furzte, gähnte, spuckte, hustete, schnappte nach Luft, nieste und schneuzte sich wie ein Archidiakon, und dann – um den Morgentau und die schlechte Luft zu bekämpfen – frühstückte er: schöne gebratene Eingeweide, schöne Rostbraten, schöne Schinken, schöne Ziegenbraten, und jede Menge fette Brotschnitten (im Original: soupe de prime*: in eine reichhaltige Sauce getauchte Brotschnitten, die in den Klöstern zur ersten Betstunde, morgens um 6 Uhr, gereicht wurden). Als sein neuer Erzieher ihn darauf hinwies, daß er sich nicht so plötzlich nach dem Aufstehen vollstopfen solle, ohne vorher eine Turnübung gemacht zu haben, antwortete Gargantua:*

»Was! Ich hab mich nicht genügend bewegt? Ich habe mich sechs oder sieben Mal im Bett umgedreht, bevor ich aufgestanden bin. Ist das nicht genug? Papst Alexander (VI. † 1503) *machte es auf Anraten seines jüdischen Arztes* (Bonnet de Lates, ein konvertierter provenzalischer Jude) *genauso und lebte bis zu seinem Tode allen Neidern zum Trotz. Meine früheren Lehrer haben mir dies angewöhnt, wobei sie sagten, daß das Frühstück ein gutes Gedächtnis bewirke; daher waren sie auch die ersten, die sich morgens ans Trinken machten. Mir geht es dadurch ausgezeichnet, und mittags esse ich um so besser. Und Meister Thubal, mein erster Erzieher, welcher der erste seines Faches in Paris war, sagte mir einmal, daß es nicht darauf ankomme, schnell zu laufen, sondern rechtzeitig aufzubrechen, und so ist es auch für die Gesundheit des Menschen abträglich, wenn sie auf einen Schlag wie die Löcher saufen, zuträglich aber, wenn sie bereits morgens damit beginnen.«*

Rostbraten

Neugierig machen uns vor allem die Rostbraten, von denen Gargantua schwärmt. Wenn wir sie auf die folgende Art zubereiten, werden auch unsere Gäste *fast* wie Gargantua zulangen.

3–4 Zwiebeln (je nach Größe)
2 Knoblauchzehen
4 Scheiben Rinderfilet (zu je etwa 170 g)
Salz
2 EL Mehl
4 EL Bratbutter
2 EL Paprikapulver edelsüß
1 Messerspitze Paprikapulver, scharf
1 gestrichener TL getrockneter Majoran
1 gestrichener TL Kümmel
200 ml starke Fleischbrühe
800 g Kartoffeln
2 grüne und 2 gelbe Paprikaschoten
4 Tomaten

Die Zwiebeln würfeln. Die Knoblauchzehe pressen. Die Filetscheiben etwas salzen, im Mehl wenden, in der Bratbutter anbraten und in einen Topf legen. Die Zwiebeln im verbliebenen Fett glasig dünsten. Die Gewürze und den

Knoblauch hinzufügen, mit der Fleischbrühe ablöschen, diese kurz aufkochen und anschließend über die Filetstücke gießen, die nun während 35 Minuten sanft schmoren. Nach einer Viertelstunde die geschälten und geviertelten Kartoffeln, die ebenso behandelten Tomaten und die in Streifen geschnittenen Paprikaschoten hinzufügen. Das Gemüse neben das Fleisch und die Kartoffeln darauflegen. Allenfalls etwas Wasser nachgießen, so daß alles halb bedeckt ist. Das Gericht während weiteren 20 Minuten fertig garen.

Die Predigt des Ablaßhändlers

In unseren Gegenden ist Geoffrey Chaucer fast nur noch wegen seiner *Canterbury Tales* bekannt, von denen Pier Paolo Pasolini einige verfilmt hat. Tatsächlich jedoch führte er die mittelalterliche Literatur Englands ihrem Höhepunkt entgegen. Seine *Canterbury-Geschichten* hat Chaucer vermutlich um 1387 begonnen. Das (unvollendet gebliebene) Projekt umfaßt 24 Novellen und eine Rahmenhandlung. Letztere berichtet von einer Reisegruppe, die nach Canterbury aufbricht, wobei alle Beteiligten sich verpflichtet haben, mit einer Geschichte zur allgemeinen Unterhaltung beizutragen. Unter den Pilgern befindet sich auch ein Ablaßhändler, der seine Erzählung mit einer Moral verbrämt.

O du verfluchte Völlerei, du erster Grund unseres Falles und Ursache unserer Verdammnis, bis Christus uns mit seinem Blut erlöste! Teuer genug haben wir für dieses verfluchte Laster gezahlt! Durch Völlerei ward die ganze Welt ins Verderben gestürzt, denn soviel ist gewiß: Wegen dieses Lasters wurde unser Vater Adam aus dem Paradies vertrieben zu Mühsal und Leid. Denn solange er fastete, so lese ich, durfte er im Paradiese leben, doch als er von der verbotenen Frucht am Baume aß, da wurde er verstoßen. So haben wir allen Grund, der Völlerei zu fluchen.

Mit dieser Interpretation des Sündenfalls fügt Chaucers Ablaßhändler allen bis anhin entwickelten Lehrmeinungen eine neue hinzu, die von den Gottesgelehrten in der Folge allerdings nicht rezipiert wurde. Immerhin aber scheint sie charakteristisch für einen Tatbestand, der in der Geschichte der kirchlichen Exegese häufig anzutreffen ist, daß nämlich auch zünftige Theologen oft keine übermäßigen Schwierigkeiten hatten, wenn es galt, einen Mangel an Fachwissen durch phantastische Spekulationen zu verschleiern. Heute räumen allerdings auch die weniger aufgeklärten unter ihnen ein, daß der biblische Verfasser nicht an einen Apfelbaum dachte, als er seine Parabel vom Baum des Lebens und vom Baum der Erkenntnis und den verbotenen Paradiesfrüchten niederschrieb. Die Ansicht, daß ihm eher ein Feigenbaum vorschwebte, ist zwar wahrscheinlicher, gehört aber immer noch in den Bereich der Phantasie, dem bekanntlich keinerlei Grenzen gesetzt sind.

Feigen in Crème de Cassis

Wenn *wir* die Wahl haben zwischen dem Möglichen und dem weniger Unwahrscheinlichen, entscheiden wir uns in der Regel für das letztere. Angewandt auf die kulinarische Ebene, bedeutet das, daß wir nach den fragwürdigen Unterweisungen des Ablaßhändlers und dem Verzehr von Gargantuas Rostbraten zum Nachtisch keinen Apfelstrudel, sondern Feigen in Crème de Cassis (Cassislikör) servieren.

12 frische Feigen
300 ml trockener Weißwein
100 ml Cassislikör
(ersatzweise: Cassissirup)
3 EL Zucker
etwas Zitronensaft
1 Messerspitze Zimt
1 gestrichener TL
gemahlener Ingwer

Die Feigen waschen, abtrocknen und halbieren. Die übrigen Zutaten in einer Pfanne erhitzen, die Feigen kurz mitkochen und anschließend mit den Schnitthälften nach oben in Schälchen anrichten. Dann die Flüssigkeit auf etwa 100 ml einkochen, heiß über die Feigen gießen und diese zugedeckt etwa anderthalb Stunden kühlstellen.

P wie Pumpernickel

Bekanntlich verspürte Gottfried Keller mehr Freude am Trinken als Lust aufs Essen. Deshalb überrascht es nicht, daß das Kulinarische in seinen Romanen und Novellen, wenn überhaupt, höchstens am Rand vorkommt. Vielleicht hängt das damit zusammen, daß der zeitlebens etwas wunderliche Schweizer Dichter nie verkraften konnte, daß er schon als Sechsjähriger an seinem ersten Schultag wegen seiner *philologischen* Vorliebe für das Roggenschrotbrot zum Außenseiter gestempelt wurde. Die betreffende Episode findet sich in seinem autobiographischen Roman *Der grüne Heinrich.*

In einem Halbkreise mit diesen andern Kindern um eine Tafel herum stehend, auf welcher riesige Buchstaben gemalt waren, war ich sehr still und gespannt auf die Dinge, die da kommen sollten. Da wir sämtlich Neulinge waren, so hatte der Oberschulmeister, ein ältlicher Mann mit einem großen groben Kopfe, die erste Leitung selbst übernommen für eine Stunde und forderte uns auf, abwechselnd die sonderbaren Figuren zu benennen. Ich hatte schon seit geraumer Zeit einmal das Wort Pumpernickel gehört, und es gefiel mir ungemein, nur wußte ich durchaus keine leibliche Form dafür zu finden, und niemand konnte mir eine Auskunft geben, weil die Sache, welche diesen Namen führt, einige hundert Stunden weit zu Hause war. Nun sollte ich plötzlich das große P benennen, welches mir in seinem ganzen Wesen äußerst wunderlich und humoristisch vorkam, und es ward in meiner Seele klar und ich sprach mit

Entschiedenheit: Dies ist der Pumpernickel! Ich hegte keinen Zweifel, weder an der Welt, noch an mir, noch am Pumpernickel, und war froh in meinem Herzen; aber je ernsthafter und selbstzufriedener mein Gesicht in diesem Augenblicke war, desto mehr hielt mich der Schulmeister für einen durchtriebenen und frechen Schalk, dessen Bosheit gebrochen werden müßte, und er fiel über mich her und schüttelte mich an den Haaren eine Minute lang so wild hin und her, daß mir Hören und Sehen verging. Dieser Überfall kam mir seiner Fremdheit und Neuheit wegen wie ein böser Traum vor und machte augenblicklich nichts daraus, als daß ich, stumm und tränenlos, aber voll innerer Beklemmung den Mann ansah. Die Kinder haben mich von jeher geärgert, welche, wenn sie gefehlt haben oder sonst in Konflikt geraten, bei der leisesten Berührung oder schon bei deren Annäherung in ein abscheuliches Zetergeschrei ausbrechen, das einem die Ohren zerreißt; und wenn solche Kinder gerade dieses Geschreies wegen oft doppelte Schläge bekommen, so litt ich am entgegengesetzten Extrem und verschlimmerte meine Händel stets dadurch, daß ich nicht imstande war, eine einzige Träne zu vergießen vor meinen Richtern. Als daher der Schulmeister sah, daß ich nur erstaunt nach meinem Kopfe langte, ohne zu weinen, fiel er noch einmal über mich her, um mir den vermeintlichen Trotz und die Verstocktheit gründlich auszutreiben. Ich litt nun wirklich; anstatt aber in ein Geheul auszubrechen, war es zum zweiten Male in mir klar und ich rief flehentlich in meiner Angst: Sondern erlöse uns von dem Bösen! und hatte dabei Gott vor Augen, von dem man mir so oft gesagt hatte, daß er dem Bedrängten ein hilfreicher Vater sei. Für den guten Lehrer aber war dies zu stark, der Fall war nun zum außerordentlichen Ereignisse gediehen, und er ließ mich daher stracks los, mit aufrichtiger Bekümmernis darüber nachdenkend, welche Behandlungsart hier angemessen sei. Wir wurden für den Vormittag entlassen, der Mann brachte mich selbst nach Hause...

Gottfried Keller erinnert sich, daß er am Abend seines ersten Schultages noch immer nicht wußte, was Pumpernickel ist, den wir jetzt für ein Vorspeislein benötigen, auf das sich unsere Gäste erfahrungsgemäß von genau dem Zeitpunkt an freuen, an dem unsere Einladung sie erreicht.

Schinkenschaum auf Pumpernickel

200 g Schinken
1 großer Bund Petersilie
1 Essiggurke oder 3–4 Cornichons
200 g Quark
2 EL Sahne (oder Joghurt)
Salz, weißer Pfeffer
Pumpernickel

Den Schinken, die Petersilie und die Essiggurke mit dem Wiegemesser fein hacken und mit dem Quark und der Sahne vermischen. Mit Salz und Pfeffer abschmecken. Mindestens 1 Stunde kühlstellen.

Pumpernickelscheiben auf eine Platte oder auf die Teller legen. Den Schinkenschaum darauf verteilen und mit einem Zweiglein Petersilie garnieren.

Avocadoschaum auf Pumpernickel

2 Avocados
1 kleine Zwiebel
Salz, weißer Pfeffer
4 EL Joghurt
1 Knoblauchzehe
4–5 EL Kaffeesahne
1 TL Limettensaft

Die Zwiebel und den Knoblauch fein hacken. Die Avocados halbieren. Das Fruchtfleisch mit einem Teelöffel entfernen. Zusammen mit allen restlichen Zutaten (außer dem Limettensaft) in einen Mixer geben und gut miteinander vermengen. Zum Schluß den Limettensaft hinzufügen und nochmals gut durchmixen.

Limetten (auch Limonen genannt) werden vor allem aus Brasilien, Mexiko oder Kalifornien importiert. Ihr Aroma ist feiner als das der Zitrone. Ich verwende sie vor allem zum Würzen von Gerichten mit delikatem Eigengeschmack, welcher von der etwas ausgeprägten Saure der Zitrone überdeckt werden könnte.

Nachdem Sie nun auch über Limetten informiert sind, verteilen Sie den Avocadoschaum auf Pumpernickelscheiben. Die offerieren Sie ihren Gästen entweder zum Aperitif oder als Amusegueule. Natürlich können Sie statt Pumpernickel auch Stangenweißbrot verwenden. Der trockene Sekt, den ich dazu einschenke, paßt zu beidem.

Vom Pumpernickel wird noch einmal die Rede sein. Am Ostermontag werden wir eine kleine Vorspeise aus Eiern vom Osternest auf einer Scheibe dieses dunklen und etwas süßlichen Roggenschrotbrotes anrichten (vgl. unten im Kapitel *Liturgische Speisezettel* das Rezept »Eier mit Paprikabutter«).

Avocadoschaum im Blätterteig

Für unseren Avocadoschaum gibt es noch ein paar andere Verwendungsmöglichkeiten. Wenn Sie ihn in Blätterteig verpacken und in den auf 220 Grad vorgeheizten Ofen schieben, haben Sie schon nach einer Viertelstunde eine herrlich duftende Vorspeise.

Vielleicht planen Sie gerade eine Fondue chinoise. Dann mischen Sie 2 EL frisch gehackten Basilikum oder Estragon und etwas steif geschlagene Sahne unter den Avocadoschaum und stellen ihn zu den Sößchen.

Die Küche als Bühne

Geschickte Köche und gewiefte Köchinnen besitzen nicht selten auch schauspielerisches Talent. Natürlich halten sich diese der Gastronomie verpflichteten Mimen an keinen vorgeschriebenen Text. Ihre Stärke ist die Selbstinszenierung. Ich gestehe freimütig, daß auch ich nicht völlig dagegen gefeit bin. Tatsächlich kommt es schon einmal vor, daß ich mich mit der Pfanne in der Hand nach dem Wohlergehen meiner Gäste erkundige, und zwar ausgerechnet in dem Augenblick, wo meine Rösti gewendet werden muß. Dann ziehe ich mit der Hand eine ruck- und blitzartige Schlinge, die etwas von mir weg, leicht nach oben und wieder zu mir hin führt, die Rösti hebt ab wie ein Omelett, fliegt zwanzig Zentimeter in die Höhe, wendet sich und wird im Fall von meiner Pfanne aufgefangen; Bewunderung und Beifall sind mir jedesmal sicher. Es ist dies vielleicht keine sehr einfallsreiche Art, sich in Szene zu setzen. Pfiffigere Akteure und raffiniertere Aktricen versuchen ihr Publikum weniger mit optischen als mit olfaktorischen Effekten zu betören, etwa indem sie die Küchentür eine knappe halbe Handbreit offen lassen, nachdem sie ein Käsesoufflé in den Ofen geschoben haben. Schon allein der ausströmende Duft wird die Zuschmecker und Zuschmeckerinnen (der Begriff »Zuschauer« wäre hier fehl am Platz) zu Beifallsbekundungen verleiten. Ein solches Spektakel, das fast ausschließlich durch die Nase wahrgenommen wird, aktiviert naturgemäß die Vorstellungskraft des Publikums, vor dessen inneren Augen dann plötzlich Szenen erstehen, wie sie keine Köchin und schon gar kein Koch auf ihrer Bühne zustande brächten.

Wer denkt, derartige Überlegungen seien aus der blauen Luft gegriffen, greife zu Theodor Storms *Jugenderinnerungen*, wo der Husumer Dichter und Novellist (er starb übrigens mit 71 Jahren, im gleichen Alter wie Gottfried Keller, dessen Zeitgenosse er war) eine Szene beschreibt, die er sein Lebtag lang nicht mehr vergessen konnte.

Eine Tür in derselben Wand ging in die gleichfalls große, nach dem Garten hinaussehende Küche, wo ich später oftmals staunend neben dem alten Herd stand und staunend zusah, wie Mödersch Marieken den in der Pfanne prasselnden Pfannkuchen plötzlich in die Höhe schleuderte, wie er in der Luft sich wandte und dann jedesmal genau mit der noch ungebackenen Seite wieder in die Pfanne klatschte. Ich höre noch das Lachen der Genugtuung, wenn ich der Alten meine Bewunderung über das Kunststück aussprach; und der nächste Pfannkuchen pflegte dann meist noch um einen Fuß höher zu fliegen.

Ob Sie es mir nun glauben oder nicht, genau das gleiche habe ich in meiner Kindheit in der Küche meiner Mutter erlebt, wenn sie ihre Pfannkuchen und ihre Rösti wendete. Inzwischen habe ich längst gelernt, diese Nummer selber aus- und (wenn Publikum vorhanden ist) aufzuführen. Die folgenden zwei Rezepte aber schreibe ich zu Ehren meiner Mutter auf, die mir nicht nur die Liebe zum Kochen, sondern auch einen heimlichen Hang zur Schauspielerei vererbt hat.

Pfannkuchen mit Camembert

4 Eier
5 EL Wasser
5 EL Milch
60 g Mehl
1 Prise Salz
70 g Camembert
30 g Butter

Die Eier mit dem Wasser, der Milch und dem Salz verquirlen. Den Camembert in kleinste Stücklein schneiden und zusammen mit dem Mehl darunterrühren. Den Teig eine halbe Stunde ruhen lassen. Die Pfannkuchen portionsweise in der heißen Butter backen.

Rösti

Dieses Schweizer Nationalgericht wird in fast so vielen Varianten zubereitet wie in Spanien die *Paella*. Heute entscheiden wir uns für eine Berner Rösti.

800 g Kartoffeln
1/2 TL Salz, wenig Pfeffer
120 g Speckwürfel
2–3 EL Bratbutter

Die Kartoffeln 20–25 Minuten in siedendem Wasser kochen, schälen, auskühlen lassen und mit der Röstiraffel reiben. Die Speckwürfel ohne Zugabe von Fett in der Bratpfanne anbraten. Herausnehmen. Die Bratbutter in derselben Pfanne erhitzen, die Kartoffeln, Salz und Pfeffer hineingeben, die Speckwürfel darüberstreuen, alles gut durchmischen und zu einem Kuchen formen. Bei mittlerer Hitze braten, bis sich nach etwa 15 Minuten auf der Unterseite eine goldbraune Kruste gebildet hat. Die Rösti (wenn es denn nicht anders geht!) mit Hilfe eines großen flachen Tellers wenden und weitere 10 Minuten braten.

Nun können Sie noch etwa 200–250 g Greyerzer, den Sie zuvor mit der Röstiraffel gerieben haben, auf der fertigen Rösti verteilen, die Pfanne zudecken und warten, bis der Käse geschmolzen ist. Das wäre dann aber bereits die Appenzeller Variante (zu der die in diesem Kanton Beheimateten natürlich keinen Greyerzer, sondern ihren Appenzeller Käse verwenden).

Dazu paßt Bier oder ein leichter Blauburgunder, eine Bratwurst und grüner Salat. Wenn es Ihnen zuviel wird, verzichten Sie auf die Serviette. Oder auf die Bratwurst.

Schweizer Käsesoufflé

Für den Fall, daß Sie sich (noch?) nicht zutrauen, die Pfannkuchen oder die Rösti bei offener Küchentür nach der von Theodor Storm beschriebenen Art zu wenden, haben Sie immer noch die Möglichkeit, das Schaustück durch ein Riechspiel zu ersetzen. Ein Schweizer Käsesoufflé ist dafür besonders geeignet.

60 g Butter
60 g Mehl
375 ml Milch
wenig Salz, Pfeffer, Muskat
6 Eier
60 g geriebener Greyerzer
60 g geriebener Emmentaler

50 g Butter in der Pfanne schmelzen, das Mehl und anschließend die Milch dazugeben und mit dem Schneebesen gut verrühren, damit sich keine Knöllchen bilden. Die Gewürze darunter- und die Masse glattrühren und anschließend auskühlen. Das Eigelb und den geriebenen Käse einrühren. Das Eiweiß steif schlagen und vorsichtig unterheben. Mit der restlichen Butter eine große Souffléform ausreiben, die Masse einfüllen und in dem auf 150 Grad vorgeheizten Ofen 15 Minuten backen. Dann den Rand des Soufflés mit einem Messer mehrmals einritzen, damit er beim Weiterbacken nicht einreißt. Nun die Hitze auf 200 Grad erhöhen und das Soufflé eine weitere Viertelstunde backen. Wenn die Nadelprobe positiv ausfällt, sollten Sie das Soufflé *sofort* servieren.

Und das Wichtigste: Vergessen Sie nicht, die Küchentür nach der ersten Viertelstunde eine knappe Handbreit zu öffnen. Sie wollten Ihren Gästen ja schon vor dem Essen etwas bieten.

Nietzsches Schinkenepisteln

»Nun bin ich wieder im Oberengadin und wieder fühle ich, daß hier und nirgends anderswo meine rechte Heimat und Brutstätte ist.« So Friedrich Nietzsche am 28. Juni 1884 in einem Brief an Carl von Gerstorf. Es war sein dritter Aufenthalt in Sils Maria (die Rätoromanen sagen Segl Maria).

In den Jahren 1881 und 1883–1888 verbrachte der sprachgewaltige Denker und leidenschaftliche Religionskritiker die Sommermonate regelmäßig in jenem bezaubernden Flecken im Engadin. Daran erinnert heute nicht nur sein ehemaliges Urlaubsdomizil, das jetzt Museum und Arbeits- und Gedenkstätte in einem ist, sondern auch der Nietzschestein auf der Halbinsel im Silsersee mit Versen aus dem *Zarathustra*:

Oh Mensch! Gieb Acht!
Was spricht die tiefe Mitternacht?
»Ich schlief, ich schlief –,
»Aus tiefem Traum bin ich erwacht: –
»Die Welt ist tief
»Und tiefer als der Tag gedacht.
»Tief ist ihr Weh –,
»Lust – tiefer noch als Herzeleid:
»Weh spricht: Vergeh!
»Doch alle Lust will Ewigkeit –,
»Will tiefe, tiefe Ewigkeit...«

1888 weilt Nietzsche zum achten und letzten Mal an dem geliebten Ort. Heute wie damals schätzen die Fremden nicht bloß den paradiesischen Anblick der Natur, sondern auch, was die Einheimischen ihr abgewinnen: Kräuter und Kastanien und Käse ebenso wie Bündner Fleisch und luftgetrocknete Würste, ferner einheimisches Nußbrot und Engadiner Nußtorte, nicht zu vergessen die weltberühmten Silserkugeln, die ihren Ursprung der Schweizer Schokoladenindustrie und einer lokalen Sage verdanken; über beides informieren Sie sich am besten vor Ort. Dort können Sie dann gleichzeitig von all den obgenannten Spezialitäten kosten und natürlich auch von einem hervorragenden Schinken, den man Ihnen in den Gaststätten und Geschäften vielleicht doch etwas überteuert verkauft.

Der Engadiner Schinken allerdings ist Nietzsche mit der Zeit verleidet. Davon zeugt eine ganze Reihe von Briefen, die er anläßlich seines letzten Aufenthalts im Sommer 1888 von Sils Maria an seine Mutter in Naumburg schickte.

Nun möchte ich dies Jahr gleich von Anfang an da oben vernünftig sein und nicht erst wieder alle möglichen törichten Versuche machen. Damit will ich sagen, daß ich Dich bitte, meine liebe Mutter, mir von jenem delikaten Schinken, der das letzte Jahr so sehr den Beifall Deines Sohnes hatte, umgehend *ein gutes Quantum zuzusenden (Wie nennt ihr ihn? Lachsschinken? Weißt Du, ganz zart und ohne Fett).*

Am 10. Juni bestätigt Nietzsche den Empfang. Aber bereits sechs Tage später macht er eine Rechnung auf: *Da mein Sommer die Länge von 4 Monaten hat, so brauche ich mindestens noch 12 Pfund Lachsschinken. Es handelt sich um meine ganze Abendmahlzeit für 4 Monate.* Neun Tage später kann er aufatmen: *Der Schinken sieht äußerst delikat und stattlich aus. Ich blicke mit neuem Vertrauen in die Zukunft.* Am 7. Juli vertraut er dem Postboten erneut seine Sorgen an: *Der Schinken, der mir so gut getan hat, geht nun seinem Ende entgegen, so daß Deine Güte wieder in Anspruch genommen werden muß...* Der

Empfang wird am 17. Juli bestätigt. Im selben Brief teilt Nietzsche seiner Mutter mit, daß ihm die Annonce eines Zürcher Geschäfts in die Hand geraten sei, welches »Thüringer Milchschinkli« vertreibe – *sollte das nicht unsere Art von Schinken sein?* Es war wohl eine Fehlanzeige. Denn schon nach zehn Tagen, Mama hat offenbar schnell auf den Hilferuf ihres Sohnes reagiert, schreibt dieser: *Der Schinken ist gar nicht so ausgefallen, wie Du gewünscht hast. Der Mann hat trotz Deiner Aufforderungen, das Salz zu schonen, ihn abscheulich versalzen. Ich muß 6 Mal des Nachts Wasser trinken, seit ich diesen Schinken esse. Dabei fällt mir das Wort »Milchschinkli« ein, es ist die reine Ironie auf diese versalzene Sache.* Am 2. August treffen neue Schinken ein, am 13. ist der erste verfuttert, und die Verlustängste nehmen erneut überhand, am 22. kommt Nachschub, *der noch delikater schmeckt*, am 30. schließlich, kurz vor Sommerende, erfolgt ein letzter zaghafter Hilferuf: *Eine kleine Sendung wird noch nötig sein.* Dann zieht es Nietzsche über den Maloja nach Turin, wo das Essen ihm schmeckt, während sein Geist sich immer mehr verdunkelt.

Schinken mit Feigen, Melone oder Kiwi

Es ist anzunehmen, daß Nietzsche in Turin im September noch Melonen mit Rohschinken vorgesetzt bekam, jene klassische Vorspeise, die wir immer noch schätzen. Aber längst nicht alle wissen, daß die Melone erst gekühlt und mit etwas schwarzem Pfeffer *aus der Mühle* bestreut (gilt auch für Erdbeeren!) ihr volles Aroma entfaltet.Auch frische Feigen harmonieren aufs wunderbarste mit rohem Schinken (Parmaschinken; San Daniele). Gut ausgereifte Feigen sollte man nicht schälen, sondern nur kurz waschen.

Zum Schluß möchte ich noch auf eine Variante hinweisen, die Nietzsche und seine Zeitgenossen nicht kannten: Rohschinken mit leicht gepfefferten Kiwischeiben. Und noch etwas: *Verwenden Sie wenn immer möglich chinesischen Szechuan-Pfeffer aus der Mühle!* Sie werden sehen (oder schmecken), es lohnt sich.

Der Gusto des Schriftstellers und der Geschmack des Abbé

Man kennt ihn seit über 3000 Jahren. Die Ägypter opferten ihn den Göttern und nahmen ihn gleich bündelweise mit ins Grab. In den Kochbüchern der Römer figurierte er unter den Delikatessen. Im antiken Griechenland trug man ihn als Amulett zur Verhinderung von Schwangerschaften.

Die Rede ist vom Spargel. Archäologen stießen auf seine Überreste in der Stufenpyramide von Sakkra bei Memphis, die für die Pharaonen der 5. und 6. Dynastie (2470–2160 v. Chr.) gebaut wurde. Bei Ausgrabungen der am 24. August im Jahre 79 n. Chr. bei einem Ausbruch des Vesuvs verschütteten Stadt Pompeji entdeckte man ihn auf Wandgemälden. Die Römer waren es denn auch, welche den Spargel zu den Barbaren nach Germanien und Gallien brachten. Die aber lagen damals noch auf ihren Bärenfellen und vermochten dem neuen Gemüse nichts abzugewinnen.

In Europa erfuhr der Spargel die ihm gebührende Wertschätzung erst wieder im 16. Jahrhundert, als die Palastdamen und Hofschranzen des Königs von Frankreich allmählich auf den Geschmack kamen. In der Folge wurde der Spargel nicht nur an den französischen Fürstenhöfen, sondern auch in den dortigen Klöstern sehr beliebt, von wo aus er dann fast den ganzen Kontinent eroberte.

In Deutschland scheint der Spargel 1568 zum ersten Mal angebaut worden zu sein, und zwar von Johann Casimir, dem Leibarzt des Pfalzgrafen bei Rhein, der Setzlinge aus Frankreich nach Stuttgart mitgebracht hatte.

Daß die Mär, nach welcher das königliche Gemüse der Manneskraft besonders förderlich sein soll, aus dem seit jeher etwas lasziven Frankreich stammt, ist eine unbeweisbare Vermutung. Fest steht hingegen, daß die eindeutige Gestalt des Spargels immer wieder Anlaß zu zweideutigen Witzen war.

Nach unserem heutigen Kenntnisstand kam Jean de la Quintinie, ein Zeitgenosse Ludwigs XIV., als erster auf den Gedanken, den Spargel in aufgeschüttetem Erdreich zu ziehen.

Ein Franzose war es auch, welcher ausgerechnet im Hinblick auf den Spargel bewies, daß kulinarischer Feinsinn und pragmatisches Denken einander keineswegs ausschließen müssen. Eines Abends nämlich erhielt der Schriftsteller und Philosoph Bernard Bovier de Fontenelle (er verstarb 1757 in Paris, wenige Tage vor seinem hundertsten Geburtstag) unerwartet Besuch von einem gewissen Abbé Terrasson. Da gerade ein Spargelessen anstand, war Fontenelle wohl oder übel gezwungen, den Besucher zu diesem Mahl einzuladen. Seinem Diener befahl er, die eine Hälfte des Spargels nach seinem eigenen Geschmack mit Essig und Öl zuzubereiten, die andere jedoch an einer vom Abbé geschätzten weißen Soße anzurichten. Unglücklicherweise wurde der Abbé kurz vor dem Essen von einem Schlaganfall getroffen. Worauf Fontenelle schnurstracks in die Küche rannte und schon von weitem schrie: »Den ganzen Spargel mit Essig und Öl!«

Zumindest teilweise hat der Geist des Abbé nachträglich doch noch über den Geschmack des berühmten Schriftstellers triumphiert. Noch heutzutage nämlich kennt man den *Spargel à la Fontenelle*. Aber der wird nun gerade nicht mit Essig und Öl zubereitet, sondern mit einem weichgekochten Ei und geschmolzener Butter serviert.

Spargel-Feuilletés mit Morcheln

Auch wir haben heute unangemeldeten Besuch, und nun müssen die 16 abgezählten Spargelstangen, auf die wir uns schon den ganzen Tag über gefreut haben und (es ist die Stunde der Wahrheit, und wir schämen uns ihrer nicht) die wir eigentlich ganz allein verzehren wollten, für vier Personen reichen. Zum

Glück haben wir bereits eine Handvoll Morcheln eingeweicht, die waren zwar erst für morgen gedacht, aber jetzt kommen sie uns zupaß. Während die Gäste im Garten an einem trockenen Sherry nippen, bereiten wir ihnen unsere Spargel-Feuilletés mit Morcheln zu, ein Vorspeislein, von dem noch ihre Nachkommen schwärmen werden bis in die dritte und vierte Generation. Das Nötige dazu haben wir in Reichweite, nämlich:

16 eher dünne (grüne und/oder weiße) Spargeln
Salz
1 gestrichener TL Zucker
15 g getrocknete Morcheln
15 g Butter
1 1/2 EL Mehl
100 ml Morchel-Einweichwasser
100 ml Portwein
100 ml Kaffeesahne
1 Brühwürfel
weißer Pfeffer
300 g Blätterteig, rechteckig ausgewellt
1 Eigelb
2 EL Milch oder etwas Eiweiß

Die Morcheln für etwa drei Stunden in lauwarmes Wasser legen. Den weißen Spargel schälen (beim grünen ist das allenfalls gerade am unteren Ende nötig) und im Salzwasser unter Zugabe von 1 TL Zucker kochen. Abkühlen lassen. Die Morcheln gründlich waschen; die größeren in Stücke schneiden. Das Wasser filtern und die Pilze während 20 Minuten darin kochen. Absieben und von dem Wasser etwa 100 ml aufheben.

Die Butter in einem Topf erhitzen und das Mehl darin anrösten, bis es eine goldgelbe Farbe annimmt. Mit dem Schneebesen das zurückbehaltene Morchelwasser, die Kaffeesahne und den Portwein (als Ersatz eignen sich Sherry, Madeira oder Cognac) darunterrühren. Den zerbröselten Brühwürfel, etwas Pfeffer und anschließend die Morcheln hinzufügen und die Soße eine Viertelstunde sanft köcheln. Gegebenenfalls mit etwas Salz abschmecken und auskühlen lassen.

Den ausgewellten Blätterteig in 4 Rechtecke schneiden. Je 4 Spargeln darauflegen und mit der kalten Soße bestreichen. Die Teigränder der Länge nach auf der einen Innenseite mit etwas Milch oder Eiweiß bestreichen, zu einem Päckchen zusammenrollen. Die Seitenränder nicht verschließen, sondern bloß leicht andrücken. Die Päckchen mit dem Verschluß nach unten auf ein Backblech legen, die Oberseite mit Teigresten verzieren und mit Eigelb bestreichen. Das Blech für gut zwanzig Minuten in die Mitte des auf 200 Grad vorgeheizten Backofens schieben. Von der Soße bleibt möglicherweise etwas übrig. Aufwärmen und einen Soßenspiegel auf die Teller geben und die mit Spargeln und Morcheln gefüllten Blätterteigrollen daraufsetzen.

Wahrscheinlich, meine lieben Leserinnen und Leser, wüßten Sie nur zu gerne, wie ich den Spargel gegessen hätte, wenn kein Besuch erschienen wäre. Ja, wie wohl? Weder nach der Art von Monsieur Fontenelle noch nach der

Manier des hochwürdigen Herrn Abbé. Sondern gekocht und mit ganz wenig flüssiger Butter übergossen. Ohne Schinken, ohne Kartoffeln, ohne nichts. Das heißt, ein Gläschen spritzigen trockenen Domherrenwein aus dem schweizerischen Wallis hätte ich schon dazu getrunken. Damit die geistliche Komponente nicht gänzlich fehle.

Komponist und Koch

Von Gioacchino Rossini (1792–1868) gibt es eine ganze Menge Anekdoten. Eine davon behauptet, daß der Maestro in seinem Leben nur dreimal geweint habe, nämlich als bei der Uraufführung sein *Barbier von Sevilla* ausgepfiffen wurde, das zweite Mal, als er eine Arie seines Landsmanns Carafa hörte, und schließlich, als er während einer Bootsfahrt den Flügel eines getrüffelten Huhns in den Comer See fallen ließ.

Für Rossini waren gastronomische Erlebnisse wichtiger als die musikalische Kunst. Wurst und Nudeln ließ er sich aus seiner italienischen Heimat bis nach Paris nachschicken, wo er ab 1823 für zwei Jahre die Italienische Oper leitete. Später kaufte er sich für die Pastaherstellung eine eigene kleine Maschine.

Die Enttäuschung über den Mißerfolg des *Barbiere* hielt nicht lange an. Schon bei der zweiten Vorstellung schlug die Verstimmung in Enthusiasmus um. Mit Begeisterungsstürmen reagierte das Publikum auch, als 1829 Rossinis letzte große Oper, *Wilhelm Tell*, uraufgeführt wurde. Drei Jahre später, 1832, schrieb der Maestro sein letztes größeres Werk, ein *Stabat Mater* (das er 1841 umarbeitete). Dann hatte er endgültig genug vom Komponieren und dachte bloß noch ans Kochen.

Wer Rossinis Musik nicht goutiert, kann sein Harmoniebedürfnis möglicherweise an den von ihm kreierten Tournedos stillen. In diesem erlesenen Gericht verbinden sich zartes Rindfleisch, delikate Gänseleber und köstliche Trüffeln zu einem vollkommenen Dreiklang.

Tournedos à la Rossini

4 etwa 3 cm dicke Tournedos
Olivenöl
schwarzer Pfeffer, Salz
Butter
4 Scheiben Toastbrot
4 Scheiben Gänseleber
1 Trüffel, gehobelt

Die aus dem dünneren Teil des Filetkerns vom Rind quer zur Faser geschnittenen Tournedos mit der Hand klopfen, mit Öl bestreichen und mit Pfeffer bestreuen. In einer Bratpfanne etwas Öl und 30 g Butter stark erhitzen und die Tournedos auf jeder Seite 1 Minute anbraten. Salzen, die Hitze reduzieren und das Fleisch unter zweimaligem Wenden noch 3–5 Minuten weiterbraten (je nachdem, ob Sie sie *bleu*, *saignant*, *à point*, *cuit* oder *bien cuit* mögen). Salzen und warm stellen.

Das Toastbrot in etwas Butter rösten. Die Scheiben auf eine vorgewärmte Platte geben. Die Fleischstücke darauflegen und mit einer Scheibe Gänseleber und dem gehobelten Trüffel garnieren.

Was Friedrich Dürrenmatt anrichtete

Während es in Dostojewskis Romanen von Hungerleidern geradezu wimmelt (*Arme Leute*, *Erniedrigte und Beleidigte*, *Verbrechen und Strafe*...), manifestieren die Protagonisten bei Friedrich Dürrenmatt eine Freßlust, die ihresgleichen sucht. Fast hat es den Anschein, daß der Schweizer Schriftsteller sich einen Spaß daraus macht, seine Leserschaft einem ständigen Kampf zwischen Geist und Fleisch auszusetzen. Wie kann man bei der Lektüre seine Gedanken auch nur halbwegs beieinanderhalten, wenn einem der Duft der geschilderten Speisenfolgen ständig um die Nase zieht?!

Schon in seinem ersten Theaterstück, *Die Wiedertäufer* (später überarbeitet unter dem Titel *Es steht geschrieben*), tritt gleich zu Beginn ein religiöser Fanatiker auf, von dem ein »durchdringender Zwiebelgeruch« ausgeht. Und ebenfalls schon am Anfang berichtet Johann Bockelson, ein Pseudoprophet und Scharlatan, der von sich behauptet, der Erzengel Gabriel habe ihn in das aufrührerische Täufernest Münster befördert, von einer Freßorgie, die er wider Erwarten heil überstanden hat. Einsiedlerkrebse und Hecht, Froschschenkel und Schwalbeneier, Schweinebauch und Kaviar, Blutwurst und Trüffel und Morcheln und Kaiserpilz hat er verspeist, Biersuppe mit Leberklößchen und Kalbsbries und eine Rehkeule und einen gespickten Hasen verschlungen, Spargelspitzen und Erdbeeren verputzt und dazu nicht nur Burgunder, sondern auch jede Menge Schnäpse in sich hineingeschüttet... Läuft einem zunächst das Wasser im Munde zusammen, so dreht sich einem am Schluß der Magen um. Als Dürrenmatt dieses Stück veröffentlichte, war er in einem Alter, in dem Männer genau darauf achten, wieviel auf dem Teller liegt, und sich dafür weniger Gedanken machen, ob die einzelnen Gänge in der richtigen Reihenfolge aufgetragen werden.

Das gilt auch für ein anderes Frühwerk des Berner Schriftstellers, den Kriminalroman *Der Richter und sein Henker*. Bevor Kommissar Bärlach dem Mörder Tschanz mitteilt, daß er ihn überführt hat, lädt er ihn zu einem Essen.

»Nimm Platz, Tschanz«, rief der Alte seinem Gast entgegen und wies auf einen zweiten Lehnstuhl, der an den Tisch gerückt war. Tschanz setzte sich betäubt.

Bärlach klatschte in die Hände. Die Tür öffnete sich, und eine stattliche rundliche Frau brachte eine Platte, die bis zum Rande überhäuft war mit Sardinen, Krebsen, Salaten von Gurken, Tomaten, Erbsen, besetzt mit Bergen von Mayonnaise und Eiern, dazwischen kalter Aufschnitt, Hühnerfleisch und Lachs. Der Alte nahm von allem. Tschanz, der sah, was für eine Riesenportion der Magenkranke aufschichtete, ließ sich in seiner Verwunderung nur etwas Kartoffelsalat geben.

»Was wollen wir trinken?« sagte Bärlach, »Ligerzer?«

»Gut, Ligerzer«, antwortete Tschanz wie träumend. Das Dienstmädchen kam und schenkte ein. Bärlach fing an zu essen, nahm dazu Brot, verschlang den Lachs, die Sardinen, das Fleisch der roten Krebse, den Aufschnitt, die Salate, die Mayonnaise und den kalten Braten, klatschte in die Hände, verlangte noch einmal. Tschanz, wie starr, war noch nicht mit seinem Kartoffelsalat fertig. Bärlach ließ sich das Glas zum dritten Male füllen.

»Nun die Pasteten und den roten Neuenburger«, rief er. Die Teller wurden gewechselt, Bärlach ließ sich drei Pasteten auf den Teller legen, gefüllt mit Gänseleber, Schweinefleisch und Trüffeln.

»Sie sind doch krank, Kommissär«, sagte Tschanz endlich zögernd.

»Heute nicht, Tschanz, heute nicht. Ich feiere, daß ich Schmieds Mörder endlich gestellt habe.«

Er trank das zweite Glas Roten aus und fing die dritte Pastete an, pausenlos essend, gierig die Speisen dieser Welt in sich hineinschlingend, zwischen den Kiefern zermalmend, ein Dämon, der einen unendlichen Hunger stillte. Dann ließ er sich Kalbskoteletten, Reis, Pommes frites und grünen Salat bringen, dazu Champagner. Tschanz zitterte.

»Sie verstellen sich«, keuchte er, »Sie sind nicht krank.«

»Ja, Tschanz«, sagte Bärlach endlich, und seine Augen funkelten wild, »ich habe mich verstellt. Ich war nie krank«, und er schob sich ein Stück Kalbfleisch in den Mund, aß weiter, unaufhörlich, unersättlich.

Da begriff Tschanz, daß er in eine heimtückische Falle geraten war, deren Türe nun hinter ihm ins Schloß schnappte.

In der Komödie *Die Physiker* geht es etwas kultivierter zu; aber wie schafft man es als Zuschauerin oder als Zuschauer, die Insassen des Irrenhauses *nicht* zu beneiden, wenn sie innerhalb weniger Minuten eine Leberknödelsuppe, ein Poulet à la broche *und* ein Cordon bleu vorgesetzt bekommen?

Und dann die Erzählung *Die Panne*! Sie handelt von einem Generalvertreter in der Textilbranche, dessen Wagen aus unerklärlichen Gründen plötzlich streikt. Weil die Gasthöfe im Dorf belegt sind, verweist man ihn an eine Villa, die hin und wieder Gäste beherbergt. Dort veranstaltet der Hausherr, ein pensionierter Richter, einen Herrenabend mit alten Freunden. Eingeladen sind ein ehemaliger Staatsanwalt, ein Verteidiger im Rentenalter und ein alter Henker. Wenn zufällig andere Gäste anwesend sind, amüsieren sich die vier Alten damit, ihnen den Prozeß zu machen, was, wie sich zeigen wird, für unseren Generalvertreter höchst unerquickliche Folgen hat. Die ungemein spannende (und gleichzeitig überaus gehaltvolle) Handlung wollen wir hier nicht nacherzählen, zumal sich während der Lektüre der Verdacht einstellt, daß es Dürrenmatt auch darum geht, die Aufmerksamkeit seiner Leserschaft zu testen. Sind sie eigentlich an seiner Geschichte interessiert, oder starren sie nur gierig auf die Tafel? Denn beachtenswert ist nicht nur die Erzählung als solche, sondern auch, was im Verlauf dieses Herrenabends aufgetragen und verschlungen wird, und zwar in dieser Reihenfolge:

Aufschnitt, russische Eier, Schnecken, Schildkrötensuppe, Brot. Ein spritziger Neuchâteller. Forelle. Kalbsnierenbraten, dazu ein Bordeaux (Pichon-Longueville 1933). Anschließend Hähnchen, zu dem die Herren einen Château Pavie, Jahrgang 1921, kosten. Auf der Käseplatte finden sich Camembert, Brie, Emmentaler, Gruyère, Tête de Moine, Vacherin, Limburger und Gorgonzola; im Körbchen duftet Weißbrot. Zu diesem Nachtisch entkorkt der Richter vorsichtig und umständlich eine verstaubte Flasche Château Margaux (1914). Vorher wurden wohl noch ein oder zwei andere Gänge dazwischengeschaltet; jedenfalls heißt es irgendwann, daß die Weste des mittlerweile stockbesoffenen Staatsanwalts nicht nur mit Wein, sondern auch mit Salat und Tomatensoße bekleckert ist. Zum Kaffee gestatten sich die greisen Juristen ein paar Gläser Cognac (Roffignac, 1893). Den Abschluß des Gelages bildet, zwingend, der Champagner.

Wie man sieht, hat Dürrenmatt da einiges angerichtet. Vom Lesen allein aber wird man bekanntlich nicht satt! Die Frage ist daher: Was essen *wir*?

Ich kann mir gut vorstellen, daß wir bei der Pastete zulangen, von der Kommissar Bärlach gleich drei Stück verschlingt. Woraus sie sich zusammensetzt, verrät Dürrenmatt nicht. Deshalb scheint es mir angebracht, von meiner dichterischen Freiheit Gebrauch zu machen und mich für eine veritable Kalbsleberpastete zu entscheiden, wie man sie gelegentlich bei Kalten Buffets vorfindet. Daß ihre Zubereitung einigen Aufwand erfordert, nehme ich gern in Kauf.

Kalbsleberpastete

450 g Kalbsleber
1 kleine Karotte
2 große Zwiebeln
3 EL Öl
120 g Butter
1 TL gehackte Petersilie
1 TL gehackter Schnittlauch
Salz, Szechuan-Pfeffer, Muskat

Die Leber und das Gemüse in kleine Stücke schneiden. Die Leber im Öl anbraten und beiseite stellen. Die Zwiebel und die Möhre in wenig Butter weich dünsten und zusammen mit der Petersilie und dem Schnittlauch unter die Leber mischen. Die Masse durch die feinste Scheibe des Fleischwolfs drehen. Die Gewürze und die restliche Butter unterrühren und alles nochmals durch den Fleischwolf drehen. Die Masse in eine Form füllen und diese für etwa 8–10

Stunden in den Kühlschrank stellen. Die Pastete vor dem Servieren auf eine Platte stürzen und mit einem Petersiliensträußchen oder einem Zweig Basilikum garnieren.

Von einem, der lieber große als kleine Fische ißt

Kaum ein Kritiker findet es der Mühe wert, einmal darauf hinzuweisen, welch eminente Stellung die gehobene Literatur dem Thema Essen einräumt. In seiner Meistererzählung *Das Leichenmahl* gelingt dem Schweizer Schriftsteller Hugo Lötscher ein überzeugender Brückenschlag zwischen Kunst und Küche, wenn er angehenden Schriftstellern rät: »Sie sollten zuerst Kochrezepte verfassen; da lernt man, nichts Wichtiges zu vergessen und nichts Überflüssiges zu notieren; so zu schreiben, daß man nichts kürzen kann, oder können Sie sich vorstellen, daß man bei einem Rezept die letzte Zeile streicht?« Kochrezepte präsentierte seinerzeit Johannes Mario Simmel in seinem Roman *Es muß nicht immer Kaviar sein*, weswegen ihn die Herren Rezensenten lange Zeit nicht mehr allzu ernst nahmen (seit Geistesmenschen wieder offen zu ihren Gaumengelüsten stehen dürfen, hat sich das etwas geändert).

Die liebevolle oder auch ironische Beschreibung von Mahlzeiten oder Eßgewohnheiten hat in der deutschsprachigen Literatur Tradition. Ausführlich berichtet Grimmelshausen im *Simplicissimus* von der »Essensspeis des Simplicius« beim Einsiedel im abgelegenen Wald. Heinrich Heine räsoniert in seinen nicht ganz ernstzunehmenden *Memoiren des Herren von Schnabelewopski* nicht nur über die besondere Weiblichkeit, sondern auch über die spezielle Küche einzelner Länder. Von England zieht er nach Frankreich, wagt sich von dort nach Italien vor, sieht sich in Deutschland um und landet schließlich in Holland:

Was die dortige Küche betrifft, so unterscheidet sie sich von der deutschen, erstens durch die Reinlichkeit, zweitens durch die eigentliche Leckerei. Besonders ist die Zubereitung der Fische unbeschreibbar liebenswürdig. Rührend inniger und doch zugleich tiefsinnlicher Sellerieduft. Selbstbewußte Naivität und Knoblauch. Tadelhaft ist es jedoch, daß sie Unterhosen von Flanell tragen; nicht die Fische, sondern die schönen Töchter des meerumspülten Hollands...

Oder denken Sie an Matthias Claudius! Zeitlebens ein bißchen verträumt, wird diese Seele von Dichter ganz besonders sensibel, wenn es nach Küchendüften riecht. Dabei denkt Claudius nie an Exquisites oder Elitäres, sondern bleibt stets erdgebunden. Er rühmt das Hamburger

Rauchfleisch (wovon er am 19. Oktober 1781 Johann Gottfried Herder ein großes Stück zukommen läßt), im Winter sehnt er sich nach Bratäpfeln, und einmal zur Erntezeit stimmt er – *Pataten hin, Pataten her* – ein *Kartoffellied* an:

Schön rötlich die Kartoffeln sind
Und weiß wie Alabaster;
Sie däun sich lieblich und geschwind
Und sind für Mann und Frau und Kind
Ein rechtes Magenpflaster.

Oder Theodor Fontane. Seitenlang schwärmt er in *Frau Jenny Treibel* über die »Oderbruchkrebse aus der Küstriner Gegend«, während er im *Stechlin* den Sprung von der rauchenden Geflügelküche in die heiteren Gefilde der Metaphysik problemlos schafft.

Wer während der Lektüre eines literarischen Textes die Küchengeräusche *hören* möchte, sollte sich Günter Grass' Roman *Der Butt* besorgen; da zischt es aus Tiegeln, dampft aus Pfannen, blubbert in Töpfen, und vorgesetzt bekommen wir – ich werde mich hüten, Einzelheiten preiszugeben.

Thomas Mann wiederum gewährt uns Einblick in die großbürgerliche Küche. Nicht einmal dem detailfreudigen Theodor Fontane ist eine Schilderung gelungen, wie sie der Lübecker Nobelpreisträger in dem Roman *Lotte in Weimar* vorlegt, als der schon etwas ältliche, seit kurzem verwitwete Herr Geheimrat Goethe nach fast einem halben Jahrhundert seine Jugendgeliebte Charlotte Kestner wiedersieht, bei einem Essen, versteht sich. Was die beiden sich zu erzählen haben, können Sie selber nachlesen. Was aufgetragen wird, kann ich Ihnen gleich verraten: Suppe mit Markklößchen *(treu bereitet)*, überbackenes Fisch-Ragout mit Pilzen in Muscheln *(ausnehmend schmackhaft)*, Rheinwein, Filet *(mit Gemüsen reich garniert)*, Bordeaux, Himbeer-Creme *(sehr duftig, mit Schlagrahm geschmückt, nebst Löffelbisquits als Zugabe)*, Champagner *(Goethe, der schon den vorigen Weinen ausgiebig zugesprochen hatte, trank, wie im Durst, zwei Spitzkelche davon)*, Compott, Obst, Kaffee, Confect, Tragantkringeln, Zuckerplätzchen, Rosinen, Südwein *(namens Tinto rosso)*.

Lotte in Weimar erschien 1939. Aber schon in den *Buddenbrooks*, die 1901 veröffentlicht wurden, schildert Thomas Mann mit geradezu wollüstiger Detailversessenheit Speisefolge um Speisefolge. Beinahe gewinnt man den Eindruck, die einzelnen Mahlzeiten machten das Gerüst des Romans aus. Ich selber habe mir geschworen, dieses Werk schon allein deshalb kein drittes Mal mehr zu lesen, weil die mich während der Lektüre anfallende Eßlust schlechthin größer ist als mein gastrisches Fassungsvermögen. Weit über dreihundert Speisen und Gerichte erwähnt der Lübecker Nobelpreisträger in seiner Familienchronik, angefangen vom Frühstücksbrei und Karpfen blau und in Rotwein pochiertem Lachs über den Krustenschinken, gefüllte Pute und gebratene Tauben bis hin zu den Baisers, den Pfefferkuchen und dem sagenhaften Plettenpudding: *Nun kam, in zwei großen Kristallschüsseln, der Plettenpudding, ein schichtweises Gemisch aus Makronen, Himbeeren, Bisquits und Eiscrème.*

Erinnern Sie sich an die Szene, wo die Konsulin Tony einem schwäbischen Geistlichen, der ihre Familie mit seiner sabbernden Frömmigkeit ärgert, auf dem Umweg über den Eßtisch eine Lektion erteilt? Nein?

Eines Tages, als eben ein fremder Prediger, dessen Appetit die allgemeine Freude erregte, im Hause zu Gast war, ordnete sie heimtückisch Specksuppe an, das städtische Spezialgericht, eine mit säuerlichem Kraut bereitete Bouillon, in die man das ganze Mittagsmahl: Schinken, Kartoffeln, saure Pflaumen, Backbirnen, Blumenkohl, Erbsen, Bohnen, Rüben und andere Dinge mitsamt der Fruchtsauce hineinrührte, und die niemand auf der Welt genießen konnte, der nicht von Kindesbeinen daran gewöhnt war. »Schmeckt es? Schmeckt es, Herr Pastor?« fragte Tony beständig. »Nein? O Gott, wer hätte das gedacht.«

Und scheinheilig, als wolle sie den Unglücklichen trösten, fügt sie hinzu: »Es gibt noch ein kleines Après: *Armeritter* mit Apfel-Gelee.«

Natürlich ist das Essen keineswegs nur ein Thema der gehobenen Literatur. Auch in Schwankgeschichten dreht sich nicht immer alles nur um das andere, sondern oft auch um das eine. Ein schönes Beispiel dafür ist die Episode *Von einem der lieber groß als kleine Fisch ißt*, die Otho Melander und Joco Seria in ihre 1618 in Darmstadt veröffentlichte Sammlung *Das ist Schimpff und Ernst* aufgenommen haben.

Es kam ein guter Gesell in ein Wirtshaus an Tisch, da viel Herren saßen, und es kam unter andern ein köstliches Fisch-Essen und wurden die kleinsten und unachtbarlichsten Fisch für den Gesellen gekehret, da nahm er der kleinsten Fisch einen und tat ihn, als ob er etwas mit ihm redete, hielt ihn zu dem rechten Ohr, als wollt er hören, was ihm der Fisch sagete. Die Herren sahen ihn an und lachten. Einer unter ihnen sprach: »Lieber Freund, was meinet ihr mit dem Fisch, daß ihr ihn also zu den Ohren haltet?« Der gute Gesell stellte sich, als ob er es nicht gern sagte, und sprach: »Meine Herren, ich habe etwas mit ihm zu reden gehabt, lasset euch das nicht irren!«

Die Herren baten ihn, er sollt's doch sagen. Er sagt: »Liebe Herren, mein Vater ist vor etlichen Jahren nit weit von hinnen ertrunken. So hab ich den Fisch gefraget, ob er ihn nicht gesehen hab. So gibt er mir zur Antwort, er sei noch jung, ich soll seine Eltern fragen, die könnten mir Bescheid geben.«

Da lachten die Herren und legten zween großer Fisch auf seinen Teller, merkten wohl, daß es seine Meinung sei, daß er gern hätte von großen Fischen gessen, also, da sie gnug lachten, schenkten sie ihm das Mahl und ließen ihn davon ziehen.

Und wir wissen nun, was wir dem guten Gesellen vorsetzen, falls er eines Tages an unserer Haustür anklopfen sollte, nämlich eine kräftige Portion von unseren Fischfilets auf einem Gemüsebeet.

Fischfilets auf Gemüsebeet

800 g Fischfilets
(z.B. Seeteufel, Seezunge, Seelachs, Rotbarsch, Goldbutt, Flunder, Dorsch... oder gemischt)
1 Zitrone (Saft)
3 Tomaten
2 Zwiebeln
1 Fenchel
1 Zucchino
2 Karotten
3 EL Olivenöl
100 ml trockener Weißwein
1 EL provenzalische Kräutermischung
2 Brühwürfel
Salz, Pfeffer
wenig Butter

Die Tomaten schälen und vierteln, die Zwiebel in Ringe und den Fenchel, die Zucchini und die Karotten in mundgerechte Stücke schneiden. Das Öl in einem Topf erhitzen und das Gemüse, den Wein, die Kräuter und die Brühwürfel dazugeben. Die Mischung einige Minuten dünsten. Inzwischen die Fischfilets mit Zitronensaft säuern und beidseitig mit etwas Salz und Pfeffer bestreuen.

Das vorgedünstete Gemüse in eine ausgebutterte Gratinform geben, die Fischfilets darauflegen und 20–25 Minuten in dem auf 200 Grad vorgeheizten Ofen garen. Dazu passen Salzkartoffeln oder Reis.

Plettenpudding

Auch wenn unser Geselle kein Zwiegespräch mit den Fischen geführt hat, kriegt er jetzt noch einen angemessen Schlag von jenem Plettenpudding, dessen Genuß zu Zeiten der Buddenbrooks den oberen Schichten vorbehalten war. Das Rezept für diese Kalorienbombe hat Sybil Gräfin Schönfeldt rekonstruiert (siehe Literaturverzeichnis).

4–6 Scheiben von einem Biskuitkuchen
1 Glas Sherry
1 Glas Himbeermarmelade
1 Packung tiefgekühlte Himbeeren
250 ml Milch
750 (3 x 250) ml Sahne
6 Eigelb
125 g Zucker
1 Beutel gemahlene oder
6 Blatt weiße Gelatine
1 EL Vanillezucker
Mandelmakrönchen

Den trockenen Kuchen in eine breite Schüssel brocken, mit dem Sherry tränken und zugedeckt ziehen lassen. Die Himbeermarmelade mit einer Gabel verrühren und auf die Biskuitbrocken streichen. Die Beeren (frisch oder tiefgekühlt) auf die Marmelade streuen. Zudecken.Die Milch, 250 ml Sahne, Zucker und Eigelb im Wasserbad zu einer dicklichen Creme rühren. Das kann schon eine halbe Stunde dauern. Die Creme mit der entsprechend der Gebrauchsanweisung aufgelösten Gelatine verrühren und erstarren lassen. 250 ml Sahne steif schlagen und den Vanillezucker unterrühren. Diese unter die Creme heben und die Himbeeren damit bedecken. Einige Stunden in den Kühlschrank stellen. Vor dem Auftragen die restlichen 250 ml Sahne steif schlagen und über die Eiercreme streichen und den Pudding mit einigen Mandelmakrönchen garnieren.

Es war einmal...

Nie hatte das kirchliche Lehramt etwas einzuwenden gegen die seit dem Mittelalter in der Verkündigung üblichen *exempla*, die sich früher vor allem beim einfachen Volk großer Beliebtheit erfreuten. Allein der Zisterzienser Caesarius von Heisterbach hat im 13. Jahrhundert ganze acht Bücher mit erbaulichen Beispielgeschichten gefüllt, die von Wundern und Visionen und allerlei Teufelsspuk handeln. Später dann, als immer mehr Leute den Wahrheitsgehalt dieser Stories anzuzweifeln wagten, setzte sich dafür die Bezeichnung ›Predigtmärlein‹ durch.

Als ich vor einiger Zeit an einer theologischen Fakultät ein Seminar über »Religiosität im Märchen« ausschrieb, war die Liste nach zwei Stunden komplett (numerus clausus!). Dabei hatte ich eigentlich mit spöttischen Bemerkungen seitens der Studierenden gerechnet. Sie hätten sogar das Erste Vatikanische Konzil auf ihrer Seite gehabt, welches unter Androhung der Exkommunikation davor warnte, die biblischen Wunderüberlieferungen mit irgendwelchen Mythen oder Märchen zu vergleichen.

Denn für Märchen und Mythen hatten die Glaubensverteidiger im Jahre 1870 nichts übrig. Für sie zählten krude Fakten und nackte Tatsachen, und die meinten sie in der Bibel zu finden.

Mag sein, daß diese Leute geschult waren in der Unterscheidung der Geister. Ganz gewiß aber fehlte ihnen die Gabe der Unterscheidung der Märchen. Wären die Konzilsteilnehmer nicht einem kollektiven Blackout zum Opfer gefallen, hätten sie sich bestimmt daran erinnert, daß auch Jesus ein paar Geschichten *erfunden* hat, die mehr und wichtigere Wahrheiten enthalten als etwa die beiden dem Propheten Elischa *zugeschriebenen* Totenerweckungen. Was den Rückschluß erlaubt, daß das Fiktive oft viel wesentlicher ist als das Faktische (oder das, was man als solches betrachtet).

Mit wirklichen Märchen verhält es sich wie mit den Mythen. Sie berichten von Dingen, die nie passiert sind und doch ständig vorkommen. In ihnen hat sich die Lebenserfahrung von Generationen verdichtet. Da ist die Rede von Liebe und Haß, von Hochmut und Fall, von Zuversicht und Verrat, von Schuld und von Angst und von Geborgenheit. Und von Gottvertrauen. In solchen Märchen spiegeln sich Vorgänge und Gesetzmäßigkeiten wider, die den Rahmen des Individuellen sprengen. Wenn man die verwendeten Bilder und Symbole als

Ausdruck tiefgreifender Denkmechanismen und komplexer Handlungsmuster interpretiert, erweisen sie sich plötzlich als Schlüssel zum Verständnis eigener Erfahrungen. Häufig erzählen Märchen von seelischen Befindlichkeiten, von psychischen Konflikten und von geistigen Entwicklungen (der Frosch verwandelt sich in einen Prinzen, Hans mein Igel streift seine Tierhaut ab, Dornröschen wird erlöst...). Oftmals sind sie ein Spiegel unserer Sehnsüchte. So behauptet das Märchen vom Schneewittchen nicht, daß alle Stiefmütter böse sind, sondern daß unsere Welt nicht heil ist und daß wir trotzdem hoffen dürfen, daß das Böse nicht das letzte Wort behält.

Nachdem alle Bemühungen fehlgeschlagen sind, die Stieftochter umzubringen, versucht es die Königin mit einem vergifteten Apfel. Das lenkt unsere Gedanken noch in eine ganz andere Richtung. Wenn wir in Grimms Märchen ein wenig herumblättern, fällt uns nämlich auf, wie häufig da vom Essen und vom Trinken die Rede ist. Das *Mädchen ohne Hände* stärkt sich auf der Flucht mit Birnen, die in einem schönen Garten heranreifen. Weil *Hänsel und Gretel* »wenig zu beißen und zu brechen« haben, setzt ihre Stiefmutter sie im Wald aus; schließlich gelangen die beiden zu einem Häuschen aus Brot und Kuchen, wo die Hexe sie, natürlich nicht ohne schlimme Absicht, mit »gutem Essen, Milch und Pfannkuchen mit Zucker, Äpfeln und Nüssen« versorgt. Das Märchen *Der Arme und der Reiche* erzählt, wie der liebe Gott persönlich sich an Kartoffeln und Ziegenmilch labt, »und schmeckte ihm die schlechte Kost gut, denn es waren vergnügte Gesichter dabei«. Etwas bürgerlicher geht es im *Rotkäppchen* zu, das seine Großmutter mit Kuchen und einer Flasche Wein aufpäppeln soll. Im *Märchen von der Unke* wird schon im ersten Satz gegessen und getrunken: »Es war einmal ein kleines Kind, dem gab seine Mutter jeden Nachmittag ein Schüsselchen mit Milch und Weckbrocken...« *Die Gänsemagd* endet gleich vielen anderen Märchen mit einer Hochzeit, auf der »gegessen und getrunken« wird, wie sich's bei einer solchen Gelegenheit gehört. Die Grimmsche Sammlung enthält nur wenige Geschichten, in denen das *Tischlein deck dich* nicht wenigstens eine Nebenrolle spielt. Das hängt wohl mit dem feinen Gespür für das Natürliche und Elementare zusammen, das der Volksphantasie seit jeher eigen war.

Quarkpudding mit Rum

Bevor ich Ihnen das Rezept verrate, möchte ich Ihnen ein Märchen der Brüder Grimm vorlesen. Der Titel verweist darauf, daß es zu unserem exquisiten Nachtisch (für sechs bis acht Personen!) paßt.

Der süße Brei

Es war einmal ein armes frommes Mädchen, das lebte mit seiner Mutter allein, und sie hatten nichts mehr zu essen. Da ging das Kind hinaus in den Wald, und begegnete ihm da eine alte Frau, die wußte seinen Jammer schon und schenkte ihm ein Töpfchen, zu dem sollt es sagen »Töpfchen, koche«, so kochte es guten süßen Hirsenbrei, und wenn es sagte »Töpfchen, steh«, so hörte es wieder auf zu kochen. Das Mädchen brachte den Topf seiner Mutter heim, und nun waren sie ihrer Armut und ihres Hungers ledig und aßen süßen Brei, sooft sie wollten. Auf eine Zeit war das Mädchen ausgegangen, da sprach die Mutter »Töpfchen, koche«, da kochte es, und sie ißt sich satt; nun will sie, daß das Töpfchen wieder aufhören soll, aber sie weiß das Wort nicht. Also kocht es fort, und der Brei steigt über den Rand hinaus und kocht immerzu, die Küche und das ganze Haus voll, und das zweite Haus und dann die Straße, als wollts die ganze Welt satt machen, und ist die größte Not, und kein Mensch weiß sich da zu helfen. Endlich, wie nur noch ein einziges Haus übrig ist, da kommt das Kind heim und spricht nur »Töpfchen, steh«, da steht es und hört auf zu kochen; und wer wieder in die Stadt wollte, mußte sich durchessen.

500 g Ricotta (oder Quark)
5 Eier
100 g Weißmehl
100 g Zucker
1 Messerspitze Zimt
50 g kandierte Orangen und Zitronen (gemischt)
2 gehäufte EL Weinbeeren (in Rum eingelegt)
1 unbehandelte Zitrone (Schale)
2 Gläschen Rum
etwas Butter
Puderzucker zum Bestreuen

Den Quark mit einem Ei und vier Eigelben gut vermischen. Das Mehl (bis auf einen TL) daruntermengen. Zucker, Zimt, kandierte Früchte, die zuvor in Rum eingelegten Weinbeeren, die Zitronenschale und den Rum beigeben und anschließend die vier steif geschlagenen Eiweiß darunterziehen. Die Masse in ausgebutterte und mit dem restlichen Mehl bestäubte Kuchenförmchen verteilen. Während 30 Minuten in dem auf 160 Grad vorgeheizten Ofen backen. Die Küchlein mit etwas Puderzucker bestreuen. Dieser Nachtisch wird je nach Jahreszeit warm oder kalt serviert.

Vom Fasten und von der Völlerei

Und der Zöllner Levi gab
in seinem Haus für Jesus ein
großes Festmahl.

Lukasevangelium,
5. Kapitel, 29. Vers

Jesus sagte: Ein Mann veran-
staltete ein großes Festmahl
und lud viele dazu ein.

Lukasevangelium,
14. Kapitel, 16. Vers

Essen muß der Mensch, das
weiß ein jeder,
und was er ißt, fließt ein in
all sein Wesen.
Eßt Fastenkost, und ihr seid
schwachen Sinns;
eßt Braten, und ihr fühlet
Kraft und Mut.

Franz Grillparzer,
Weh dem, der lügt

Die Seele vom Genuß,
o Freund, ist dessen Kürze.
Die Furcht des Todes ist des
Lebens scharfe Würze.
Ein Tor klagt überm Schmaus,
daß er so früh sei aus.
Ein Weiser ißt sich satt
und geht vergnügt nach Haus.

Friedrich Rückert,
Die Weisheit des Brahmanen

Der berühmte Eremit Poimen, bekannt für seine treffenden Sinnsprüche und Sentenzen, lebte schon eine Reihe von Jahren in der Wüste Unterägyptens, als eines Tages ein Klostervorsteher mit der Frage an ihn herantrat, wie er die Gottesfurcht erlangen könne. Poimens Antwort: »Wie können wir Furcht Gottes gewinnen, wenn wir den Bauch mit Käse füllen und die Vorratskrüge mit Pökelfleisch?«

Damals, im vierten Jahrhundert, wurden immer mehr Christen in Spanien und Gallien, in Italien auch und selbst im entfernten Byzanz, der dekadenten Zivilisation mit ihrem überzüchteten Lebensstil überdrüssig und zogen sich in die ägyptische Wüste zurück, um zu Gott und zu sich selber zu finden; Einsam-

keit, Gebet, vor allem aber Fasten schienen ihnen der geeignetste Weg zur Erreichung dieses Ziels.

Der Protest dieser Altväter war eher faktischer als verbaler Natur. Wenn manche von ihnen in Sachen Speiseenthaltung auch ein bißchen zur Übertreibung neigten, so war doch die Mehrheit im allgemeinen auf ein zwar sehr strenges, aber nicht unvernünftiges Maßhalten bedacht. Ein schönes Zeugnis dafür verdanken wir wiederum Poimen, der sich einem Abt gegenüber so äußert: »Ich will, daß jeder tagtäglich ein wenig ißt.« Auf den Einwand, er habe doch früher selber an jeweils zwei aufeinanderfolgenden Tagen nichts zu sich genommen, entgegnet er: »In der Tat, auch drei und vier Tage und sogar eine ganze Woche.

Und das billigten die Väter auch, weil sie selbst kräftig waren. Sie fanden aber später, daß es besser sei, täglich zu essen, jedoch nur wenig. Und sie überlieferten uns dies als den königlichen Weg, weil er leicht ist.«

In Rom geht es derweil etwas weniger beschaulich zu als in den unterägyptischen Wüstengegenden. Im Jahre 366, gerade ein gutes Jahrzehnt, nachdem sich Vater Poimen als Aussteiger einen Namen gemacht hat, steht dort eine Papstwahl an.

Zwei Männer, Damasus und Ursinus, streiten sich um den Posten. Die damit verbundenen Rivalitäten gehen sogar dem freigeistigen Historiker Ammianus Marcellinus zu weit: »Sie brannten in unmenschlicher Gier darauf, sich des Bischofssitzes zu bemächtigen und bekämpften sich aufs erbittertste. Ihre Anhänger lieferten sich regelrechte Straßenschlachten mit Toten und Verwundeten.« Irgendwie versteht der Chronist zwar, daß, wer in der Hauptstadt Bischof werden will, ein gewisses Durchsetzungsvermögen besitzen muß, um dieses Ziel zu erreichen. Aber dann kommt's, knüppeldick: »Haben sie es erreicht, dann gehen sie einer sicheren Zukunft entgegen. Sie werden reich durch die Spenden adeliger Matronen, erscheinen nur noch im Wagen sitzend in der Öffentlichkeit, tragen prächtige Kleider und halten üppige Mahlzeiten ab, so daß ihre Gastereien sogar eine königliche Tafel übertreffen.« Nicht nur Machtgier und Skrupellosigkeit, sondern auch Luxus und Völlerei wirft der heidnische Chronist den christlichen Würdenträgern in der Hauptstadt vor. Und stellt ihnen gleichzeitig das Beispiel der »kleinen Provinzbischöfe« gegenüber, »die sich durch ihre äußerste Bescheidenheit in Speise und Trank der ewigen Gottheit und ihren wahren Verehrern als reine und tugendhafte Männer empfehlen«.

Der Kostverächter

Mag sein, daß unser Chronist bei der Niederschrift dieser Zeilen an den gestrengen Cato gedacht hat, der von 234 bis 149 vor Christus lebte. Die Historiker haben ihm den Beinamen *der Ältere* verpaßt, um ihn von seinem homonymen Urenkel (95–46 v. Chr.) zu unterscheiden. Tatsache ist, daß der alte Cato fast regelmäßig in Rage geriet, wenn die Rede aufs Essen kam. Schon sehr früh machte er es sich zur Lebensaufgabe, gegen den angeblichen Verfall der guten Sitten anzukämpfen. Er pflegte sich an den gleichen Idealen zu orientieren, welche die christlichen Einsiedler ein paar Jahrhunderte später in den unterägyptischen Wüsten zu verwirklichen suchten.

Cato war überzeugt, daß er seine Landsleute dahin bringen mußte, sich zu *ernähren*, statt zu *tafeln*; dann würde es ihnen leichter fallen, auch auf ihre übrigen Capricen und ihren übermäßigen Komfort zu verzichten. Natürlich sträubte sich Cato hartnäckig gegen jede lustförderende Neuerung in Sachen Gastronomie; wer sich an aufwendigen Gerichten ergötzte, galt in seinen Augen schon fast als Unterwanderer des römischen Staatswesens.

In seiner Schrift *Über die Landwirtschaft* überliefert der trutzige Traditionalist auch einige einfache Rezepte aus Großmutters Zeiten. Darunter findet sich manches, was zwar eher kärglich anmutet, aber äußerst schmackhaft ist. Ohne Zweifel trifft das für die von Cato empfohlene Olivenpaste zu, mit der ich ein paar Brote bestreiche, wenn ich meinen Gästen zum Aperitif ein Glas trockenen Weißwein reiche. Daß Cato noch im Grab murrt, weil ich mir statt Schwarzbrot eine Baguette besorgt habe, läßt mich gleichgültig. Der Dickschädel wird sich schon wieder beruhigen, wenn er sieht, daß ich anderntags den Rest seiner Olivenpaste zusammen mit einem Frischkäse und zwei Scheiben urigem Walliser Nußbrot verspeise.

Olivenpaste (Epityrum)

Epityrum album, nigrum, varium sic facito. Ex oleis albis, nigris variisque nucleos eicito. Sic condito. Concidito ipsas, addito oleum, acetum, coriandrum, cuminum, feniculum, rutam, mentam. In orculum condito, oleum supra siet. Ita utito.

Das weiße, dunkle oder gemischte Epityrum wird so zubereitet: Aus weißen (= grünen) und schwarzen Oliven oder aus einer Mischung davon entferne die Steine. Zerstoße sie (mit dem Mörser), gib Öl und Essig dazu, außerdem Koriander, Kümmel, (fein gehackten) Fenchel, Raute und Minze. Fülle das Ganze in ein Gefäß und bedecke die Paste mit Öl. So steht sie bereit für den Gebrauch.

Wir sind ja nicht schwerhörig und haben den notorischen Moralisten sehr wohl verstanden. Klar und deutlich sagt er: Für den Gebrauch. Und nicht etwa: Für den Genuß!

Daß Sittenstrenge und Bauernschläue einander nicht unbedingt ausschließen, zeigt eine andere Stelle aus Catos bereits zitierter Schrift: »Gib deinen Sklaven den Winter über täglich vier Pfund Brot. Wenn sie dann aber mit ihrer Arbeit im Weinberg beginnen, gib ihnen fünf Pfund, damit sie nicht von deinen Feigen essen. Nachher setze ihre Tagesration wieder auf vier Pfund herunter.«

Zur Herstellung unserer Olivenpaste benützen wir selbstverständlich nicht den Mörser, sondern den Mixer. Allenfalls fügen wir noch eine Prise Salz und etwas weißen Pfeffer hinzu. Was übrigbleibt, brauchen wir nicht mit Öl zu bedecken; wir besitzen ja einen Kühlschrank.

La grande bouffe

Im Gegensatz zu Cato haben wir absolut nichts einzuwenden gegen ein gelegentliches kalenderbedingtes Festgelage. Abstoßend hingegen finden wir jene Art von Völlerei, die nicht einmal zweihundert Jahre nach seinem Tod in Roms *high society* zur Tagesunordnung gehörte. Die damaligen Moneymaker konnten sich einfach nicht mehr vorstellen, daß eine stimmige Atmosphäre selbst ein einfaches Essen in ein gepflegtes Mahl zu verwandeln vermag; ihnen ging es bloß noch darum, mit ihrem Geld zu protzen und mit ihrem Luxus zu prahlen. Weil sie nichts im Kopf hatten, bestand ihre einzige Zerstreuung darin, sich und ihren Gästen den Magen zu füllen, bevor sie sich miteinander wieder im Bett vergnügten.

Ein Zeugnis davon verdanken wir Petronius, einem Konsul und Schriftsteller, der in der ersten Hälfte des ersten nachchristlichen Jahrhunderts lebte. In seinem von Fellini verfilmten Roman *Satyricon* gibt es ein Kapitel, welches vom Gastmahl eines gewissen Trimalchio handelt. Trimalchio ist ein vulgärer Parvenü, der seine Geladenen mit mancherlei abgeschmackten Überraschungen zu verblüffen sucht:

Ein Speisebrett mit einem ungeheuren Schwein nahm die Tafel ein. Wir staunten über die Schnelligkeit der Zubereitung und schwuren, nicht einen Hahn hätte man so geschwind gar kochen können, und das um so mehr, als uns das Schwein viel größer vorkam, als kurz vorher der Eber. Trimalchio faßte es scharf und immer schärfer ins Auge und rief: »Wie? Wie? Ist denn dies Schwein nicht ausgenommen? Weiß Gott, es ist es nicht. Ruft, ruft mir den Koch her!« Als der Koch bekümmert an die Tafel trat und sagte, er habe vergessen, es auszunehmen, rief Trimalchio aus: »Wie vergessen? Man könnte meinen, er habe noch nie etwas mit Pfeffer und Kümmel bestreut! Zieht ihn aus!« Unverzüglich zieht man den Koch aus, und jammervoll steht er zwischen zwei Bütteln da. Nun aber fingen alle an für ihn zu bitten und sagten: »So etwas kann vorkommen, bitte, gib ihn frei, wenn er's nochmal tut, wird sich keiner von uns für ihn verwenden!« Doch ich, in grausamster Strenge, konnte mich nicht beherrschen, sondern sagte: »Wahrhaftig, dieser Sklave muß ein ganz nichtswürdiger Bursche sein. Jemand sollte vergessen ein Schwein auszunehmen?! Weiß Gott, ich würde ihm nicht einmal verzeihen, wenn er's bei einem Fisch verfehlt hätte!« Aber nicht so Trimalchio; seine Miene heiterte sich auf und er sagte: »Also, weil du ein so schlechtes Gedächtnis hast, nimm es hier vor unsern Augen aus!« Der Koch zieht seine Tunika wieder an, nimmt sein Küchenmesser und schneidet mit ängstlicher Hand dem Schwein den Bauch hüben und drüben auf. Und flugs quellen aus den Schnittstellen, die sich unter dem Druck von innen erweiterten, Bratwürste und Blutwürste in Menge heraus.

Mit Schillers Ballade *Der Ring des Polykrates* möchten wir da wohl sagen: »Hier wendet sich der Gast mit Grausen.« Trimalchios Einfälle, bei denen das Essen infolge eines Übermaßes an Masse und Raffiniertheit die Esser eher erdrückt als ernährt, scheinen ein modernes Pendant gefunden zu haben in *La grande bouffe*, einem Film über das »große Fressen«, dessen Regisseur Marco Ferreri 1973 in Cannes mit dem Preis der internationalen Filmkritik ausgezeichnet wurde.

Wir unsererseits schätzen vor allem einfache Gerichte. Denn selbst unter ihnen gibt es welche, die neben einem attraktiven Äußeren auch ein außergewöhnliches Innenleben besitzen, wie zum Beispiel unsere gefüllten Paprika, welche mit ihrem natürlichen Charme sogar den alten Cato beeindruckt hätten.

Gefüllte Paprika

je 2 gelbe und
2 rote (große!) Paprika
100 g geriebener Emmentaler
150 g geriebener Greyerzer
100 g Hüttenkäse
(Cottage Cheese)
2 kleine gekochte Kartoffeln
2 Eier
250 ml Sahne
Salz, Pfeffer, Muskat
etwas Butter

Die Paprika waschen, der Länge nach halbieren und entkernen. Den Hüttenkäse zusammen mit den Kartoffeln und etwas Sahne im Mixer pürieren. Die Mischung mit der restlichen Sahne, dem geriebenen Hartkäse, den Gewürzen und dem Eigelb verrühren. Das Eiweiß steif schlagen und vorsichtig unterziehen. Die Masse in die Paprikahälften füllen und diese in eine ausgebutterte feuerfeste Form legen. Während etwa einer halben Stunde in dem auf 220 Grad vorgeheizten Ofen backen. Zusammen mit einem Salat ergibt dieses Gericht eine gediegene Hauptmahlzeit. Wenn wir es als Vorspeise servieren, beschränken wir uns auf die Hälfte der Zutaten. Die Füllung eignet sich auch hervorragend für den exquisiten Käsekuchen; das Rezept dafür haben Sie im Kapitel über die Tafelfreuden der Fürsten gelesen.

Die frühen Nachfahren des Lucullus

Daß Rom noch heute eine Stadt voller Ungereimtheiten und Widersprüche ist, ist vor allem in zwei Bereichen augenfällig: auf dem Gebiet der Religion und auf dem der Gastronomie. Ein Römer würde sich nie fragen, warum er dem Papst nicht zujubeln sollte, obwohl er mit der Kirche wenig im Sinn hat. Und daß man die Erstkommunion der Kinder mit einem rauschenden Fest feiert, versteht sich auch für jene, die seit ihrer Hochzeit keinen Fuß mehr in eine Kirche gesetzt haben. Die Pfarrer haben sich längst damit abgefunden, daß manche Eltern die Kommunion ihrer Kinder um ein oder zwei Jahre hinausschieben, weil sie das nötige Geld für den *pranzone* noch nicht beisammen haben. Denn zu diesem Festgelage kommen auch die entferntesten Verwandten angereist, und wer möchte da nicht *bella figura* machen?

Verständlich wird das, wenn man sich daran erinnert, daß Essen, zumal an Feiertagen, in Rom zu den wichtigsten Beschäftigungen gehört. *Mangiare* hat erst an zweiter Stelle etwas mit Ernährung zu tun; in erster Linie ist Essen eine Art zu leben, wobei die Freude am Mahl nicht selten über die Tugend der *temperantia*, das Maßhalten, triumphiert.

Das war schon bei den alten Römern so. Im Jahre 186 v. Chr. sah sich die Stadtregierung genötigt, die damals in Adelskreisen üblichen Freßorgien zu untersagen. Wenn wir Plutarch glauben dürfen, war das Verbot in den Wind gesprochen. Ihm übrigens verdanken wir auch jene Geschichten, auf welche die sprichwörtliche Redewendung vom lukullischen Mahl zurückgeht. In meinem Buch *Mein Rom* (Echter Verlag, 1996) hatte ich noch behauptet, daß der römische Feldherr Lucullus, er lebte von 117 bis 57 vor Christus, den Kirschbaum vom Schwarzen Meer nach Italien gebracht hat. Inzwischen hat mich Waverly Root mit seinem ebenso fundierten wie amüsanten *Mundbuch* davon überzeugt, daß ich damals leider einer seit Menschengedenken blindgläubig wiederholten Behauptung gefolgt bin, die auf den römischen Schriftsteller Plinius den Älteren (23/24–79 n. Chr.) zurückgeht. Seine Kirschenfabel konnte nur deshalb jahrhundertelang kolportiert werden, weil die Historiker und die Botaniker keinen gemeinsamen Stammtisch hatten. Sonst hätten die letzteren die ersten sicher einmal darauf hingewiesen, daß die Etrusker den Kirschbaum kultivierten, lange bevor Plinius seine ersten Buchstaben aufs Wachstäfelchen kratzte. (Wildkirschen waren in Europa ohnehin schon in prähistorischen Zeiten bekannt.) Fest steht hingegen, daß Lucullus während seiner Feldherrenexistenz ein Vermögen anhäufte, das ihm nach seiner Rückkehr nach Rom einen mehr als üppigen Lebensstil ermöglichte. Sein Palast am Südhang des Pincio, in der Gegend der Spanischen Treppe, war nicht nur für seine prunkvolle Ausstattung, sondern auch wegen der Gastmähler berühmt, die der römische Feldherr dort ausrichtete. Eines Tages baten Pompejus und Cicero, die nur allzugern gewußt hätten, wie Lucullus allein speiste, in seinem Haus dinieren zu dürfen; allerdings dürfe er den Koch vorher nicht benachrichtigen. Nun gab es im Prachtbau des Lucullus mehrere Eßsäle, die je nach Art der Mahlzeiten benutzt wurden. Die erlesensten fanden im Saal des Apollo statt. Lucullus wandte sich also bloß an einen seiner Sklaven: »Wir speisen heute im Apollosaal.« Als die Gäste abends zusammen mit dem Gastgeber eintrafen, kamen sie in den Genuß eines Essens, das nach Aussagen Plutarchs gut und gerne 5.000 Sesterzen kostete. In heutiger Währung sind das rund viertausend Mark. Wenn Lucullus gelegentlich allein eine Mahlzeit einnahm, begnügte er sich ebenfalls nicht mit einem Brotfladen und einem Stück Schafskäse. Als ihm sein Diener einmal ein einfaches Gericht vorsetzte, rügte er ihn: »Wußtest du nicht, daß Lucullus heute bei Lucullus zu Gast ist?«

Eßkultur (die Bezeichnung sagt es) hat nicht nur mit Ernährung, sondern auch mit Anstand und Gepflegtheit zu tun. Wird die Kultur durch Luxus *ersetzt*, entartet das kultiviert Mahl zum vulgären Gelage.

Lucullus war zweifellos ein Feinschmecker. Kaum hundert Jahre nach seinem Tod werden Rom und das Römische Reich von ordinären Freßsäcken regiert.

Sueton überliefert uns in seiner Schrift *Leben der Cäsaren* gleich mehrere diesbezügliche Zeugnisse. Eines dieser Unsittengemälde betrifft Claudius; er wurde 54 n. Chr. von seiner zweiten Frau Agrippina vergiftet, weil diese ihren Sohn Nero auf den Thron bringen wollte:

Claudius gab häufig große Schmausereien und veranstaltete sie fast immer an Orten, wo sehr viel Raum zur Verfügung stand, so daß sehr oft sechshundert Personen auf einmal an der Tafel teilnahmen. (...) Einen seiner Gäste, auf dem der Verdacht ruhte, tags zuvor einen goldenen Becher heimlich eingesteckt zu haben, lud er zum nächsten Tage wieder ein und setzte ihm eine silberne Trinkschale vor. Auch sagt man ihm nach, er habe ein Edikt zu erlassen beabsichtigt, durch welches er die Erlaubnis geben wollte, stille und laute Winde bei Tisch von sich zu geben. Denn er hatte erfahren, daß einer seiner Tischgenossen, der sie aus Schamgefühl zurückgehalten hatte, lebensgefährlich erkrankt war. Zum Essen und Trinken hatte der Kaiser zu jeder Zeit und überall einen gewaltigen Appetit. (...) Er erhob sich selten vom Tisch, ohne sich vollgegessen und -getrunken zu haben; daher wurde ihm stets, sooft er schlafend mit offenem Mund auf dem Rücken lag, eine Feder in den Schlund gesteckt, um durch eine Entleerung seinen Magen zu erleichtern.

Völlereien dieser Art überliefert Sueton auch von Kaiser Vitellius, der im Jahre 69 n. Chr. von den Anhängern seines Nachfolgers Vespasian umgebracht wurde:

Seine Schlemmerei verteilte er auf täglich drei, auch wohl mitunter vier verschiedene Mahlzeiten: Frühstück, Mittagbrot, Abendmahlzeit und Trinkgelage. Leicht konnte er all diese Völlerei aushalten, weil er sich daran gewöhnt hatte, regelmäßig Brechmittel einzunehmen. Er pflegte sich an einem und demselben Tag bei mehreren Bekannten zu Tisch anzusagen. Am meisten von sich reden machte das Abendbankett, das ihm sein Bruder zur Feier seiner Ankunft in Rom gab und bei dem, wie es heißt, zweitausend der seltensten Fische und siebentausend Vögel auf den Tisch kamen. Aber selbst dies Essen übertraf er noch durch ein Festmahl, das er bei der Einweihung einer silbernen Schüssel gab, die er wegen ihrer ungeheuren Größe >den Schild der Stadtbeschirmerin Minerva< zu nennen pflegte. Darin servierte man Lebern von Meerbrassen, Gehirne von Fasanen und Pfauen, Zungen von Flamingos, Milch von Muränen, zu deren Herbeischaffung man die Kapitäne und die Galeeren aller Meere von Parthien bis zur *spanischen Meerenge in Bewegung gesetzt hatte. Vitellius war ein Mensch von nicht nur unersättlicher, sondern auch an keine Zeit sich bindender unanständiger Gefräßigkeit. So konnte er sich nicht einmal enthalten, beim Opfern Stücke des Opferfleisches und der Opferkuchen geradezu vom Herdfeuer zu reißen und noch an den Altären selbst vom Fleck weg zu verzehren oder auf Reisen in den Garküchen der Landstraßen noch dampfendes Gemüse oder auch wohl schon angebrochene Gerichte vom Tage zuvor hinunterzuschlingen.*

Eingelegte Auberginen

Zum Gedenken an Lucullus schlage ich jetzt ein wahrhaft paradiesisches Gericht vor, von dem weder er noch seine zur Völlerei neigenden Zeitgenossen je gekostet haben und an dem der auf dürftige Mahlzeiten bedachte Cato dennoch seine Freude gehabt hätte; ich denke an eingelegte Auberginen.

Diese wurden in Indien schon vor 4000 Jahren angebaut. Aber erst im 15. Jahrhundert gelangten sie, vermutlich durch die Araber, aus ihrer asiatischen Heimat nach Italien und Spanien.

Die Italiener beäugten dieses Gemüse lange mit Mißtrauen. Weil sie mutmaßten, daß ihr Genuß Wahnsinn und Epilepsie erzeuge, nannten sie das ihnen suspekte Erzeugnis kurzerhand *mela insana*, schädlichen Apfel, woraus sich der italienische Begriff *melanzana* herleitet. Der deutsche Ausdruck *Eierfrucht* bezieht sich auf das ursprüngliche Aussehen dieses Gemüses. Die ersten in Europa bekannten Sorten waren nämlich weiß und glichen der Form nach einem Ei. Die Auberginen auf unsren nordischen Wochenmärkten präsentieren sich in der Regel dunkelviolett und keulenförmig. Die purpurfarbenen und rundbäuchigen aus italienischem Import sind eher selten. Richtig bunt treibt es die Aubergine nur in ihrer asiatischen Heimat, wo sie sich den lüsternen Blicken der Schlemmer und Schwelger in Orange, Gelb und Weiß darbietet.

In Italien bekommt man die Auberginen auf alle nur mögliche Arten vorgesetzt. In den Vitrinen der Restaurants stehen die marinierten oder grillierten Scheiben bei den übrigen Vorspeisen. Man kann sie mit Hackfleisch oder mit Reis füllen, mit Tomatensoße und Käse überbacken oder unter die Nudeln mischen. Richtig zubereitet, bilden sie geradezu eine der Hauptkomponenten eines lukullischen Mahls.

Von den dunkelglänzenden Eierfrüchten kaufen wir auf dem Markt gleich drei Kilo. Und die wollen wir in den Winter hinüberretten.

Zunächst einmal werden sie gewaschen, in einen halben Zentimeter dicke Scheiben geschnitten und beidseitig mit etwas Salz bestreut. Eine halbe Stunde lassen wir sie ziehen. Dann streichen wir die ausgetretene bittere Flüssigkeit mit dem Messerrücken ab. Nachher legen wir die Auberginen in einen Topf und übergießen sie mit Weißweinessig, bis sie zugedeckt sind. Aufkochen, Hitze zurückstellen und während höchstens 5 Minuten weiterköcheln. Den Essig abgießen, die Auberginen auskühlen lassen und in Gläser einschichten. Dabei immer ein paar geschälte und zerteilte Knoblauchzehen und ein wenig grob zerstoßenen Pfeffer dazugeben und pro Glas 1 Chilischote und 1 Lorbeerblatt hinzufügen. Mit Olivenöl übergießen, bis alles bedeckt ist. Die Gläser verschließen und in den Keller stellen.

Drei bis vier Wochen sollten Sie mit dem Probieren schon zuwarten. Mit Stangenweißbrot und einem Glas Rotwein bildet dieses Gericht eine kleine Mahlzeit.

P.S. Die Gläser unbedingt im Keller lagern! Nicht weil diese Köstlichkeit sich ein Jahr lang hält, sondern weil sonst die Gefahr besteht, daß Sie schon in drei Tagen zwei ganze Gläser davon genascht haben.

Römische Trattoria

Wohin begeben wir uns am besten, wenn wir zwischen Fasten und Völlerei das Gleichgewicht suchen? Ganz gewiß nicht nach Frankreich! Hat doch schon General de Gaulle geseufzt: »Wie will man ein Land regieren, in dem es 325 Käsesorten gibt?« Nach England? Aber monierte nicht schon Talleyrand, der von 1830 bis 1834 die *Grande nation* in London als Botschafter vertrat: »In Frankreich gibt es dreihundertsechzig Soßen und drei Religionen, in England hingegen nur drei Soßen und dreihundertsechzig Religionen«? In die Schweiz? Wo man die Wahl hat zwischen Schokolade und Käse und sich dann doch immer für Rösti entscheidet?

Am besten begeben wir uns nicht in ein Land, sondern in eine Stadt, nämlich nach Rom, wo man die Kunst des Essens beherrscht wie nirgends sonst auf der Welt.

Catos *und* Lucullus' Nachfahren haben aus den Fehlern ihrer Ahnen gelernt. Sie zieht es mit ihren Angehörigen am Sonntag nach Trastevere oder ins *Centro storico*, in die Innenstadt, in eine kleine Trattoria, wo die Mamma nach den Rezepten ihrer Großmutter kocht und der Wirt die Gäste selber bedient und ihnen seinen *vino di casa* empfiehlt, seinen Hauswein, auf den er nicht weniger stolz ist als ein Kurienkardinal auf sein purpurfarbenes Käppchen.

Dann wird in diesen kleinen Familienbetrieben jeder Tisch für drei, vier Stunden zur Bühne, und das Essen gerät zum Spektakel. Zunächst mögen die quengelnden Kinder keine *antipasti*. Zwei Minuten später wollen sie plötzlich von allen Vorspeisen kosten: von den gedünsteten Artischocken und den eingelegten Peperoni, von den gefüllten Zwiebeln und den marinierten Zucchini, von den gebackenen Sardinen und den leckeren Meeresfrüchten. Außerdem vom Parmaschinken und von der Salami. Der achtjährige *Signorino*, der als künftiger Stammhalter ohnehin nach Strich und Faden verwöhnt wird, möchte unbedingt ein paar Oliven, deren Kerne man der kleinen Schwester klammheimlich in die Ohren stecken kann. Dem darauffolgenden mörderischen Geschrei bereitet der Wirt ein Ende, indem er als *primo piatto*, als ersten Gang, *spaghetti alla carbonara* empfiehlt (mit gebratenen Bauchspeckwürfelchen und einer sämigen Eier-Käse-Soße); aber die Gäste entscheiden sich für *penne all'arrabiata*, die kleinen spitzen Röhren mit der scharfen Tomatensoße. Im letzten Augenblick erst, die Bestellung ist schon aufgenommen, findet der *Signorino*, daß er etwas Besonderes darstelle und deshalb auch etwas Besonderes verdient habe; er mag heute *tortellini alla papalina*, die nach Papst Pius XII. benannten Fleischtäschchen mit Steinpilzen und einem Sahne-Käse-Sößchen. Die Mamma erhebt Einspruch, Papa hingegen erlaubt es. Die kleine Schwester hat inzwischen den Olivenkern aus ihrem Ohr gezogen und läßt ihn ihrem Bruder am Nacken blitzschnell ins Hemd fallen. Was zur Folge hat, daß die übrigen Gäste augenblicklich an den abgrundtiefen Kontrast zwischen Gut und Böse erinnert werden; sie sehen einen gräßlich zeternden Jungen neben der allerheiligsten Unschuld sitzen. Den *secondo* bestellt Papa für alle: Schon drei Wochen ist es her, seit wir das letzte Mal *abacchio al forno*, im Ofen gegartes Milchlamm gegessen haben. Das ist der Mamma zu fett: Ich bin schließlich keine Neapolitanerin; als Mädchen sind die ein Strich in der Landschaft und kaum haben sie einen Mann gefunden, gehen sie auf wie ein Panettone! Papa, der heimlich für Sofia Loren schwärmt, verbittet sich solche Bemerkungen, und Mamma, die weiß, daß ihr Mann alle Loren-Filme schon mindestens zehnmal gesehen hat, sagt triumphierend: Dann schau dir doch bloß die Marisa an! Die macht nicht nur Werbung für *Pasta Barilla*, die *ißt auch noch zuviel davon*! Und zum Wirt: Für mich keinen *abacchio*, sondern *saltimbocca alla romana*, ein Kalbsschnitzel mit Schinken und Salbei. Spätestens wenn der Wirt die *frutta* aufträgt, sind sämtliche Gäste in der Trattoria zu einer einzigen Familie zusammengewachsen; alle unterhalten sich mit allen, und die Kinder sitzen bereits mit anderen Kindern an einem anderen Tisch; erst zum *dolce*, zur Nachspeise, finden sie wieder zu den Eltern zurück. Wenn diese dann endlich ihren *caffè* erbitten, stellt der Wirt den *digestivo*, drei, vier Flaschen mit Verdauungsschnäpsen, auf den Tisch, das geht auf Kosten des Hauses, und kein Römer wird auch nur einen Tropfen mehr davon trinken, als er verträgt.

Wenn an der Eingangstür einer Trattoria keine Reproduktionen von allen nur möglichen Kreditkarten ausgehängt sind, bedeutet das, daß dort vorwiegend römische Kundschaft verkehrt. Dies wiederum besagt, daß man in einem solchen Lokal gut und günstig ißt. Besonders groß ist die Freude, wenn man eine solche Trattoria selber entdeckt. Auf der handgeschriebenen Speisekarte figurieren fast ausschließlich Spezialitäten der römischen Küche: *stracciatella* (Eiereinlaufsuppe mit Schafskäse), *spaghetti all'amatriciana* (mit einer Soße aus Öl, Tomaten, Bauchspeck und Zwiebeln), *saltimbocca alla romana* (das berühmte >Hüpf-in-den-Mund<-Schnitzel, das in Butter gebraten wird), *trippa alla romana* (Kuttelstreifen in einer mit Minze aromatisierten Tomatensoße), *filetti di baccalà* (in Mehl gewendeter und in Öl gebackener Stockfisch), *carciofi alla giudia* (Artischocken nach Art der römischen Juden). Oder –

Carciofi alla romana

(Artischocken nach römischer Art)

deren Stiel so beschnitten wird, daß nur der hellgrüne Teil übrigbleibt. Weggeschnitten werden auch die äußeren Blätter sowie das obere Drittel der Artischocke. In die ein wenig geöffneten Blätter steckt man ein paar Knoblauchstifte und bestreut sie mit Salz, Pfeffer und gehackter Minze. Dann stellt man die Artischocken mit dem Kopf nach unten in einen Topf mit etwas Wasser und Olivenöl und dünstet sie bei geschlossenem Deckel ungefähr 45 Minuten auf mittlerer Hitze. Vor dem Auftragen werden sie mit dem eingekochten Sud übergossen.

Saltimbocca alla romana

(Kalbsschnitzel nach römischer Art)

8 sehr dünne Kalbsschnitzel
8 Salbeiblätter
Salz, Pfeffer
4 Scheiben Rohschinken
50 g Butter
1 Tasse trockener Weißwein

Diese Schnitzelchen konnen Ihnen den Zugang zur Poesie erschließen; es handelt sich, wie man so zu sagen pflegt, um ein Gedicht. Und zwar um eines mit zwei Strophen, weil sie so dünn geschnitten sind, daß Sie nach dem ersten schon ein weiteres vertragen.

Das Fleisch (am besten von der Nuß) wird leicht geklopft, beidseitig mit etwas Salz und Pfeffer gewürzt und anschließend mit je 1/2 Scheibe Rohschinken und einem Salbeiblatt belegt, zusammengeklappt oder -gerollt und mit einem Zahnstocher befestigt. Etwa 30 g Butter brauchen wir schon, um die Schnitzelchen goldgelb zu braten. Wir stellen sie warm, nachdem wir die Zahnstocher entfent haben. Den Bratenfond lösen wir mit 1 Tasse trockenem Weißwein vom Boden, lassen ihn fast ganz einkochen, rühren etwa 20 g Butter und eine ganz kleine Prise Salz unter und geben die Soße auf die Schnitzel, die wir *sofort* und auf *heißen* Tellern servieren. Natürlich könnten wir den Schinken und das Salbeiblatt mit dem Zahnstocher einfach auf die Schnitzel heften, ohne diese zusammenzuklappen (wie das die meisten Römerinnen tun).

Pizza alla romana

(Pizza nach römischer Art)

300 g Pizzateig
3–4 EL kaltgepreßtes Olivenöl
4–5 Tomaten
Salz
10 Sardellenfilets
1 Mozzarella (150 g)
Oregano

Den Pizzateig ausrollen, auf ein ausgebuttertes Kuchenblech legen und mit dem Olivenöl bestreichen. Mit Tomatenscheiben belegen und leicht salzen.

Die Sardellenfilets fein hacken und die Mozzarella in kleine Stücke schneiden. Beides über den Tomaten verteilen, etwas Oregano darüberstreuen und die Pizza während 20 Minuten auf der untersten Schiene des auf 220 Grad vorgeheizten Ofens backen.

Der Schimpf von der Kanzel

Der Augustiner-Barfüßer und kaiserliche Hofprediger Abraham a Sancta Clara, ein Wortschöpfer und Sprachspieler, unter dessen Kanzel sich im Wien des 17. Jahrhunderts alles versammelte, was Rang und Namen oder auch nur Augen und Ohren hatte – Aristokraten und Adelige, Handwerker und Händler, biedere Bürger und barfüßiges Bettelvolk –, Abraham a Sancta Clara also weiß in einer seiner Predigten zu berichten, warum der Mensch nun einmal neigt zu Völlerei und Zechgelagen:

Vor dem Sünd-Fluß (Sündenfall) haben die Menschen vor ihr tägliche Nahrung nichts anderes genossen / dann Kräuter und Früchten / nachmals aber / weil der Erd-Boden durch den Sündfluß ein mercktiches geschwächt worden / und die menschliche Natur in grössere Unkräften gerathen / hat GOTT das Fleisch-Essen erlaubt; es ist aber der Teuffel bald in die Kuchel kommen / und bey dem Anrichten sich eingefunden / worvon dann der übermässige Fraß entstanden / aus welchem alles Übel in der Welt herrühret.

Hoffen wir, daß die paar Rezepte für Fastensuppen, die Monika Gruber aus Pitzelstätten in Abraham a Sancta Claras österreichischer Heimat gesammelt hat, dem »Übel in der Welt« wenigstens ein bißchen gegenzusteuern vermögen!

Knofelsuppe

5 Knoblauchzehen
1 kleine Zwiebel
40 g Schweineschmalz
1 l Fleischbrühe
Schwarzbrot

Die gepreßten Koblauchzehen und die fein gehackte Zwiebel in Schweineschmalz anrösten. Die heiße Fleischbrühe aufgießen. Die Suppe nach kurzem Aufkochen über ausgeschnittenes Schwarzbrot gießen.

Rahmsuppe

80 g Mehl
250 ml Sauerrahm
Kümmel
Salz

1 Liter Wasser erhitzen. Salz und Kümmel dazugeben. Das Mehl in wenig kaltem Wasser verrühren und im Kümmelwasser unterrühren. Zehn Minuten köcheln. Den Sauerrahm hinzufügen und die Suppe kurz aufkochen.

Schwammerlsuppe

250 g geschälte Erdäpfel
250 g frische Schwammerl
50 g Mehl
50 g Fett
1 Knoblauchzehe
Salz, Pfeffer, Maggiwürze

Die Erdäpfel und die Schwammerl in Stücke schneiden und im Wasser weichkochen. Aus Fett und Mehl macht man eine Einbrenn und gibt ihr eine fein gehackte Knoblauchzehe bei. Die Einbrenn in die Suppe einrühren, würzen und nochmals aufkochen.

Weinsuppe

1 l Wein oder Most
5 EL Zucker
etwas Zimt
1 geriebene Zitronenschale
6 Eigelb
etwas Butter
3 Semmeln in Schnitten

Den Wein aufkochen und nach und nach Zucker, Zimt und die geriebene Zitronenschale hinzufügen. Die Eigelb mit etwas Wasser verquirlen. In Scheiben geschnittene Semmeln in heißer Butter rösten. Die Eigelbmasse mit dem Schneebesen in die Suppe rühren. Die Semmelschnitten in die Teller legen und die Suppe darüber anrichten.

Heilmittel gegen theologische Zweifel

Die Tatsache, daß die Kirche ihr Augenmerk naturgemäß zunächst einmal auf das Seelenheil der Menschen richtet, bedeutet natürlich nicht, daß sie den irdischen Angelegenheiten völlig distanziert gegenübersteht. Bekanntlich herrscht deshalb auch in weltlichen Dingen für die Kinder des Lichts nicht die gleiche Gedankenfreiheit wie für die Kinder der Dunkelheit, welche es gewohnt sind, in diesseitigen Fragen eigenverantwortlich zu räsonieren und pluralistisch zu argumentieren. Die irdischen Wirklichkeiten sollen ja so beschaffen sein,

daß sie optimale Heilsvoraussetzungen darstellen. Da aber die Kinder des Lichts nicht immer erleuchtet genug sind, um die diesbezüglichen Ansichten der kirchlichen Autoritäten nachvollziehen zu können, kommt es manchmal zu größeren oder kleineren Auseinandersetzungen in Fragen, die vorzugsweise das leibliche Wohl betreffen. Es gilt dies nicht nur für die menschliche Sexualität oder für die politische Kultur, sondern auch für das Eß- und Trinkverhalten. Was dieses letztere betrifft, geht es nicht nur darum, die biblischen Warnungen vor Völlerei zu beherzigen, sondern auch darum, Konflikte mit den kirchlichen Fastenbestimmungen zu vermeiden. Beides ist nicht nur von heilsgeschichtlicher, sondern auch von kirchenhistorischer Bedeutung.

Natürlich hat die Kirche die temporäre Enthaltung von bestimmten Speisen und gewissen Getränken nicht nur aus Gründen der Abtragung einer Sündenschuld propagiert. Weil sie die Wirkung der Taufgnade auf die Mägen der Gläubigen nicht überschätzte, haben Päpste und Bischöfe ihre Schäflein schon sehr bald auf disziplinarischem Weg zur Mäßigung und zum Fasten verpflichtet. Freilich unterschieden sich die diesbezüglichen Gebräuche teilweise nicht nur von Land zu Land, sondern auch von einem Kirchensprengel zum anderen.

Zu einem Konsens in den Fragen um die Fastengebote, die allesamt schon in der alten Kirche verwurzelt sind, gelangte man erst im Hochmittelalter. Alles in allem waren die Gläubigen damals ungefähr zwei Monate im Jahr zum Fasten verpflichtet, wobei zumeist auch der Genuß von Fleisch untersagt war.

Doch gerade diese über Jahrhunderte hin fraglos akzeptierten Fastenbestimmungen trugen schließlich dazu bei, daß das Jahr des Heils 1522 in den Augen der romtreuen Katholiken zum Jahr des Unheils wurde. In Zürich nämlich begann damals die Reformation, und zwar ausgerechnet wegen eines Konflikts um das Fasten- und Abstinenzgebot. Ein Buchdrucker hatte seinen Gesellen in der Zeit vor Ostern Würste vorgesetzt, weil sie unter Termindruck schwerer als sonst schuften mußten, und das auch noch wegen einer frommen Schrift, nämlich der Paulusbriefe. Auch der dortige Leutpriester Huldrych Zwingli war bei diesem Mahl zugegen, allerdings ohne selbst bei den Würsten zuzulangen. Die Sache wurde bekannt und hätte leicht durch eine Dispens beigelegt werden können. Aber Zwingli ging es ums Prinzip. Er verfaßte eine

Kampfschrift mit dem Titel *Von erkiesen und fryheit der spysen*, worin er behauptet, Christus habe alle menschliche Nahrung rein gemacht, und das Kirchenrecht sei nicht befugt, an dieser Freiheit etwas abzustreichen. Um die Predigt dieser Freiheit in Christus gehe es ihm, Zwingli, und nicht um die Ablehnung des Fastens selbst. Das wiederum wollte die kirchliche Autorität – in diesem Fall der Bischof von Konstanz – nicht hinnehmen; es kam zum Bruch zwischen beiden. Die Folgen sind bekannt.

Ähnlich wie bei Zwingli erregte auch bei Luther nicht das Fasten an sich Anstoß, sondern die Gesetzgebung der mittelalterlichen Kirche. Regelungen über Tage und Zeiten, über zulässige und verbotene Speisen hatten sich seiner Ansicht nach zu einem christlichen Sabbat verhärtet, welcher sich einzig dem Inhalt nach von dem pharisäischen Diktat unterschied. Überdies vermeinte Luther in seiner Klosterzeit zu bemerken, daß das Fasten bei ihm die sexuelle Leidenschaft nicht beseitigte, sondern noch mehr entflammte. Aufgrund dieser Erfahrung gelangte er zu der Überzeugung, daß das Fasten zur Bändigung der Begierden wohl für manche ein gutes Mittel sein könne, aber doch längst nicht für alle. In seinen Tischreden empfiehlt der Reformator reichliches Essen und Trinken als Heilmittel gegen theologische Zweifel und geistliche Schwermut. Im übrigen sei sein eigener Appetit so gering, daß die Anstrengung, zu essen und zu trinken, vor Gott ein Fasten bedeute, auch wenn es vor der Welt einen anderen Anschein habe...

Nicht die *Berechtigung* der Fastens also wurde von den Reformatoren in Frage gestellt, sondern die *kirchliche Autorität*, der sie die Kompetenz absprachen, diesbezügliche Vorschriften zu erlassen. Wie sollten sich die Gläubigen denn an solche außerordentlichen Anordnungen halten, wenn sie nicht einmal fähig waren, auf ihre (wenn man so sagen darf) ordentlichen Schlemmereien zu verzichten?!

Zucchiniomelett

Wie man fasten kann, ohne sich sämtlicher Gaumenfreuden zu enthalten, lernen wir bei den Augustinerinnen im Kloster San Benedetto e Sant'Agnese in Montefalco (Perugia), wo Schwester Agnese den Kochlöffel rührt. Eines ihrer bevorzugten Gerichte ist das Zucchiniomelett, bei dem die Verwendung von Eiern ausdrücklich untersagt ist. Das erlaubt den Rückschluß, daß es sich um eine alte Fastenspeise handelt. Tatsächlich war früher während der ganzen Fastenzeit der Verzehr von Eiern verboten.

600 g Zucchini
2–3 EL Mehl
Salz
Olivenöl

Die Zucchini in sehr dünne Scheiben schneiden, diese im Mehl wenden und mit wenig Salz bestreuen. Etwas Öl in eine Pfanne geben und die Zucchini nicht ganz fingerdick hineinschichten. Zudecken und auf mittlerer Hitze ausbacken. Sobald sie unten goldbraun sind, das Omelett mit Hilfe eines Tellers wenden. Das Mehl ist notwendig, damit die Zucchinischeiben schön aneinanderhaften.

Mit vollem Bauch fasten

Auf die *inhaltlichen* Einwände der Reformatoren hat das Konzil von Trient hat nicht groß reagiert. Erst am allerletzten Konzilstag, am 4. Dezember 1563, veröffentlichten die Konzilsväter einen Aufruf sehr allgemeiner Art, die Gesetze der Kirche über die Kasteiung des Fleisches, »wie zum Beispiel jene über den Genuß von Speisen und das Fasten«, zu befolgen.

Neu festgelegt wurden die seit dem Mittelalter geltenden kirchlichen Fastenvorschriften im Jahre 1917 im *Codex Iuris Canonici*, dem dann bis 1983 geltenden Gesetzbuch der lateinischen Kirche. Wie schon früher wird dort unterschieden zwischen Fast- und Abstinenztagen. Abstinenz meint die Enthaltung von Fleisch, während das Fasten die Beschränkung auf eine vollständige Tagesmahlzeit meint, wobei überdies zwei kleinere Stärkungen, am Morgen und am Abend, erlaubt waren. An sämtlichen Freitagen (mit Ausnahme bestimmter Feiertage) galt bloß das Abstinenzgebot. Gefastet wurde während der vierzigtägigen Vorbereitungszeit vor Ostern sowie je eine Woche nach Pfingsten, nach dem 3. Septembersonntag und nach dem 3. Adventssonntag, ebenso an den Vortagen von Pfingsten, Mariä Himmelfahrt, Allerheiligen und Weihnachten.

Alles klar? Keineswegs! Denn für jedes Gesetz gibt es Auslegungen und Ausnahmen, Sonderregelungen und Sonderrechte, Distinktionen und Dispensen!

Die Abstinenzvorschriften lassen wir hier einmal beiseite und richten unser Augenmerk ausschließlich auf die Fastenbestimmungen. Eine gute Hilfe ist uns der vierte Band der *Enciclopedia cattolica*, welche zudem den Vorteil hat, daß es sich dabei um eine offiziöse Publikation handelt; sie wurde im Jahre 1950 in der Città del Vaticano gedruckt. Ich fasse lediglich ein paar der dortigen Kommentare zusammen, die sich unter dem Begriff *digiuno* (Fasten) finden; den Kommentar zu diesem Kommentar möchte ich Ihnen selber überlassen.

Wer an den vorgeschriebenen Fasttagen eine zweite vollständige Mahlzeit einnimmt, bricht das Fasten und verstößt in schwer sündhafter Weise gegen das Fastengebot. Die beiden leichten Mahlzeiten am Morgen und am Abend unterliegen gewissen Beschränkungen in bezug auf Quantität und Qualität der Speisen. Was jedoch die Hauptmahlzeit betrifft, gibt es keinerlei Vorschriften hinsichtlich der Menge der Gerichte, die man zu sich nehmen darf. Wer üppig oder im Übermaß ißt, versündigt sich nicht gegen das Fastengebot, sondern bloß gegen die Tugend der Mäßigkeit! Einig sind sich die Moralisten bezüglich der Dauer der Hauptmahlzeit. Ohne ein stichhaltiges Motiv ist es unter Sünde nicht erlaubt, diese über zwei Stunden hinzuziehen. Außerdem müssen die einzelnen Gänge kontinuierlich aufgetragen und eingenommen werden; größere Pausen zwischen den einzelnen Gerichten (als Richtmaß gilt eine halbe Stunde) würden nämlich bewirken, daß das Mahl sich praktisch in verschiedene Mahlzeiten aufgliedert. *Summa summarum*: Man kann sich also ruhigen Gewissens den Bauch vollschlagen, ohne das Fasten zu brechen; gegen das Gebot versündigt sich nur, wer die Hauptmahlzeit über zwei Stunden hinaus in die Länge zieht oder mehr als eine volle Mahlzeit am selben Tag zu sich nimmt.

Das neue, seit 1983 gültige Kirchenrecht ist da um einiges realitätsbezogener; es erinnert die Gläubigen daran, daß Buße und Umkehr für Christenleute unverzichtbar sind. Als Fast- *und* Abstinenztage gelten jetzt nur noch der Aschermittwoch und der Karfreitag. Offenbar hat man begriffen, daß in unserer säkularisierten Gesellschaft ein universal gültiges Fastenprogramm nur schwer zu verwirklichen ist. Man setzt wieder mehr Vertrauen in das Einsehen der einzelnen Gläubigen. Im übrigen stelle ich mir vor, daß die Päpste vergangener Jahrhunderte vor Neid geradezu erblassen würden, wenn sie sehen könnten, wie heutzutage manche Frauenzeitschriften es schaffen, ihren Leserinnen das Fasten schmackhaft zu machen.

Fisch-»Eier«

Die strengen mittelalterlichen Fastenvorschriften, welche die Feinschmecker auf Diät setzten und die Leckermäuler in ihre Schranken wiesen, bildeten gleichzeitig eine ständige Herausforderung für die Phantasie des Küchenpersonals. Köche und Köchinnen machten sich einen Spaß daraus, ihren schwelgenden Herr- und Damschaften eben die Gerichte vorzusetzen, welche die Mutter Kirche ihnen vorenthielt, natürlich in verfälschter Form. Nicht nur an den Fürstenhöfen, sondern auch in Klosterküchen kreierte man in der Fastenzeit verbotene Gerichte, die aus Erlaubtem bestanden, etwa indem man eine Fischfarce so verarbeitete, daß sie wie eine Schweinswurst aussah.

Ein schönes Beispiel für den Versuch, den damals geltenden Fastenbestimmungen ein Schnippchen zu schlagen, hat Trude Ehlert (*Das Kochbuch des Mittelalters*, Artemis Verlag, Düsseldorf, [4]1995) in einer bis dahin noch nicht

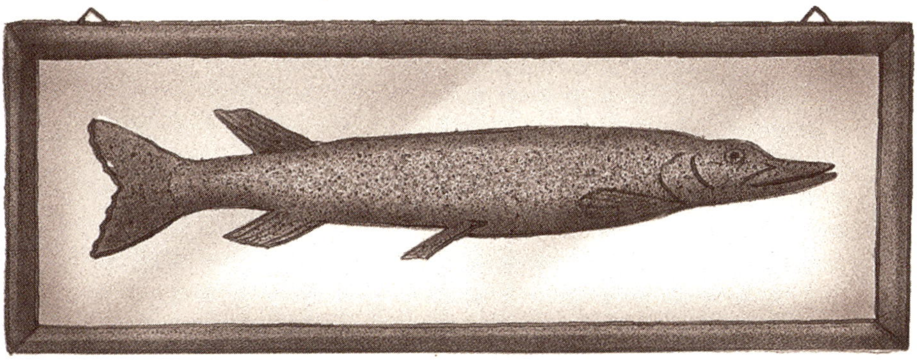

edierten Handschrift aus dem 15. Jahrhundert aufgestöbert, die in der Universitätsbibliothek Graz aufbewahrt wird (Handschrift Nr. 1609). Der anonyme Verfasser empfiehlt seinen Gästen ein Eiergericht aus Fischen (erst ab 1491 war der Verzehr von Milch, Milchprodukten und Eiern während der Fastenzeit offiziell gestattet!):

Willst du Eier aus Fisch machen, so nimm das Fleisch von Hechten und stoß das in einem Mörser. Und nimm danach Ingwerstückchen und röste sie kurz, so daß sie Dotter bilden. Und brich danach das Ei an beiden Enden auf und tu den Dotter heraus. Und mach den Fisch zerstoßen mit gutem Gewürz an und füll das in die Eierschale und röste es kurz. Danach schäl es und steck es an einen Bratspieß und salz es und brate es so.

Wenn wir dieses originelle Gericht als Vorspeise für acht Personen zubereiten, benötigen wir

500 g Hechtfilet
8 große Eier
200 g große Ingwerknollen
20 g Butter
Pfeffer, Salz

Die Hechtfilets (oder Filets von anderen Fischen) im Mixer pürieren, salzen und pfeffern. Den Ingwer schälen, in Stücke von der Größe eines halben Eidotters schneiden und in der Butter dünsten. Die Eier auf der stumpfen Seite vorsichtig köpfen und den Inhalt herauslaufen lassen. Die Schale zur Hälfte mit Fischpüree füllen, die Ingwer-»Dotter«-Hälften hineinstecken und das restliche Fischpüree nachfüllen. Die gefüllten Eier in eine feuerfeste Form legen und in dem auf 200 Grad vorgeheizten Backofen auf der mittleren Schiene etwa eine halbe Stunde lang garen. Dann die Eier schälen und nochmals gut 10 Minuten weitergaren.

Vermutlich hat der findige Koch (oder war's vielleicht doch eine Köchin?) dieses Schein- oder Scherzgericht an einem Fast*tag* und nicht während der Fasten*zeit* zubereitet, da es im Mittelalter an den nötigen Einrichtungen fehlte, um die Eimasse längere Zeit für eine spätere Verwendung aufzubewahren.

»Reh«-Braten für die Fastenzeit

Ein weiteres Scheingericht findet sich im ersten gedruckten Kochbuch deutscher Sprache, das um 1485 in Nürnberg von einem anonymen Verfasser unter dem Titel *Kuchenmaistrey* (Küchenmeisterei) zusammenstellt wurde und mehreren Generationen von Köchen und Köchinnen als Standardwerk diente.

Willst du einen Rehbraten in der Fastenzeit machen, so nimm Feigen und Weinbeeren und koch sie in gutem Wein. Hack sie klein, streu Mehl hinein und vermisch das gut. Schmecke es mit Salz und Gewürzen ab. Befeuchte die Hände

und schlag die Feigenmasse mit nassen Händen um einen Spieß wie einen Braten und drück ihn gut an und leg ihn aufs Feuer. Wenn er dann gebraten ist, so schneide ihn der Länge nach auf beiden Seiten am Spieß entlang an. Mach hübsche Stücke daraus und besteck sie mit vergoldeten oder gefärbten Mandelkernen und servier es. Du kannst Zucker oder frischen Ingwer daraufstreuen. Den Braten begießt man auch mit Milchschmalz.

Trude Ehlert, die auch dieses Rezept rekonstruiert hat, schlägt dafür die folgenden Mengen an Zutaten vor:

8 frische oder 10
getrocknete Feigen
125 g Rosinen
125 ml Weißwein
125 ml Wasser
2–3 EL Mehl
Salz
8–10 schwarze Pfefferkörner
1 Stück Ingwer (etwa 1 cm lang)
2 Messerspitzen Zimt
1 Prise Kardamom
30 g geschälte Mandeln
1 Messerspitze Safran
in 1 EL Weißwein verrührt
3 EL Butterschmalz

Die frischen Feigen häuten, kleinschneiden und zusammen mit den Rosinen in der Wein- und Wassermischung aufkochen. Den Ingwer schälen und reiben. Die Pfefferkörner im Mörser grob zermahlen. Ingwer, Zimt, Kardamom, Salz und Pfeffer mit der Feigenmasse vermischen. Die Flüssigkeit reduzieren, die Masse mit Mehl binden, etwas abkühlen lassen und mit den Händen zu einem länglichen Kloß formen. Auf dem Grill 30–40 Minuten braten. Währenddessen öfters wenden und mit flüssigem Butterschmalz begießen. Den Safran in Weißwein lösen, die Mandeln hineintauchen und färben. Vom fertigen »Rehbraten« Tranchen abschneiden und diese mit den gefärbten Mandeln bestecken.

Dieser Rehbraten, der sich sowohl als Beilage wie auch als Nachtisch eignet, erinnert uns an einen Spruch aus Sebastian Brants *Narrenschiff*: »Die Welt will betrogen sein.«

Wenn Gebet, dann Gebet, wenn Rebhuhn, dann Rebhuhn!

Nur Fasten führt zum Hochmut oder zur Verzweiflung. Aber *ohne* Fasten läuft gar nichts. Auf diese Formel läßt sich die Haltung der Kirche bringen, wenn es ums Maßhalten geht. Tatsächlich hat die Kirche ja nicht nur das Fasten gefordert, sondern auch das Feiern gefördert.

Im allgemeinen hatten die Kirchenführer keine Bedenken, wenn es darum ging, die Heiligenfeste gebührend zu feiern, vorausgesetzt natürlich, die vorausgehenden Fasttage wurden pedantisch eingehalten. Und wo das zutraf –

der Mensch in seinem zeitweisen Unverstand scheint nun einmal dazu zu neigen, von einem Extrem ins andere zu verfallen –, zeigte sich die Festfreude manchmal denn doch etwas über Gebühr. Um es deutlich und unmißverständlich zu sagen: die fröhlichen Festivitäten, die auf das verordnete Fasten folgten, mündeten nicht selten in Gelage, die im nachhinein nicht nur dem Magen, sondern oftmals sogar einem abgebrühten Gewissen zu schaffen machten.

Gegen derlei Exzesse haben nicht nur die kirchlichen Autoritäten, sondern auch die Mönchsprediger immer wieder protestiert. Zum Beispiel der wortgewaltige Abraham a Sancta Clara, dem wir hier nochmals kurz das Wort erteilen:

Wie oft wird die heilige Weihnacht zu einer ›Wein-Nacht‹, wie oft heißt bei dir Ostern ›O Stern voll‹! Wie oft ist es bei dir wahr, was man zu Pfingsten die Apostel falsch bezichtigt hat: Diese Leute sind voll. Wie oft tust du zu unseres Herrn Himmelfahrt in allen Wirtshäusern herumfahren. (...) In Summa ist es leider schon so weit gekommen, daß bei den Christen die meisten Fasttage in Freßtage verkehrt werden. (...) O festum infaustum! O Festtag, o Freß-Tag!

Als Barockmensch neigt Abraham a Sancta Clara dazu, das irdische Leben *sub specie aeternitatis* als wurmstichiges Provisorium zu beschreiben. Anderseits aber kommt er nicht umhin, durch seine offenkundige Lust am eloquenten Witz ein Lachen zu provozieren, aus dem selbst Schwerhörige eine pralle diesseitige Daseinsfreude heraushören können. Seine urchristliche Botschaft lautet: Genießt, aber mit Maßen!

Das war auch die Devise der heiligen Teresa von Avila. Als sie einmal mit sichtlichem Genuß ein Rebhuhn verzehrte und von einer bigotten Dame daraufhin angesprochen wurde, antwortete diese großartige Frau mit einen einzigen Satz, der mehr aussagt über das richtige Verhältnis zum Essen und zum Fasten als drei päpstliche Hirtenbriefe zusammen: »Wenn Gebet, dann Gebet, wenn Rebhuhn, dann Rebhuhn!«

Putenrouladen

Kirchliche Speisevorschriften bezogen sich im Mittelalter (und beziehen sich teilweise auch heute noch) nicht nur auf bestimmte Zeiten, sondern auch auf bestimmte Personengruppen. So untersagt der heilige Benedikt den Mönchen im 36. und im 39. Kapitel seiner Ordensregel, das Fleisch von vierfüßigen Tieren zu essen (außer sie wären schwach und kränklich). Irgendwann fragte sich ein hungriger Klostermann, ob Hühner, Fasane und Tauben, deren Flügel an verkürzte Vorderbeine erinnern, den Vierfüßern zuzurechnen seien. Die Lösung dieser diffizilen Frage gelang aber erst dem gelehrten Abt von Fulda, Hrabanus Maurus, der 847 zum Erzbischof von Mainz ernannt wurde. Nachdem der Gottesmann einige Zeit in der Bibel geblättert hatte, stieß er auf jene Stelle, wo es heißt, daß die Vögel am selben Tag geschaffen wurden wie die Fische. Woraus Hrabanus Maurus eine doppelte Schlußfolgerung zog, nämlich erstens, daß das Federvieh vermutlich dem Meer entstiegen sei, und zweitens, daß es deshalb, vor allem wenn es dazu noch aus der Tiefe eines Suppentopfs hervorkomme, von den Klosterbrüdern sehr wohl verspeist werden dürfe.

Wenn die hochselige Teresa von Avila Rebhuhn schätzt und der hochgelehrte Hrabanus Maurus seinen Mönchen den Verzehr von Geflügel erlaubt, haben wir, die wir hinter den beiden an Heiligkeit und Gelehrsamkeit ja um ein Erkleckliches zurückstehen, keinerlei Hemmungen, uns gelegentlich an einer Putenroulade zu ergötzen. Und die geht so:

8 sehr dünne Putenschnitzel
1 TL Senf
Rosmarinpulver
Salz, weißer Pfeffer
1 Boursin-Käse (oder ein anderer Kräuter-Frischkäse)
Bratfett

Jedes Schnitzel auf der einen Seite mit etwas Senf bestreichen. Die andere Seite mit den Gewürzen einreiben. Den Käse darauf verteilen, das Schnitzel zusammenrollen, in drei Stücke schneiden und die kleinen Rouladen mit einem Zahnstocher verschließen. Im heißen Fett kurz braten. Dazu reichen wir Butterreis und gedünstetes Gemüse.

Hebräische Bibel, Neues Testament, Koran

Im Gegensatz zum katholischen Kirchenrecht gibt sich die Bibel in Sachen Fastenanweisungen recht einsilbig. Für den Verfasser des Johannesevangeliums bildet die Enthaltung von Speise und Trank aus religiösen Gründen kein Thema. Die ersten drei Evangelisten (Matthäus, Markus und Lukas) mahnen ihre Leserschaft in dieser Sache eher zur Zurückhaltung: »Wenn ihr fastet, macht kein finsteres Gesicht wie die Heuchler« (Matthäusevangelium, 6. Kapitel, 16. Vers). Jesus muß sich gar den Vorwurf gefallen lassen, ein »Fresser und Säufer« zu sein (Mt 11,19). Auch seine Jünger kommen nicht viel besser weg: »Warum fasten deine Jünger nicht, während die Pharisäer fasten?« (Mt 9,15).

Tatsächlich waren die Juden damals nur am Versöhnungstag zum Fasten verpflichtet (was im 16. Kapitel des Buches Levitikus nachzulesen ist). Lediglich in Notzeiten war es üblich, ein besonderes Fasten auszurufen. Darüber hinaus schaltete Jesus, im Gegensatz zu den Pharisäern, keine Fasttage ein. Diese letzteren pflegten sich jeweils am Montag und am Donnerstag jeder Speise zu enthalten. Das bedeutet, daß sie vom Sonnenaufgang bis zum Sonnenuntergang weder Speise noch Trank zu sich nahmen, eine Gepflogenheit, die bei den Muslims im Monat Ramadan noch heute geübt wird. Die diesbezüglichen Anweisungen finden sich in der zweiten Sure (Verse 184–185) des Korans:

Das Fasten ist während einer bestimmten Anzahl von Tagen einzuhalten... Fastenzeit ist der Monat Ramadan, in welchem der Koran als Rechtleitung für die Menschen herabgesandt worden ist, und die einzelnen Koranverse als klare Beweise der Rechtleitung und der Rettung. Wer nun von euch während des Monats anwesend (d.h. nicht auf Reisen) ist, soll in ihm fasten. Und wenn einer krank ist oder sich auf einer Reise befindet und deshalb nicht fasten kann, ist ihm eine entsprechende Anzahl anderer Tage zur Nachholung des Versäumten auferlegt. Gott will es euch leicht machen, nicht schwer. Macht darum durch nachträgliches Fasten die Zahl der vorgeschriebenen Fasttage voll und preist Gott dafür, daß er euch rechtgeleitet hat.

Da sich der islamische Kalender im Gegensatz zum unsrigen nicht am Sonnen-, sondern am Mondjahr orientiert, zählen die einzelnen Monate abwechselnd nur je 29 und 30, und das gesamte Jahr bloß 354 Tage (das Schaltjahr 355). Dies wiederum bedingt, daß jeder Monat im Lauf eines mehrjährigen Zyklus durch alle Jahreszeiten hindurch wandert, so daß der Ramadan (als 9. Monat im Kalenderjahr) sowohl in die Winterszeit wie auch auf die nicht enden wollenden Hochsommertage fallen kann.

Wenn der Ramadan in die heiße Jahreszeit fällt, stellt das für die Gläubigen eine ganz besondere Belastung dar. Während des ganzen Fastenmonats nämlich ist es ihnen ja verboten, tagsüber etwas zu sich zu nehmen. Der Tag beginnt, sobald man einen weißen von einem schwarzen Faden unterscheiden kann, also schon vor Sonnenaufgang. Und er endet erst, wenn die Sonnenscheibe zur Gänze am Horizont verschwunden ist.

Das Fastengebot erstreckt sich übrigens nicht nur aufs Essen und aufs Trinken, sondern auch auf das Rauchen, auf das Einatmen von Wohlgerüchen und auf den Geschlechtsverkehr. Verstöße gegen die bestehende Vorschrift werden durch eine entsprechende Bußleistung gesühnt, beispielsweise durch gute Werke wie Armenspeisung oder Almosengeben.

Nun wird aber ausgerechnet im Ramadan viel ausgiebiger gegessen und gefeiert als gewöhnlich. Nicht nur daß im Fastenmonat bei Einbruch der Nacht mehr Gänge aufgetragen werden als während des übrigen Jahres; diese fallen allesamt auch reichhaltiger aus. Da im Ramadan auch die Armensteuer entrichtet und die Mildtätigkeit besonders gepflegt wird, können in diesen Tagen selbst die Armen Fleisch essen, das sie sich sonst kaum je leisten können.

Nichtmuslimen mag dieses Verhalten paradox erscheinen, allerdings nur solange sie sich nicht auf den tieferen Sinn des islamischen Fastens besinnen.

Durch ihre Almosen, die in dieser Zeit besonders reichlich fließen, solidarisieren sich die Reichen mit den Armen. Jene sollen auch selber *fühlen*, was der Hunger für diese bedeutet. Außerdem ist das Fasten tagsüber eine gute Übung, um den Willen im Kampf gegen die Sinne zu stärken. Schließlich betont die zweite Sure ausdrücklich, daß der Koran im Ramadan geoffenbart wurde, und deshalb ist der Fastenmonat eine Zeit der Freude, was dann in den nächtlichen Festmählern recht anschaulich zum Ausdruck kommt.

Und wir, die wir grundsätzlich offen sind für alles Neue, vertrauen dem nordafrikanischen Geschmack. Zusammen mit unseren muslimischen Brüdern und Schwestern sind wir der Ansicht, daß eine Fastenspeise kein Bußgericht ist. Also entscheiden wir uns für Couscous mit Fisch.

Couscous mit Fisch

250 g Vollkorn-Couscous	4 Flunderfilets
3–4 EL Öl	Salz, Pfeffer
1 TL Salz (oder Bouillon-Granulat)	1 EL Mehl
2 EL Butter	Bratbutter

Zubereiten läßt sich das Couscous auf verschiedene Arten. Manche geben die feinen Körner unter Rühren einfach ins heiße Salzwasser, andere lassen sie zuerst im kaltem Wasser etwas aufquellen. Ich selber entscheide mich in der Regel für ein etwas aufwendigeres Procedere. Was zur Folge hat, daß meine Gäste sich jedesmal erkundigen, wie ich es bloß anstelle, daß mir das Couscous so locker und luftig gerät. Weil ich die ewige Fragerei inzwischen leid bin, verrate ich das Geheimnis nun allen, also auch jenen, die schon immer alles über Couscous wissen wollten und sich nicht zu fragen trauten.

Für vier Personen lasse ich 250 g Couscous etwa drei, vier Minuten im kalten Wasser quellen. Dann lege ich ein Sieb mit einem weißen Geschirrtuch aus, schütte das Couscous hinein, balle das Tuch etwas zusammen und drücke das Wasser aus. Anschließend gebe ich 3 EL Öl und 1 TL Salz dazu und mische alles mit einer Gabel durch. Einen Kochtopf mit etwas Wasser habe ich bereits vorher auf den Herd gesetzt. Sobald das Wasser kocht, hänge ich das Sieb mit dem Geschirrtuch und dem darin eingepackten Couscous über den Topf, um das Getreide zu dämpfen. Schon nach etwa 5 Minuten präsentiert sich mein Couscous wunderbar locker, luftig und körnig. Dann gebe ich es in eine vorgewärmte Schüssel, damit ich etwas Butter unterziehen kann, und stelle es warm.

Nun schneide ich die Flunderfilets in zwei Stücke und bereite sie *à la meunière* zu. Das heißt, ich würze sie mit Salz und Pfeffer, wende sie in Mehl, erhitze etwas Bratbutter in einer Pfanne und brate die Fischstücke auf beiden Seiten etwa drei Minuten.

Vor dem Auftragen verteile ich das Couscous ringförmig auf vorgewärmten Tellern; die Fischstücke kommen in die Mitte. Als Gemüse reicht eine Handvoll Kichererbsen.

Natürlich müssen es nicht immer Flundern sein. Hervorragend eignen sich auch Filets vom Rotbarsch, vom Seelachs, von der Forelle, oder vom Steinbutt... Befindet sich unter den Gästen einer, mit dem ich noch eine kleine Rechnung offen habe, besorge ich mir Filetstücke vom Seeteufel, dessen Name einem so genüßlich von den Lippen geht, während man beim Auftragen die betreffende Person ins Auge faßt und ihr gleichzeitig versichert, daß es sich um einen etwas festen und gleichzeitig höchst delikaten Fisch handelt, den man nur Leuten vorsetzt, die aus ihrem Herzen keine Mördergrube machen.

Statt Fisch kann man auch Kurzgebratenes vom Lamm, vom Schwein oder vom Kalb in den Couscousring geben. Oder Meeresfrüchte. Oder ein paar Löffel vom Gemüseeintopf.

Die Moral von der Geschicht'

Am Schluß dieses Kapitels lassen wir Abraham a Sancta Clara noch ein letztes Mal zu Wort kommen, weil wir ihn nicht nur als temperamentvollen Prediger, sondern auch als hinreißenden Geschichtenerzähler schätzen. Daß er seinen Fabeln immer noch eine Moral anhängt, soll uns nicht weiter stören; das gehört nun einmal zu seinem Metier.

Der Fuchs und die Maus

Ein dürrer, magerer Fuchs hat sich durch eine gar enge Lücke in ein wohl eingerichtetes Speisgewölb praktiziert. Diesen sah eine Maus und hat ihn aus Höflichkeit also bewillkommnet: »Guten Tag, mein lieber Herr Hühner- und Taubenkommissarius. Wie kommen Sie hierher? Und in was für Geschäften haben Sie sich in dieses Speisgewölb begeben? Haben Sie etwa eine Kommission von dem ganzen Geflügelwerk aus unserer Herrschaft Meierhof, oder eine Klag vorzubringen wider des Bäckers feisten Kapaunen?« »Ach nein«, sprach der Fuchs, »durchaus nicht, meine liebe Frau Speckjubiliererin. Ich bin mittels eines magern Leibs durch ein gar enges Loch hereingeschlupft und will mir allhier einen guten Tag antun.« »Gar wohl«, antwortet die Maus. »Lassen Sie es sich nur belieben; Sie geben aber wohl acht, daß über dieses Prassen Sie nicht etwa dürfen ihren Balg lassen.« Mit hin nahm die Maus ihren Abschied. Der Fuchs hatte sich unterdessen dergestalt angefressen, daß ihm der Bauch auseinanderging wie eine Regimentstrommel. Bald hernach kam der Koch in das Speisgewölb, und da solchen der Fuchs ersah, wollte er augenblicklich durch das vorige Loch den Reißaus nehmen, konnte aber wegen der angefressenen Wampe nicht; mußte also frühzeitig seinen Balg lassen.

Auf gleiche Weise ergeht es den unmäßigen Fressern und Bauchdienern: sie sterben durch vielfältiges Luderleben eines frühzeitigen Todes und mögen mit ihrem angeschoppten Wanst durch die enge Himmelspforte zur ewigen Freiheit nicht eingehen, sondern werden endlich dem Teufel zum Raub.

Das Stadtmäusl und das Feldmäusl

Es sind einmal zwei Mäusl zusammengekommen, das Stadtmäusl und ein Feldmäusl. Wie sie nun gar freundlich einander gegrüßt, so redeten sie von den unterschiedlichen Sachen, unter anderem auch von täglicher Unterhaltung. »Meine Schwester«, sagte das Stadtmäusl zu dem Feldmäusl, »wie erhältst dich denn?« »Ich komme halt just aus«, antwortete das andere, »iß gemeiniglich Wurzeln, Traidkörndl, kleine Käferl, und gestern hat mein Bruder Hochzeit gehalten, da haben wir dürres Brot gehabt, das ich schon längst auf dem Weg gefunden und hat's ein Bettlmann hinweggelegt; denn die Bettelleut nehmen jetzt nicht mehr gern Brot, sondern Geld – also haben wir reichlich gelebt.« »O du dalkete Närrin«, sagte das Stadtmäusl, »bist wohl hundertmal nicht recht gescheit, tust dich so armselig im Feld erhalten; komm zu mir in die Stadt hinein, da hab ich wohl besser Bissel. Ich bin in einem Haus, da ist gar ein faules und nachlässiges Mensch (d.h. eine Dienstbotin)*; dieselbe verdeckt mir kein Schmalz, keinen Speck, kein Fleisch; da leb ich als wie eine Gräfin. Komm nur morgen zu mir, so wirst du es erfahren.« Eben denselben Tag kommt die Frau* (d.h. die Herrin) *über das Speisgewölb und sieht, daß schier alles von Mäusen angebissen, wischt mit einem Kochlöffel über das Mensch her und meßt ihr den Buckel wacker damit ab. War aber die Frau zornig über das Mensch, so ist das Mensch noch zorniger gewesen und gedachte sich an den Mäusen zu rächen. Die Nacht rückt herzu; das Feldmäusl kommt zu dem Stadtmäusl. Sie gehen miteinander ins Speisgewölb und wischen geschwind über eine geselchte Zung, fressen, zwicken und stupfen dran.*

»Ist's gut, Schwester?« »Freilich, über die Maßen.« Indessen hat das Mensch mit dem Kochlöffel aufgepaßt, den sie vorher gekostet, und wie sie die Mäus über der Zung ertappt, hat sie mit aller Stärke draufgeschlagen. »Hä! Du Mausköpfin, ertapp ich dich da!« Jagte sodann die beiden Mäus in der Kammer herum. Das fremde Feldmäusl wußte die Gelegenheit nicht recht; darum konnte es eine Weile das Loch nicht finden und hat das Mensch dieses gnäscherische Närrl so nah getroffen, daß es ihm das Schweifl abgeschlagen. »Nein«, sagt das Feldmäusl, »behüt mich der und der; mein Lebtag komme ich nicht mehr daher; denn ich will lieber mit wenig vorlieb nehmen und sicher sein, als einen guten Tag haben und stets in Gefahr leben. Nein, so teuer ist mir die Lust und Wollust nicht!«

Mein, was ist die Welt anders als ein Speisgewölb oder Speiskammer, in welcher sich uns das Fleisch, der Satan, die sündlichen Ergötzlichkeiten als einen Speck vorsetzen? Nun, alle diejenigen, so an diesem Speck nagen, unterwerfen sich dem ewigen Tod. Ei, da sind wir ja Mausköpf – wegen einer so geringen Ergötzlichkeit!

Liturgische Speisezettel

Der Herr der Heere wird
auf diesem Berg für alle Völker
ein Festmahl geben mit den
feinsten Speisen, ein Gelage
mit erlesenen Weinen.

Jesaja, 25. Kapitel, 6. Vers

In der Kirche mit Heiligen geh;
im Wirtshaus mit den Zechern.

Dante, Die göttliche Komödie

Es gibt den Krankenbruder und die Krankenschwester, so wie man ja auch von einer Betschwester und von einem Betbruder redet. Im Vergleich der Geschlechter jedoch kommen die Brüder im allgemeinen um einiges schlechter weg. Man spricht von Kegelbrüdern, Festbrüdern und Saufbrüdern; vom Bruder Leichtfuß, vom Bruderkrieg, vom Brudermord. Wo bleiben da die Schwestern?

Wahrscheinlich am Herd. Also dort, wo sie schon zu Tells Zeiten waren, während die Männer sich auf der Rütliwiese als ein »einzig Volk von Brüdern« deklarierten.

Wo bleiben die Schwestern? Diese Frage stellte mir eine Frau auf dem Kirchplatz, nachdem der Organist kurz zuvor ein letztes Mal in die Tasten gegriffen und als Schlußlied die Nummer 664 aus dem Schweizerischen Kirchengesangbuch intoniert hatte: »Laßt uns loben, Brüder, loben...« Weil in unseren Kirchenräumen schon genug Kampfstimmung herrscht, komme ich seither dem Organisten (beziehungsweise der Organistin) zuvor und sage trotz Leuchtanzeige das Lied an: »Laßt uns loben, *alle*, loben, Gott den Herrn, der uns erhoben, uns zu seinen *Kindern* zählt...«

Im selben Gottesdienst hatte sich die Lektorin (ausgerechnet eine Lektor*in*!) bei der Lesung streng an den liturgischen Text gehalten und einen Abschnitt aus dem Römerbrief mit der Anrede *Brüder!* eingeleitet. Ich hatte sie bewußt nicht darum gebeten, *Brüder und Schwestern* zu lesen; denn jedes Mal, wenn ich das tue, erhalte ich die gleiche Antwort: »Das machen wir doch schon lange so.« Aber offenbar machen's nicht alle so.

Einzig die Sprache leidet unter der Gleichberechtigung der Geschlechter. Wie soll man sich ausdrücken: Katechetinnen und Katecheten, oder Katecheten und -innen, oder Katechet(inn)en, oder KatechetInnen? Soweit ich sehe, findet man/frau im Duden keinen Hinweis. Ich persönlich neige dazu, alle möglichen Zugeständnisse an den Schreibstil zu machen, um das Feingefühl anderer nicht zu verletzen. Überzeugungen haben auch einen ästhetischen Preis.

So zögere ich denn nicht, die Anwesenden zu Beginn eines Gottesdienstes als »Christinnen und Christen« zu begrüssen. Als Nonsens indessen empfinde ich die von manchen PredigerInnen verwendete Unisex-Anrede »Liebe

Gemeinde«. Welche Reaktionen hätte der Bundeskanzler zu erwarten, wenn er seine Neujahrsansprache mit den Worten »Liebes Deutschland« beginnen würde?

Das Bemühen, Männern und Frauen in gleicher Weise gerecht zu werden, treibt mitunter seltsame Blüten. Ein Ohrenzeuge hat mir glaubwürdig versichert, daß einem helvetischen Bischof vor lauter »-er« und »-innen« (»Kirchgänger und Kirchgängerinnen…«) schließlich noch die Anrede »Brüder und Brüderinnen« über die Lippen rutschte.

Aufgefallen ist mir, daß die Frauen in der Regel den Männern nie den Vortritt lassen. »Liebe Zuschauerinnen und Zuschauer«, begrüßt uns die Ansagerin vom Bildschirm. Müßte ich als Mann nun sagen »Liebe Zuschauer und Zuschauerinnen«?

In der Kirche würde ich die Anwesenden gerne ansprechen mit »Liebe Schwestern und Brüder«. Nein, es ist nicht die Reihenfolge, die mich über diese Anrede stolpern läßt. Schwestern und Brüder! Brüder und Schwestern! Das ist doch die reine Fiktion, wenn wir nachher, draußen auf dem Kirchplatz, wieder per Sie miteinander verkehren.

Dafür dürfen wir immerhin die Heiligen duzen. Zumindest hier gilt uneingeschränkt, woran Paulus in seinem Schreiben an die Gemeinde von Galatien erinnert: »Es gibt nicht mehr Juden und Griechen, nicht Sklaven und Freie, nicht Mann und Frau« – eben weil kein Mensch gleicher ist als der andere (Galaterbrief, 3. Kapitel, 28. Vers)!

Am besten kommt das immer noch zum Ausdruck an liturgischen Festtagen, wenn die Gemeindemitglieder sich im größeren Kreis zum Feiern zusammenfinden. Dann sind die kirchenpolitischen und konfessionellen Grenzen plötzlich nicht mehr so wichtig, und die Lustbarkeiten erscheinen wie eine Vorwegnahme des himmlischen Hochzeitsmahls, bei dem es dereinst, so hoffen wir, bestimmt nicht weniger glanzvoll zugehen wird als an König Artus' Tafel.

Mit Heiligen zu Tisch

Obwohl ich zum Nachtisch lieber etwas Käse als ein Stück Kuchen verzehre, habe ich am 19. März 1996 zu Ehren meines Namenspatrons von den *Fritelle di San Giuseppe* gekostet. Denn dieses Gebäck aus Mehl, Milch, Eiern und Zucker gehört in Rom zum Josefstag wie das weiße Gewand zum Papst. Im übrigen gibt es in Italien über hundert Gerichte, die nach Heiligen benannt und vorzüglich an deren Gedenktagen zubereitet werden, angefangen von einem Marzipangebäck mit der Bezeichnung *Olivette di Sant'Agata*, über die *Lumache di San Giovanni*, die Johannis-Schnecken mit Knoblauch und Tomatensoße (mmh!) bis hin zur *Foccaccia di San Zeno*, einem nach dem legendären veronesischen Bischof benannten Mandelkuchen. Im Schnitt fast jeden dritten Tag sitzt in unserem südlichen Nachbarland irgendein Heiliger mit zu Tisch.

Oder gar täglich, wenn man die Weine mit einbezieht. So wird ein hervorragender Rotwein aus der Emilia Romagna nach Johannes dem Täufer *Sangiovese* benannt, ein trockener Rebensaft aus Apulien ist unter der frommen Bezeichnung *San Severo* im Handel, ein vollmundiger Chianti trägt den Namen *Santa Cristina*, ein Dessertwein aus der Toskana nennt sich *Vin santo*, und ein schwerer Tropfen von den Hängen des Vesuvs wird als *Lacrima Christi* verkauft, was teutonische Theologiestudenten in Rom seit Menschengedenken dazu veranlaßt, ein lateinisches Bonmot zu kolportieren: *Cur, Christe, non lacrimasti etsi in Germania* – warum nur, o Jesus, hast du nicht auch in Deutschland geweint? Tatsache ist, daß sich die kirchlichen Heiligen bei den Nachkommen der alten Römer laufend zu Tische drängeln.

Darüber hinaus besitzen wir (wie wir in einem der vorherigen Kapitel bereits feststellen konnten) hinreichend Zeugnisse, daß sich auch die höchsten Spitzen der kirchlichen Hierarchie nicht nur mit geistlicher Nahrung begnügten, sondern auch mit der Küche einiges im Sinn hatten. In dieser Hinsicht unterschieden sie sich von einem Abraham a Sancta Clara, der von den Kanzeln Wiens herab geradezu lustvoll gegen Schmausereien und Festgelage wetterte, ob aus Überzeugung oder aus Freude am Sprachwitz, sei dahingestellt.

Tortelli di San Giuseppe *(Josefsgebäck)*

Vom heiligen Josef, dem Nährvater oder Vater Jesu, überliefern die Evangelisten nur spärliche Nachrichten. Sicher ist, daß er wie sein alttestamentlicher Namensvetter ein »Träumer« war, wenn auch auf etwas andere Weise. Gerühmt werden seine Rechtschaffenheit und seine Fürsorglichkeit gegenüber seiner Familie. Vom Beruf scheint er Zimmermann gewesen zu sein, weshalb die Werktätigen ihn zu ihrem Patron erkoren. Nachdem der zwölfjährige Jesus anläßlich einer Jerusalemwallfahrt es nicht für nötig befunden hatte, ihn und seine Mutter über seinen Verbleib im Tempel zu informieren, und damit eine panische Suchaktion auslöste, verschwindet Josef im Dunkel der Geschichte. Wohl nicht zuletzt dank seiner Bescheidenheit verlieh ihm das fromme Volk schon bald den Status eines Lieblingsheiligen. Daß mancherlei Backwerk an ihn erinnert, hängt damit zusammen, daß sein Fest am 19. März in früheren Jahrhunderten als Feiertag begangen wurde, was sich dann eben auch bei Tisch auswirkte.

Noch heute bilden in manchen Teilen Italiens die *Bignè* oder *Fritelle di San Giuseppe* einen unverzichtbaren Bestandteil des Josefstags. Aber auch im Tessin backt man am Fest dieses Heiligen zu seinen Ehren überaus leckere Küchlein, die *Tortelli di San Giuseppe*, auf die wir, wenn wir einmal davon gekostet haben, unser Leben lang an keinem Josefstag mehr verzichten möchten.

70 g Butter
1 EL Zucker
250 ml Wasser
1 Messerspitze Salz
150 g Weißmehl
4 Eier
3 EL Rum
1 geriebene Zitronenschale
Öl
Puderzucker

Das Wasser zusammen mit der Butter, dem Salz und dem Zucker aufkochen. Das gesiebte Mehl beigeben und sofort kräftig rühren, daß sich ein Teig bildet. Den Topf vom Herd nehmen und die Eier einzeln mit dem Teig verarbeiten. Den Rum und die Zitronenschale dazugeben und den Teig erkalten lassen. Mit zwei Eßlöffeln Kugeln abstechen und diese in heißem Öl fritieren. Die Küchlein vor dem Servieren mit Puderzucker bestreuen.

Wenn *ich* diese Tortelli herstelle, wird aus dem Josefsgebäck unvermeidlich Josefs Gebäck.

Schnecken nach Burgunder Art

Alljährlich findet in Rom in der Nacht vom 23. auf den 24. Juni auf dem Platz von S. Giovanni in Laterano das Johannisfest statt, das auf die vorchristliche, möglicherweise gar auf die prähistorische Zeit zurückgeht, als in dieser Gegend der Sommerbeginn gefeiert wurde. Im Mittelalter verbanden sich mit dieser Lustbarkeit zunehmend abergläubische Elemente. Hatte sich Johannes in der Wüste von Heuschrecken und wildem Honig ernährt, so suchte man jetzt durch den Verzehr von Knoblauch und Schnecken (denen man wegen ihrer ›Hörner‹ besondere Abwehrkräfte zuschrieb) die Dämonen zu bannen. Diesem Zwecke dienten auch die Feuerbrände, die man erst später mit dem heiligen Johannes dem Täufer (Johannisfeuer) in Verbindung brachte. Weil die Festfreude häufig geradezu orgiastische Formen annahm, sahen sich die Päpste zuweilen genötigt, gewisse Einschränkungen zu erlassen. Aber noch immer versammelt sich in der Nacht auf St. Johannis halb Rom auf der Piazza S. Giovanni zum Schneckenessen. Wer keine Schnecken mag, kauft sich *porchetta*. Im Gegensatz zu den *lumache* jedoch ist das geröstete Spanferkel eher spärlich mit Knoblauch gewürzt; es empfiehlt sich daher, zum Schutz gegen Hexen und Abergeister in dieser Nacht mindestens eine der umstrittenen Knollen auf sich zu tragen.

Für unsere Vorspeise benötigen wir pro Person sechs bis acht Schnecken. Die kaufen wir kochfertig in der Dose (die Häuschen werden mitgeliefert). Außerdem sollten wir möglichst jungen Knoblauch zur Hand haben. Der schmeckt nicht nur viel besser, sondern hat auch den Vorteil, daß sich die Geister gar nicht erst ans Haus heranwagen, sondern sich schon beim Gartenzaun nach einer anderen Wohn- oder Wirkungsstätte umsehen.

24–32 Weinbergschnecken aus der Dose
Schneckenhäuser
ca. 80 g Butter
1 kleiner Bund Petersilie
3 EL Kerbel
2 Schalotten
2–3 Knoblauchzehen
1 Messerspitze Salz
1 Prise weißer Pfeffer
1 TL Zitronensaft

Die weiche Butter in eine Schüssel geben. Die Kräuter und die Schalotten klein hacken, die Knoblauchzehe pressen. Alles mit den Gewürzen und dem Zitronensaft unter die Butter rühren. Die Schnecken waschen, abtropfen lassen und in die Häuschen stecken und jeweils einen halben TL von dem Sud aus der Dose dazugeben und die Häuschen mit der Kräuterbutter verschließen. Den Backofen auf 200 Grad erhitzen. Die Schneckenhäuser mit der Öffnung nach oben in eine Schneckenpfanne setzen und diese für etwa 15 Minuten in den Ofen schieben. Dazu gibt's einen trockenen Weißwein und Stangenweißbrot.

Falls Sie keine Schneckenpfanne besitzen, behelfen Sie sich mit einer zerknitterten Alufolie.

Die Kräuterbutter können Sie auch kochfertig kaufen. Wenn Sie noch etwas mehr Knoblauch daruntermischen möchten, zermusen Sie die Zehen im Mörser zusammen mit etwas Salz.

Johannis-»Schnecken« an Paprikasoße

Nun sind Schnecken bekanntlich nicht jedermanns Sache. Weshalb ich hier ein vegetarisches Rezept für Johannisschnecken vorschlage, das die Geisterwelt ebenfalls in Schrecken versetzt, vorausgesetzt man gibt sich beim Applizieren von Knofel nicht weniger großzügig als beim Ausfüllen der Steuererklärung.

Für unsere Johannisschnecken benötigen wir die in Fachgeschäften erhältlichen *lumaconi*, Schneckenhäuser aus Nudelteig (notfalls begnügen wir uns mit *conchiglie*, den großen Muschelnudeln). Und davon berechnen wir für vier Personen 20 Stück.

Für die Soße

2 rote Paprika	100 ml Sahne
150 ml Gemüsebrühe	Salz, weißer Pfeffer

Für die Füllung

ein, zwei, drei... Knoblauchzehen	30 g geriebener Greyerzer
etwas Butter	Muskat, Salz, Pfeffer
250 g gekochter Spinat	1 Ei
200 g Ricotta	1 EL Zitronensaft

Die Lumaconi in reichlich Salzwasser al dente kochen und erkalten lassen.

Die Paprika auf einem Kuchenblech für eine gute halbe Stunde in den auf 220 Grad vorgeheizten Ofen stellen. Herausnehmen, etwas abkühlen lassen, halbieren, entkernen, enthäuten. In kleine Stücke schneiden und im Mixer mit der Gemüsebrühe und der Sahne pürieren. Würzen.

Für die Füllung den Knoblauch fein hacken und in wenig Butter glasig dünsten. Zusammen mit den übrigen Zutaten zu einer Masse verrühren und diese mit dem Ei binden. Die Lumaconi damit füllen.

Die Paprikasoße auf dem Boden einer ausgebutterten Gratinform regelmäßig verteilen. Die Lumaconi sorgfältig hineinsetzen. Die Form mit einer Alufolie überdecken und für gut 20 Minuten in den auf 200 Grad vorgeheizten Ofen schieben.

Als Alternative zum Spinat eignen sich auch Mangoldblätter (ohne Stiele). Selbstverständlich kann man die Lumaconi auch mit Fleisch füllen, beispielsweise mit einer Masse aus 250 g in Öl gebratenem, mit Pfeffer, Salz und einem Schuß Rotwein gewürztem Hackfleisch, dem man zum Schluß viel fein gehackte Petersilie, etwas geriebene Mozzarella und / oder geriebenen Schafskäse oder Parmesan untermischt. Bitte nicht vergessen, eine Zwiebel und *viel* Knoblauch anzudünsten, bevor Sie das Hackfleisch braten! Denn überall lauern Vampire, Blutsauger und andere Abergeister...

Dolci Santa Birgida

(Mandelbällchen Santa Birgida)

Sie wurde 1303 im schwedischen Finstad in eine adelige Familie hineingeboren und starb im Alter von 70 Jahren als Mystikerin in Rom, nachdem sie zuvor als junge Frau in ihrer Heimat einige Jahre das Amt einer königlichen Oberhofmeisterin ausgeübt hatte und dann, abgeschreckt von dem sittenlosen Treiben bei Hofe, durch ganz Europa und bis nach Jerusalem gepilgert war und sich außerdem in der Hauptstadt der Christenheit für die Rückkehr der Päpste aus der »babylonischen Gefangenschaft« in Avignon eingesetzt hatte. Ihre Aufzeichnungen enthalten nicht nur großartige religiöse Visionen, sondern auch politische Streitschriften und drastische Strafpredigten, welche die Gemüter noch heute erhitzen. Die Rede ist von Birgitta von Schweden, deren Gedenktag seit der von Papst Paul VI. vorgenommenen Kalenderreform alljährlich an ihrem Todestag, am 23. Juli, begangen wird. Früher wurde ihr Fest am 8. Oktober gefeiert, weshalb die berühmten *Dolci Santa Birgida*, eine Art Mandelbällchen, in traditionsbewußten römischen Familien noch immer an diesem Tag gebacken werden.

150 g Mandeln
3 EL Semmelbrösel
200 g Mascarpone
2 Eier
2 EL Zucker
70 g Weißmehl
150 g Butter

Die Mandelkerne mit kochendem Wasser überbrühen, schälen, im Backofen oder in einer Bratpfanne (ohne Zugabe von Fett!) rösten und zerhacken. Zusammen mit den Semmelbröseln, einem Ei, dem Zucker, dem Mascarpone und ganz wenig Mehl in einer Schüssel zu einem Teig verrühren. Aus der Masse kleine Bällchen formen, das zweite Ei verquirlen, die Bällchen zuerst darin und dann im Mehl wenden. Die Butter in einer Bratpfanne erhitzen und die Bällchen darin braten. Auf einem Gitter abtropfen lassen und heiß auftragen.

Glaube und Aberglaube

Gerade im kirchlichen Bereich ist längst nicht immer ersichtlich, wo der Glaube aufhört und der Aberglaube anfängt. Jedenfalls gibt es kein einziges christliches Hochfest, an dem es nicht in irgendwelchen Gegenden wie verhext zuginge.

Noch heute raunt man sich mancherorts zu, daß ein Unglück bevorstehe, wenn eine Glaskugel vom Weihnachtsbaum herunterfalle; daß die Reste des Ostermahls das Vieh gesund hielten, wenn sie im Stall verteilt würden; daß die erste Leiche nach Pfingsten aus jener Richtung zur Kirche getragen werde, in welche eine an diesem Festtag während der Messe freigelassene Pfingsttaube nach ihrer Landung blicke...

Richtig ist, daß die Kirche den Aberglauben immer wieder bekämpft hat. Aber ebenso wahr ist, daß das, was kirchenamtlich als verbindliche Lehre galt, kein Aberglaube sein konnte. Hexerei, Zauberei und Magie beispielsweise wurden in der Regel aufs schärfste geahndet. Die Existenz von Hexen jedoch gehörte zum allgemeinen *Glaubens*gut, und dieser *Aber*glaube erst ermöglichte die grausamen Hexenverfolgungen von der Mitte des 14. bis ins 18. Jahrhundert hinein.

Schon ein flüchtiger Blick auf die Religionsgeschichte zeigt, daß der Aberglaube eben nicht nur neben, sondern auch *in* der Religion sein klammheimliches Dasein fristet. Der religiöse Aberglaube kommt stets da zustande, wo das magische Element sich mit dem Glauben vermischt. Das Gebet gerät dann zum Zauberspruch, der Ritus entartet zum Ritual, das Symbol wird zum Amulett, und von all diesen Dingen erwartet man sich eine unfehlbare Wirkung (an der gemessen die päpstliche Unfehlbarkeit eine *quantité négligeable* darstellt).

Erinnert sei nur an die sogenannten >Schluckbildchen<, welche früher bogenweise, ähnlich wie unsere Briefmarken, an manchen marianischen Wallfahrtsorten (*pars pro toto*: Mariazell) verkauft wurden. Die Pilger schluckten die vorher pillenartig zusammengeknüllten Papierchen und gaben sie auch dem kranken Vieh. Die römische Ritenkongregation billigte noch im Jahre 1903 diese Praxis, sofern sie nicht in »abergläubischer Absicht« gepflegt werde, was den Gedanken nahelegt, daß zumindest der *Verdacht* auf Magie bestand.

Mancher forsche Atheist, der jeden Glauben als Aberglauben qualifiziert, hat zwar keine Ehrfurcht vor Gott, aber um so größere Furcht vor irgendwelchen finsteren Mächten. Aufgeklärte Christen dürfen sich darüber ruhig mokieren. Allerdings sollten sie dabei nicht vergessen, daß auch ihr Glaube ständig der kritischen Rückbesinnung und damit der Reinigung von abergläubischen Elementen bedarf, damit sein Wesen nicht zum Unwesen entartet.

Gründonnerstagssuppe

Daß der Glaube häufig mit abergläubischen Elementen durchsetzt ist und alter Aberglaube oft religiös verbrämt fröhliche Urständ feiert, kann man bis in die Küche hinein verfolgen. So war es bis vor wenigen Jahrzehnten in einigen bäuerlichen Gegenden der Schweiz üblich, in der Karwoche eine Gründonnerstagssuppe zuzubereiten, die sieben verschiedene grüne Gemüse enthielt (daher auch der Name »Sieben-Grün-Suppe«). Wer diesen Brauch mißachtete, hatte in der Folge allerlei Unglück zu gewärtigen.

2 Stengel Lauch
1 Handvoll Mangold
1 Handvoll Spinat
1 Handvoll Salatblätter
1 Büschel Sauerampfer
1 Büschelchen Bärlauch
1–2 EL gehackte Petersilie
1 l Gemüsebrühe
2–3 Scheiben Brot
2–3 EL Butter
1 EL Mehl
1 Knoblauchzehe
1 Zwiebel
Salz, Pfeffer, Muskat
1 Eigelb
etwas Sahne

Den Lauch grob schneiden und in der Gemüsebrühe kochen. Das Brot in Würfel schneiden und in einem Suppentopf in wenig Butter rösten. Beiseite stellen. Nun das Mehl in etwas Butter leicht bräunen und die Gemüsebrühe

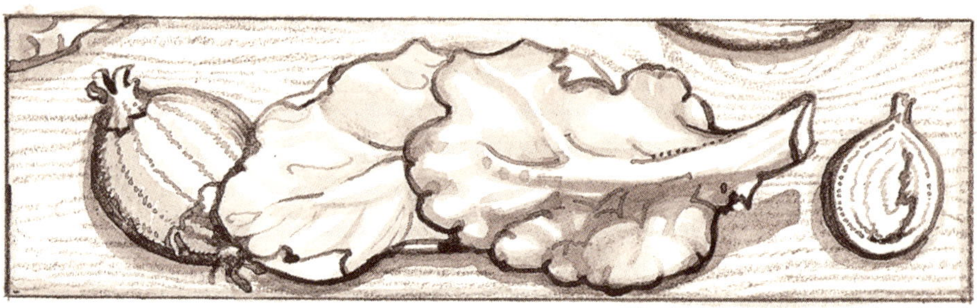

unter Rühren dazugießen. Aufkochen. Mangold, Spinat, Salatblätter, Sauerampfer, Bärlauch in Streifen schneiden, den Knoblauch und die Zwiebel fein hacken und alles zusammen mit dem Schnittlauch in die Suppe geben. Mit den Gewürzen abschmecken. Das Ei mit der Sahne schaumig schlagen und unter Rühren in den Topf schütten. Vor dem Servieren die gerösteten Brotwürfelchen über die Suppe streuen.

Karfreitag in Rom

Giuseppe Gioachino Belli (1791–1863) war ein *Romano di Roma*, also kein zugewanderter, sondern ein echter, ein in Rom geborener Römer. Ab 1840 arbeitete er als Regierungsbeamter im Kirchenstaat. Die dort herrschenden chaotischen Zustände veranlaßten den gläubigen Katholiken immer wieder zu Satiren auf seine obersten Dienstherren, die Päpste. Gleichzeitig beschrieb er in über zweitausendfünfhundert Gedichten nicht nur das Leben des einfachen Volkes, sondern auch zahlreiche damals praktizierte römische Sitten – und mehr noch natürlich die in der Ewigen Stadt verbreiteten Unsitten.

Eines seiner Sonette, *Er giro de le pizzicarie* (Bummel zu den Kramläden), erinnert an den heute noch in manchen italienischen Stätten verbreiteten Brauch, am Hohen Donnerstag und Karfreitag die Lebensmittelläden besonders festlich zu schmücken.

Ja, geschmackvolle Osterfenster sind rar!
Die können doch alle nicht dekorieren.
Aber Paolo am Pantheon: wunderbar!
Mächtige Säulen aus Käsen flankieren

Den wuchtig mit Weißbrot bewehrten Altar,
Überwölbt von Würsten. Ganz unten marschieren
Märtyrer aus Mett, denen folgt eine Schar
Von ganz neuartigen wilden Tieren.

Majestätisch auf einem Thron aus Schinken:
Moses, wie lebend, er glänzt wie Perlmutter,
Ganz aus Schmalz, die Wurst als Stab in der Linken.

Hoch oben stehen auf silbernem Teller
Maria und Jesus aus frischer Butter
In einer Grotte aus Mortadella.

Belli selber hat dieses Gedicht in einer Anmerkung kommentiert:

An den beiden Abenden des Gründonnerstag und des Karfreitag schmücken die Lebensmittelhändler ihre Läden mit einer solchen Menge Salzfleisch, Käse und anderen ähnlichen Leckereien, daß Wände und Auslagetische völlig damit bedeckt sind. Da sind lange Reihen von Eiern, noch verlängert durch Spiegel im Hintergrund. Da sind die Ereignisse der Passion auf Papierlaternen gemalt, die sich im Luftstrom einer brennenden Kerze drehen, endlich heilige und profane Figuren, modelliert aus Butter oder, wenn es kalt genug ist, aus Schweineschmalz. All das bildet, womöglich in üppiger, mehrfarbiger Beleuchtung, eine Ausstattung von erstaunlichem Pomp, der eine große Menge von Andächtigen auf dem Rundgang zu den sieben Hauptkirchen anzieht, der besonders für die Frauen zu einem Fastenkarneval wird.

Saucisson en croûte

(Waadtländerwurst in Blätterteig)

Ein »Altar, umwölbt von Würsten« – damit bringt Belli uns auf den Gedanken, endlich einmal ein Rezeptlein auszuprobieren, das, wie wir gehört haben, an einer Waadtländer *Fête de Lausanne* mit dem ersten Preis ausgezeichnet wurde. Es handelt sich dabei um einen *Saucisson en croûte*. Unter *Saucisson* versteht man in der Westschweiz eine mindestens pfundschwere Schweinswurst. Und *croûte* meint hier er einen Mantel aus Blätterteig.

1 Waadtländer Saucisson
300 ml Waadtländer Weißwein (Dorin)
3 Nelken
1 Lorbeerblatt
1 Knoblauchzehe
3 Schalotten
1 EL Butter
300 g Blätterteig
1 Ei
100 ml Sahne

Um zu vermeinden, daß die Wurst platzt und der Saft langsam ausläuft, bestecken wir sie mit zwei Zahnstochern, bevor wir sie zusammen mit dem Wein, dem Lorbeerblatt, den Nelken und der Knoblauchzehe in einen länglichen Bräter geben und bei mittlerer Hitze zwanzig Minuten ziehen lassen. Dann wenden wir sie und lassen sie weitere zwanzig Minuten sanft köcheln. Dieweil hacken wir die Schalotten, dünsten sie in etwas Butter glasig, trennen das Eigelb vom Eiweiß und wenden uns dann dem ausgewellten Teig zu, dessen einen Rand wir mit etwas Eiweiß bestreichen. Die Schalotten verteilen wir über den Teig, legen die Wurst darauf und verpacken sie genau so sorgfältig, als handle es sich um ein Kalbsfilet. Die Teigenden werden gut verschlossen, die Oberfläche wird mit Eigelb bestrichen, damit sie nach dem Backen schön glänzt, und weil wir ebenfalls glänzen möchten, ritzen wir mit einem Messer noch ein paar schöne Muster in den Teig. Während unsere Wurst während etwa 20–30 Minuten in dem auf 220 Grad vorgeheizten Ofen backt, lassen wir den Sud in der Pfanne bis etwa auf 100 ml einkochen. Dann sieben wir ihn ab und geben unter ständigem Rühren mit dem Schneebesen die Sahne hinzu, so daß eine sämige Soße entsteht, mit der wir die in Scheiben geschnittene Wurst begießen werden.

P.S. Schon während unseres Karfreitagsspaziergangs in Bellis Begleitung ist uns eingefallen, daß dieses Gericht frühestens am Karsamstag auf den Tisch kommt. Wir wollen ja weder mit den kirchlichen Fastenvorschriften noch mit unserem Gewissen irgendwelche Konflikte riskieren.

Wie der Osterhase zum Osterei kam

Im Jahre 1672 veröffentlichte der in Ingolstadt lehrende Theologe Georg Stengel ein lateinisches Buch mit dem etwas untheologischen Titel *Ova paschalia*, was soviel wie »Ostereier« bedeutet. Darin betont der gebildete Jesuit, daß es uraltem katholischem Brauchtum entspreche, Eier einzufärben, sie mit allerlei Bildern und Sinnsprüchen zu schmücken und diese zu Ostern segnen zu lassen. Der Abhandlung beigegeben waren über hundert Kupferstiche mit Darstellungen bemalter Ostereier. Zu den beliebtesten Themen gehörten damals offenbar das Lamm mit der Osterfahne als Sinnbild der Auferstehung Jesu, aber auch biblische Motive, wie der Gute Hirte oder die Darstellung von Brot und Fischen, welche an die wunderbare Brotvermehrung erinnern sollten. Noch heute kann man gelegentlich hören, daß der Ostereier-Brauch auf vorchristliche Fruchtbarkeitskulte zurückgehe, eine These, welche von der neueren Forschung überzeugend widerlegt wurde. In Wirklichkeit nämlich ist die Tradition des Eierfärbens eine Folge der kirchlichen Fastenbestimmungen. Seit dem Ende des 7. Jahrhunderts war der Verzehr des Fleisches von Warmblütern in der Zeit vor Ostern nicht mehr erlaubt. In dieses Verbot eingeschlossen war auch der Genuß von Milch, Butter und Eiern. Wo man diese Nahrungsmittel nur schwer ersetzen konnte, ersuchte man um Dispens, welche in der Regel durch einen päpstlichen ›Butterbrief‹ erteilt wurde. Da die Kirche den Hennen das Eierlegen während der Fastenzeit nicht verbieten konnte, ergab sich zum Osterfest ein Überangebot an Eiern, das nun irgendwie verringert werden mußte. Daß man in dieser Sache durchaus praktisch dachte, belegen zahlreiche Zeugnisse über die im Mittelalter üblichen Eierzinsen und Eierspenden. Bekanntlich war das Fest von Jesu Auferstehung neben dem Martinstag der wichtigste Zinstermin, an welchem die Bauern an die Klöster und kirchlichen Obrigkeiten ihre Abgaben zu entrichten hatten. Die geltenden Fastenbestimmungen brachten es mit sich, daß der Eierzins auf Ostern besonders hoch angesetzt wurde. Die Knaben, die am Karfreitag und am Karsamstag, als die Kirchenglocken schwiegen, mit ihren Holzratschen die Gläubigen zum Gottesdienst riefen, beschenkte man mit ›Klappereiern‹, während der dem Pfarrer für das Abnehmen der jährlichen Osterbeichte zustehende Beichtpfennig häufig durch ›Beichteier‹ ersetzt wurde. Für das geweihte Tauf- oder Osterwasser wiederum bedankte man sich mit einigen ›Taufeiern‹. Als eigentliche Ostereier hingegen galten nur die am Gründonnerstag gesegneten Eier, von deren Verzehr man sich eine besonders heilsame Wirkung erhoffte. Ihre Schalen wurden häufig auf die Äcker verstreut, zur Abwendung von Schäden und zur Steigerung des Ernteertrags.

Nicht durch das Färben also, sondern durch die Segnung wurden aus gewöhnlichen Eiern Ostereier. Um sie als solche kenntlich zu machen, wurden sie gefärbt, und zwar fast ausschließlich rot. Einige Forscher vermuten, daß dabei die Farbe der Osterfahne eine gewisse Rolle spielte. Natürlich kam es schon sehr bald zum Wettbewerb um die schönsten Farben, die später durch zierliche Muster angereichert und immer häufiger auch durch bildhafte Darstellungen ersetzt wurden. Selbst Ornamente aus Gold und Silber waren keine Seltenheit, was schließlich dazu führte, daß man die Ostereier in vielen Fällen nicht mehr konsumierte, sondern konservierte.

Daß sich die Protestanten anfänglich entschieden von dem in katholischen Gegenden geübten Ostereierbrauchtum distanzierten, hängt wiederum mit den katholischen Fastenvorschriften zusammen. Bekanntlich sprachen Luther und Zwingli dem Papst das Recht ab, diesbezügliche Bestimmungen zu erlassen. Vor allem aber betrachteten sie die Eiersegnung als abergläubisches Treiben. So zählt ein gewisser Thomas Kirchmayr in einer im Jahre 1553 erschienenen Schrift mehrere »Fehler des Katholizismus« auf, zu denen er auch die Gewohnheit rechnet, am Ostertag rotgefärbte Eier zu weihen. Und ein Johannes Richier aus Heidelberg erinnert 1682 daran, daß es im evangelischen Thüringen den Kindern bei Strafe verboten sei, von ihren Paten Ostereier entgegenzunehmen. Gleichzeitig dokumentiert er damit die früher verbreitete Sitte, Patenkinder zu Ostern mit gesegneten Eiern zu beschenken.

Inzwischen sind die Zeiten längst vorbei, in denen sich die Konfessionen an den Ostereiern schieden. Als zu Beginn unseres Jahrhunderts die Süßwarenindustrie immer mehr expandierte, konnte es nicht ausbleiben, daß sie sich auch der Ostereier annahm. Tatsächlich hat die Einstellung zum Osterei heute weniger mit der Konfessionszugehörigkeit als vielmehr mit dem Konsumverhalten zu tun.

Das trifft auch für den Osterhasen zu, welcher anfänglich fast ausschließlich in protestantischen Gegenden durch die Landschaft hoppelte. Manche vermuten, daß der Osterhase aus einem mißglückten Ostergebildbrot entstanden ist, das eigentlich ein Osterlamm hätte darstellen sollen; die Ohren seien zu lang und die Beine zu kurz geraten...

Daß der Osterhase keineswegs eine neuere Erfindung ist, geht daraus hervor, daß von ihm schon in der bereits erwähnten Publikation von Johannes Richier aus dem Jahre 1682 die Rede ist. Ebenfalls historisch gesichert ist die Tatsache, daß die Mär vom Hasen als Eierboten protestantischerseits vor allem aus einer erzieherischen Absicht heraus gefördert wurde. Auf diese Weise hoffte man nämlich, dem katholischen Osterbrauchtum entgegenwirken zu können. Die Frage ist dann nur noch, wie der Hase zum Ei kam. Möglicherweise geschah dies aufgrund eines – allerdings unreflektierten – theologischen Kompromisses. Vor allem in konfessionell gemischten Gegenden ließ sich protestantischerseits das mit den Ostereiern verknüpfte Brauchtum nie gänzlich verdrängen. Anderseits stellten die ursprünglich aus Teig gebackenen Osterhasen in zunehmendem

Maße auch für katholische Geschmacksnerven eine gewisse Versuchung dar. Und so kam es sozusagen von selbst dazu, daß der konfessionelle Friede in dieser Frage wiederhergestellt wurde, indem man damit begann, die Ostereier mit Osterhasen zu bemalen. Dies wiederum brachte es mit sich, daß der Hase schließlich zum Eiermann befördert wurde.

Ursprünglich waren die Osterhasen also lediglich eine Art Reservekampftruppe gegen das katholische Brauchtum. Mit dem Christentum hatten sie im Grunde nie etwas zu tun. Inzwischen scheint auch das katholische Osterei konfessionslos geworden zu sein. In seinem im Jahre 1625 herausgegebenen Katechismus deutet der Jesuit Georg Vogler das Osterei noch als »Sinnbild der Auferstehung des Heilands«. Bemalt wurde es damals mit christlichen Symbolen, mit einem Lamm beispielsweise oder mit einem Kreuz oder einer Kirche. Oder mit biblischen Versen. Aber schon zu Beginn unseres Jahrhunderts verwendete man immer mehr neutrale Motive und weltliche Sinnsprüche, zum Beispiel diesen:

Daß ich dich lieb,
daran ist kein Zweifel.
Wirst du mir untreu,
dann hol dich der Teufel.

Aber was machen wir mit all den gefärbten Ostereiern, die im Nestchen liegen, bloß weil das so sein muß, weil es immer so gewesen ist?! Ganz einfach, wir verwenden sie in der Küche.

Eiersalat mit Spargel und Löwenzahn

Die ersten pellen wir schon am Auferstehungstag für die Vorspeise unsres Ostermahls, dessen Hauptzutaten sich durchaus saisongerecht präsentieren, nämlich:

4 hartgesottene Eier
12 gekochte Spargelspitzen
1 große Handvoll Löwenzahnblätter
1 EL Sesamkörner

Statt für die Fertigsoße aus dem Supermarkt (auf die wir auch sonst ungern zurückgreifen) entscheiden wir uns für eine delikate Vinaigrette. Dazu verrühren wir

6 EL feinstes Olivenöl
2 EL Sahne
1 EL Weißweinessig
1 EL Balsamessig (*Aceto di Modena*)
etwas fein gehackten Kerbel
Salz, weißen Pfeffer

Den möglichst noch lauwarmen Spargel und den Löwenzahn auf Tellern anrichten, die geviertelten Eier darauflegen und alles mit der Vinaigrette beträufeln und mit Sesam bestreuen.

Eier mit Paprikabutter

Am Ostermontag gönnen wir uns gleich nochmals eine kleine Vorspeise, für die wir wiederum vier Eier aus unserem Osternest holen. Außerdem brauchen wir

4 Scheiben Pumpernickel	2 EL gehackte Petersilie
3 EL Joghurt	Salz, Pfeffer
1 gepreßte Knoblauchzehe	25 g geschmolzene Butter
2 EL Crème fraîche	1 gestrichenen TL Paprikapulver

Den Pumpernickel auf Tellern auslegen. Joghurt, Knoblauch, Crème fraîche, Petersilie, Salz und Pfeffer zu einer Soße verrühren und diese über den Pumpernickel verteilen. Die halbierten Eier mit dem Dotter nach oben daraufsetzen. Das Paprikapulver mit der geschmolzenen Butter verrühren und diese über das Eigelb träufeln.

Eier mit Lachsfüllung

4 hartgekochte Eier	25 g Butter
40 g geräucherter Lachs, mittelfein gehackt	1 EL Mayonnaise
	Salz, weißer Pfeffer

Die Eier schälen und halbieren. Das Eigelb mit den übrigen Zutaten zu einer Paste vermengen und die Eihälften damit füllen. Feinschmecker garnieren die Füllung mit etwas Kaviar. Feinschmeckerinnen übrigens auch.

Eier mit Petersilienfüllung

4 hartgesottene Eier	25 g Frischkäse oder Quark
1 kleiner Bund fein gehackte Petersilie	1 EL Mayonnaise
	Salz, weißer Pfeffer

Die Eier schälen und halbieren. Das Eigelb mit den übrigen Zutaten zu einer Paste vermengen und die Eihälften damit füllen. Weil das Auge mitißt, garniere ich die Eihälften mit einem Ministräußchen Petersilie.

Gitzi mit Bratkartoffeln und Blattspinat

Dieses Gitzi-Rezept (in Deutschland sagt man statt Gitzi Zicklein oder Ziegenkitz) habe ich an einem Ostertag erprobt. Mit gutem Erfolg, wie meine Gäste meinten.

1,5 kg Gitzi (Schulter und Brust)	1 Lorbeerblatt
100 ml Fleischbrühe	1 kleines Zweiglein Rosmarin
100 ml Weißwein	Bratbutter
einige Frühlingszwiebeln	Salz, Pfeffer

Das Fleisch vom Metzger in Stücke schneiden lassen. Mit Salz und Pfeffer einreiben und auf allen Seiten gut anbraten. Den Bratsatz mit dem Weißwein und der Fleischbrühe ablöschen, kurz aufkochen und in einem Gefäß beiseite stellen. Die Fleischstücke mit der Haut nach oben in einer feuerfesten Form so anordnen, daß sie schön nebeneinander liegen. Die Frühlingszwiebeln und ein kleines Zweiglein Rosmarin sowie das in drei, vier Stücke zerteilte Lorbeerblatt dazulegen.

Das Bratgefäß (ohne Deckel!) auf die zweitunterste Schiene des auf 210 Grad vorgeheizten Ofens schieben. Die Hitze etwas reduzieren. Die Bratzeit dauert ungefähr 80 Minuten. Die Fleischstücke ab und zu wenden und dabei jeweils mit ein paar Eßlöffeln Bratflüssigkeit begießen, damit eine goldbraune Kruste entsteht. Gegen Ende der Bratzeit den Rest der Flüssigkeit dazugießen. Dadurch wird das Fleisch so saftig, daß wir keine Soße benötigen.

Dazu passen Bratkartoffeln. Die allerdings brate ich in feinstem Olivenöl (»extra vergine«), streue etwas Salz darüber und gebe nach der halben Bratzeit eine oder zwei in dünne Scheibchen geschnittene Knoblauchzehen dazu. Auf den Rosmarin verzichte ich ausnahmsweise, weil ich schon mein Gitzi damit gewürzt habe.

Außerdem gibt's Blattspinat; der wird in einer leichten Bouillon blanchiert. Anschließend dünste ich in etwas Butter eine fein gehackte Schalotte an, gebe den Spinat dazu und würze ihn mit einem Hauch Muskat. Manche mögen es lieber etwas apart und ersetzen die Schalotte und den Muskat durch Ingwer.

Kräuterstrauß für Maria

An unser frawen Hymmelfahrt tregt alle wellt obs büschel allerley kreüter in die kirchen zu weihen, für alle sucht unnd plag überlegt. Mit disen kreütern gschicht seer viel zauberei. Die knaben trangens mit öpffeln unmd darauf gemacht vögel, die da in die öpffel bicken. Der schönst ist künnig und macht die andern auff eyn tag von der schul los.

Diese Notiz über die Kräutersegnung an Maria Himmelfahrt stammt aus dem *Weltbuch*, das der Seifensieder und Drucker und vormalige Priester Sebastian Franck im Jahre 1534 in Tübingen veröffentlichte. Noch heute wird dieser Brauch in manchen Gegenden des deutschen Sprachraums gepflegt.

Seit wann die leibliche Aufnahme Marias in den Himmel (so die korrekte Bezeichnung) *liturgisch* gefeiert wird, läßt sich nicht mehr mit letzter Sicherheit sagen. Fest steht, daß zu Beginn des 5. Jahrhunderts ein Prediger namens Nestorios im kleinasiatischen Antiocheia derart Aufsehen erregte, daß sogar der Kaiser, Theodosios II., auf ihn aufmerksam wurde. Dieser berief den berühmten Mann im Jahre 428 als Patriarchen nach Konstantinopel. Dort war gerade ein heftiger Streit im Gange, den ein paar fromme Prediger entfacht hatten, welche Maria als »Gottesgebärerin« priesen. Nun gab es aber welche, denen es nicht einleuchtete, daß Gott eine Mutter haben sollte; sie sahen in Maria lediglich eine »Menschengebärerin«. Nestorios versuchte zu vermitteln und schlug die Bezeichnung »Christusgebärerin« vor. Weil aber keine der Parteien nachgeben wollte, hatte Nestorios nun alle gegen sich. Übrigens nahm in der Kaiserstadt Konstantinopel auch das einfache Volk lebhaften Anteil an diesen Auseinandersetzungen. Es kam zu Tumulten, die Gottesdienste wurden gestört, organisierte Sprechchöre unterbrachen die Prediger.

Da dieser Streit schließlich die ganze Christenheit in zwei Lager zu spalten drohte, berief der Kaiser auf das Pfingstfest des Jahres 431 eine allgemeine Kirchenversammlung in die kleinasiatische Stadt Ephesos. Dort entschieden die Konzilsväter, daß der Ehrentitel »Gottesgebärerin« Maria angemessen sei, und setzten Nestorios als Patriarchen von Konstantinopel ab.

Etwa seit dieser Zeit begann man, nach dem Vorbild der Märtyrerfeste auch den *dies natalis*, den ›himmlischen Geburtstag‹ oder ›Heimgang‹ Marias – gemeint ist ihre Aufnahme in den Himmel –, zu feiern. Vermutlich zu Beginn des 7. Jahrhunderts verlegte man den Gedenktag auf den 15. August. Das Datum bot sich an, weil dieser Tag in der Gethsemani-Kirche zu Jerusalem, wo man das Grab Marias verehrte, besonders festlich begangen wurde.

Der Brauch, am 15. August Kräuter zu segnen, ist erst seit der Jahrtausendwende belegt. Aus dieser Zeit nämlich stammen die ersten uns bekannten Weihegebete, in denen Maria darum ersucht wird, bei Gott Fürbitte einzulegen, damit er die Kräuter zum Segen für Mensch und Vieh mit seiner heilenden Kraft belebe.

Noch im 16. Jahrhundert fanden solche Kräutersegnungen auch an anderen Heiligengedenktagen statt, in gewissen Gegenden an Ostern oder am Peterstag, in anderen am Dreifaltigkeitsfest oder am Fest des heiligen Johannes des Täufers.

Daß die ›Würzwisch-‹ oder ›Krautbundweihe‹ später fast ausschließlich am 15. August vorgenommen wurde, ist eher auf den schlichten, im Alltag verankerten und den Gang der Jahreszeiten mit einbeziehenden Volksglauben als auf den Einfluß der hohen Theologie zurückzuführen.

Da in der Zeit des Festes das Getreide und die Früchte ihre Reife erlangen, lag es nahe, Maria um ihre Fürsprache für eine gute Ernte zu bitten, zumal die Mutter Jesu – und hier spielt nun die theologische Symbolik doch noch eine kleine Rolle – vermutlich schon vom 5. Jahrhundert an als »guter und heiliger Acker« bezeichnet wurde, der uns eine »wunderbare Ernte«, nämlich Christus, schenkte. Dazu kam, daß die Gottesgelehrten schon seit der Zeit der Kirchenväter die im Hohenlied enthaltene Erotik symbolisch interpretierten und manches poetische Bild auf Maria übertrugen. In der Braut etwa, die »umwölkt von Myrrhe und Weihrauch« in einer Sänfte zu ihrem Geliebten getragen wird (Das Hohelied, 3. Kapitel, 6. Vers), sah der Schriftsteller, Theologe und Mönch Johannes von Damaskus im 8. Jahrhundert einen Hinweis darauf, daß Maria duftumweht dem Grabe entstieg. Überdies hat man die Mutter Jesu schon damals mit Ehrentiteln überhäuft, die ebenfalls dem Hohenlied entstammen: »Blume auf den Wiesen, Lilie der Täler« (2. Kapitel, 1. Vers).

Merkwürdigerweise jedoch waren ursprünglich gerade Blumen in den Würzwischen verpönt, die am Kräuterbuschel- oder am Großen Frauentag (wie man früher sagte) gesegnet wurden. In einigen Gegenden enthielten die Pflanzenbunde neun verschiedene Kräuter, in anderen wiederum waren es achtzehn oder gar vierundzwanzig. Unsere Ururgroßeltern, die da äußerst genau Bescheid wußten, hätten sich davor gehütet, ein Kraut in den Strauß einzubinden, das von *ihren* Ururgroßeltern verschmäht wurde. Und schon gar nicht hätten sie es gewagt, dem Bund ein neues Pflänzlein hinzuzufügen.

Natürlich gab es in diesem Strauß anfänglich auch keine Äpfel für den fröhlichen Schülerwettstreit, von dem Sebastian Franck (der manchmal ohnehin aus trüben Quellen fischte) uns erzählt. Es wurden nur solche Pflanzen zu einem Wedel gebunden, denen man Heilkräfte oder, häufiger noch, eine geheime Zauberwirkung zuschrieb.

Dies gilt unter anderem für das Johanniskraut, für den Rainfarn, das Tausendgüldenkraut und die Königskerze (die auch unter den Bezeichnungen Himmelbrand, Wollkraut oder Fackelblume bekannt ist). Von all diesen Gewächsen versprach man sich Schutz vor Dämonen und Abergeistern, während man dem Wermut nachsagte, daß er die Hexen zum Teufel treibe.

Mancherorts gehörte zum Krautbund auch die Schafgarbe, neben der Engelwurz und dem Baldrian die dritte Pflanze, die man als Heilmittel gegen die Pest betrachtete. Der Legende zufolge entstand dieses Kraut, als ein garstiger Junge dem Jesusknaben mit einer Rute auf sein Milchschüsselchen schlug. Während der Übeltäter fortlief, verwandelte sich die Rute in eine weißblühende Doldenpflanze. Als der Streithahn aus Scham und Reue an den Blättern zupfte, wurden diese fein gegliedert. Nach einer anderen Überlieferung hat das Jesuskind eine Verletzung seines Vaters Josef mittels der Schafgarbe geheilt. Ähnliches wird übrigens schon von Achilles berichtet, der mit Hilfe dieser Pflanze den König von Mysien kuriert haben soll.

In einigen Gegenden durfte das Eisenkraut in dem zu segnenden Kräuterstrauß auf gar keinen Fall fehlen. Zum einen versprach man sich von dieser Pflanze die Heilung jener Wunden, die durch Eisen verursacht waren. Überdies sollte es vor Schlangen und Hexen und vor Blitzschlag schützen und die Lernbereitschaft der Kinder fördern. Die alten Römer hingegen bedienten sich des Eisenkrauts beim Liebeszauber; wer es seiner Umworbenen ins Bett legte, konnte gewiß sein, daß sie ihn sehnsüchtig seufzend und mit offenen Armen empfing.

Damit aber sind wir gleichzeitig zu den Wurzeln vorgestoßen, aus denen der Brauch der Kräutersegnung erwachsen ist. Anfänglich handelte es sich wohl um ein vorchristliches Natur- oder Erntefest. Dessen Übernahme und Umgestaltung durch das Christentum vermochte das heidnische Erbe nur allmählich – aber nie ganz – zu verdrängen. Weil man den gesegneten Kräutern oft geradezu magische Kräfte zuschrieb, vermengte man sie mit dem Viehfutter oder mit dem Saatgut oder verbrannte sie im Herd, um Gewitter fernzuhalten. Man legte sie den Toten auf den Sarg, um sie vor Dämonen zu schützen, und wenn der Kindersegen ausblieb, schob man sie den Eheleuten unters Kopfkissen.

Dabei hatte schon der Bergzaberner Botaniker Jakob Diether, besser bekannt unter dem Namen Tabernaemontanus, davor gewarnt, behexte Milch oder besprochene Eier durch Berührung mit einem Beifußstengel entzaubern zu wollen: *Wiewohl nun das Kraut in großen Würden und Wert zu halten um seiner herrlichen und fürtrefflichen Tugend, Kraft und Nutzbarkeit willn, steht es doch den Christenleuten sehr übel an, Zauberei und dergleichen Narrheit und Gaukelwerk damit zu treiben.*

Ursprünglich ging es der Kirche gerade darum, die alten abergläubischen Zauberformeln und Gebräuche zu bekämpfen. Heute sind die ehemals mit dem Kräutersammeln verbundenen magischen Vorstellungen längst der Einsicht gewichen, daß die moderne Medizin das uralte Wissen der Kräuterkundigen nur in begrenztem Maße ersetzen kann.

Wir jedoch, die wir uns mehr mit der Kochkunst als mit der Heilkunde beschäftigen, gestehen freimütig, daß trotz aller von den verschiedenen Wissenschaften entwickelten Entmythologisierungsprogramme das Kräuterbord in der Küche noch immer eine geradezu *magische* Anziehungskraft auf uns ausübt. Wer uns das verübelt, ist kein aufgeklärter Geist, sondern demonstriert damit bloß, daß er von der Kochkunst weniger versteht als ein frühchristlicher Wüstenvater. Im übrigen halten wir es mit Paracelsus, welcher schreibt, daß die Kräuter die »fürchterlichen melancholischen Gedanken vertreiben« – vor allem wenn wir ihren Geist in Flaschen bannen.

Kräuteröl und Kräuteressig

Bekanntlich war schon die heilige Hildegard von Bingen der Überzeugung, daß mancherlei Kräutlein von ganz besonderen Geistern besessen sind, die manches zu unserem Wohlbefinden beitragen. Daß dies tatsächlich zutrifft, hat die zeitlebens kränkliche Heilige selber bewiesen; sie verstarb am 17. September 1179 in dem damals ungewöhnlich hohen Alter von 81 Jahren.

Viele jener Pflänzchen, von denen Hildegard von Bingen sich (und uns) eine gute Wirkung versprach, wurden schon in biblischen Zeiten nicht nur im Kleinen verwendet, sondern auch im Großen getauscht, wie aus einer Rede Jesu an die Pharisäer hervorgeht: »Weh euch! Ihr gebt den Zehnten von Minze, Dill und Kümmel, aber ihr laßt das Wichtigste im Gesetz außer acht« (Matthäusevangelium, 23. Kapitel, 23. Vers). Daneben erwähnt die Heiligen Schrift zahlreiche andere Gewürze (Knoblauch, Koriander, Zimt...), deren Geister sich oft ebenfalls in Flaschen auf ihr späteres Wirken vorbereiten.

Denn beim Würzen der Speisen spielen bekanntlich nicht nur die frischen Kräuter, sondern auch gewürzte Öle und parfümierter Essig eine nicht zu unterschätzende Rolle.

So verleiht Essig, der mit Estragon, Schalotten, zarten Blütenblättern der Rose oder Pfefferminze aromatisiert wurde, grünen Salaten oder Meeresfrüchten, aber auch einem Rindfleisch- oder Geflügelsalat einen geradezu himmlischen Geschmack. Natürlich kann man beim Aromatisieren auch kombinieren. Zum Rosmarin paßt ein Lorbeerblatt, zu Zitronenschalen Thymian.

Für einen halben Liter Essig benötige ich etwa 40 g frische Kräuter. Vor dem Würzen wird der Essig erhitzt und dann in ein Einweckglas über die Kräuter gegossen und nach drei bis vier Wochen gefiltert und in kleine Flaschen abgefüllt.

Zum Veredeln von Olivenöl eignet sich Knoblauch, Rosmarin, Salbei, Basilikum, Dill oder Minze. Wenn ich Kümmel oder Fenchel verwende, röste ich diese Gewürze vor dem Einlegen in der Pfanne, und zwar ohne Zugabe von Butter oder Öl, damit sie ihr Aroma voll entfalten. Öle dieser Art verwendet man natürlich nicht zum Kochen, sondern zum Würzen, vor allem für Salat- oder andere Soßen. Erdnußöl, das mit eingelegten Zimtstangen aromatisiert wurde, verleiht den darin gebackenen Pfannkuchen einen besonders aparten Geschmack.

Wie der fischende Bischof zum Jäger wurde

Im Herbst, wenn die Weidmänner zum ersten Mal auf Pirsch gehen, trinken sie einen Aquavit auf ihren Schutzpatron Hubertus.

Die älteste Lebensbeschreibung dieses Heiligen wurde von einem seiner Schüler verfaßt. Dieser weiß zu berichten, daß Hubertus um 655 geboren wurde; daß er in Paris unter Theoderich III. das Amt eines Pfalzgrafen bekleidete und später am Hof Pippins lebte; daß er in Südbrabant und in den Ardennen das Christentum verbreitete; daß er, wohl seit dem Jahre 703 oder 705, als Bischof von Tongern-Maastricht wirkte und am 30. Mai 727 in Tervueren bei Brüssel verstarb und fortan als Heiliger verehrt wurde.

Für die Jägerei allerdings hatte dieser fromme Mann und eifrige Missionar nie etwas übrig, wenn man einmal davon absieht, daß er in seiner Jugend den »Eitelkeiten der Welt« nachjagte (wie sein Biograph berichtet). Und seine letzten Lebenstage verbrachte er nicht auf der Pirsch, sondern beim Fischfang.

Daß ausgerechnet die Jäger ihn zu ihrem Schutzherrn erkoren, beruht auf einer Reihe von Umständen, die mit dem Leben dieses Bischofs in keinem Zusammenhang stehen. Am 3. November 743, 16 Jahre nach Hubertus' Tod, wurden seine Gebeine exhumiert und in das später nach ihm benannte Ardennenkloster zu Andage übertragen, wo der Heilige früher als Glaubensbote gewirkt hatte. Dort suchte man schon um die Mitte des 10. Jahrhunderts Heilung vor Tollwut. Diese damals in den Ardennen bei den Wildtieren sehr verbreitete Krankheit wurde häufig auf die Jäger übertragen. Aufgrund dieser Tatsache entstand eine erste Beziehung zwischen dem heiligen Hubertus und den Weidmännern. Dazu kommt, daß die dortigen Jäger vor der Christianisierung die Erstlinge der Jagd der römischen Göttin Diana opferten. Im Zug seiner Missionierung hatte Hubertus diesen Brauch nicht bekämpft, sondern verchristlicht; die zuerst erlegten Tiere wurden auf seine Anregung hin fortan nicht mehr der römischen Jagdgöttin, sondern dem Apostel Petrus dargebracht. Dies ist ein weiterer Grund, weshalb die Weidmänner in den Ardennen ausgerechnet den Hobbyfischer Hubertus zu ihrem Schutzpatron erwählten.

Woher aber kommt es, daß Hubertus in der Regel mit einem Hirsch dargestellt wird, der ein Kreuz zwischen seinem Geweih trägt?

Nachdem man dem fischenden Rentner erst einmal eine Jägermontur verpaßt hatte, lag es nahe, auch seine Biographie etwas zu modifizieren. Kurzum, seit die Jäger Hubertus zu ihrem Liebling erkoren hatten, machten sie ihn schließlich selber zum Jäger!

Im 12. Jahrhundert schildert ein Chronist ihn erstmals als zielsicheren Schützen. Ein späterer Biograph greift dieses Stichwort auf und verfällt seinerseits auf eine glänzende Idee; er fügt in die *Vita* des heiligen Hubertus einen Textbaustein ein, den er kurzerhand einer aus den ersten Jahrhunderten stammenden Heiligenlegende entnimmt. Dort ist nachzulesen, daß ein Heide namens Eustachius sich an einem Karfreitag auf die Jagd begibt. Plötzlich taucht vor ihm ein Hirsch auf, in dessen Geweih ein Kreuz aufleuchtet, worauf Eustachius sich zum wahren Glauben bekehrt. Ein paar Jahrhunderte später überträgt man diese Legende auf Hubertus, so daß nicht nur unter den Jägern der Eindruck entstehen mußte, weit lieber als das ihm anvertraute Hirtenamt habe er das Weidmannshandwerk ausgeübt.

Rehgeschnetzeltes nach meiner Art

Für das Gericht, das zu dieser Geschichte paßt, benötige ich

650 g Rehgeschnetzeltes
einige zerstoßene Pfeffer- und Wachholderbeeren
Bratbutter
Salz

Das Fleisch würzen und in einer Pfanne in der Bratbutter gut anbraten. Warm stellen.

Soße

100 ml Wasser
1 El Bratensoße
1 kleiner Brühwürfel
100 ml Sahne
100 ml trockener Rotwein
Salz, Pfeffer
50 ml Cassislikör
(oder Holundergelee)

Das Wasser erhitzen, die Bratensoße und den Brühwürfel darin verrühren, die heiße Sahne und anschließend den Rotwein dazugießen. Mit Salz und Pfeffer abschmecken und den Cassislikör darunterrühren. Das Fleisch dazugeben und alles 10 Minuten auf leichter Flamme köcheln.

Als Beilage reiche ich statt der üblichen Spätzle mit Rotkraut glasierte Kastanien und gedünstete Zwetschgen mit Preiselbeerkonfitüre.

Gedünstete Zwetschgen mit Preiselbeerkonfitüre

16–20 Zwetschgen
250 ml starker Schwarztee
1 Nelke
2 EL Zucker
Preiselbeerkonfitüre

Die Zwetschgen halbieren, entsteinen und in dem mit der Nelke gewürzten und gesüßten Schwarztee erhitzen. Die Hälften mit Preiselbeermarmelade füllen.

Glasierte Kastanien

400 g Kastanien
30 g Butter
4 EL Zucker
1 EL Zitronensaft

Die Kastanien waschen, abtrocknen und mit einem scharfen Messer längs der Rundung einschneiden und anschließend auf einem Kuchenblech während etwa 40 Minuten in dem auf 230 Grad vorgeheizten Backofen rösten. Abkühlen lassen und schälen. Die Butter in einem Topf erhitzen, den Zucker dazugeben und die Pfanne immer wieder ein wenig rütteln, bis der Zucker hellbraun (karamelisiert) ist. Dann kommen die Kastanien hinein und werden gut durchgemischt (glasiert) und mit etwas Zitronensaft beträufelt.

Orgien auf Gräbern, Gelage in Kirchen

Schon im frühen Christentum pflegte man sich am Jahrestag der Verstorbenen an deren Gräbern zu versammeln und ihrer im Gebet zu gedenken. Daran schloß sich häufig eine Agape an. Dieses anfänglich sehr bescheidene ›Mahl der Nächstenliebe‹ sollte den Zusammenhalt der christlichen Gemeinschaft fördern. Später fanden solche Agapen auch in Kirchen statt; vor allem an Hochfesten wie Ostern oder Weihnachten bildeten sie den Abschluß des Gottesdienstes. Mit dieser frommen Sitte war häufig eine Armenspeisung verbunden. Aber schon ganz früh sah sich der Apostel Paulus gezwungen, gegen Mißbräuche einzuschreiten – nachzulesen im elften Kapitel seines ersten Briefes an die Gemeinde der etwas dekadenten Hafenstadt Korinth. Von Mißbräuchen anläßlich der in den ersten christlichen Jahrhunderten immer häufiger praktizierten Agapen ist auch in den Handbüchern für Kirchengeschichte die Rede. Tatsächlich wurde der Wunsch nach Gemeinschaft schon bald vom Bedürfnis nach Geselligkeit verdrängt, so daß das Mahl der Liebe häufig zu einem Liebesmahl entartete, bei dem nicht mehr Jesus und Maria angerufen, sondern Bacchus und Venus gehuldigt wurde. Derlei Auswüchse haben die Kirchenväter von Mailand (Ambrosius) bis Karthago (Augustinus) zu Recht und konstant bekämpft, übrigens mit mäßigem Erfolg.

Daß der Wein und andere geistige Getränke bei diesen Zusammenkünften eine wichtige Rolle spielten, hatte schon der heilige Augustinus in einem Sermon festgestellt: »*Diversis nominibus incipiunt bibere, non solum vivorum hominum, sed et Angelorum et reliquiorum sanctorum* – auf das Wohl sehr verschiedenartiger Geschöpfe leeren sie ihre Becher, nicht nur auf jenes ihrer Bekannten, sondern auch auf das der Engel und auf die Reliquien der Heiligen.« Tatsächlich war es in manchen Gegenden Brauch, den Gedenkgottesdienst zu Ehren des Kirchen- oder Landespatrons, aber auch die liturgischen Feiern an den kirchlichen Hochfesten mit einem Umtrunk zu beschließen. So galt den Dänen Weihnachten als »Fest des Horns«, weil sie an diesem Tag nach dem Gottesdienst dem Trunk aus ihren mitgebrachten Hörnern über die Maßen zusprachen. Auch die Iren feierten die Geburt Jesu, indem sie noch vor dem Schlußsegen ihre vergoldeten Hörner leerten. Die Norweger hingegen zechten an diesem Tag zu Ehren des heiligen Olav, der ihnen im Jahre 995 das Christentum verordnet hatte. Der Klerus sah in diesem Tun nichts Verwerfliches; nur so ließ sich angeblich vermeiden, daß die Untertanen einander auf das Wohlergehen ihrer falschen Götter zuprosteten.

Neben anderen Kirchenversammlungen verurteilte auch eine im Jahre 1127 in Nantes abgehaltene Synode die Gepflogenheit *in amorem sanctorum*, aus Verehrung für die Heiligen, die Gottesdienste in den Kirchen mit einer wilden Zecherei zu beenden. Aber es brauchte noch ein paar Jahrhunderte, bis sich das Bewußtsein durchsetzte, daß man die Heiligengedenktage nicht unbedingt mit einem – wir sind es nicht gewohnt, ein Blatt vor den Mund zu nehmen – öffentlichen Besäufnis begehen muß.

Da und dort stoßen wir noch heute auf verwischte Spuren dieser alten Bräuche. In einigen Mittelmeerländern besucht man nicht am Nachmittag von Allerheiligen, sondern am Allerseelentag die Gräber der verstorbenen Angehörigen. Vor manchen Friedhöfen findet dann, trotz aller Maßregelungen und Mißbilligung eines Augustinus oder Ambrosius, jeweils eine Art Jahrmarkt oder Kirmes statt, was eine für nordisches Empfinden vielleicht etwas ungewohnte, aber letztlich gar nicht so abwegige Art ist, den Glauben an den Sieg des Lebens über den Tod zu bezeugen.

Was uns selber betrifft, kannten wir keinerlei Hemmungen, uns einmal nach der Besichtigung des Theobaldusmünsters im elsässischen Thann, *vor* der Kirche auf eine Bank zu setzen und dort eine Jause abzuhalten. Brot, Ziegenkäse, ein paar Oliven und ein Fläschlein Wein hatten wir auf dem Markt erstanden. Bei dieser Brotzeit vermieden wir selbst den geringsten Anschein eines Exzesses; wir haben ja kein Interesse daran, daß eine französische Regionalsynode das Picknicken vor dem Gotteshaus mit Exkommunikation ahndet. Eine derartige Maßnahme stünde dann doch zu sehr in Kontrast zur lieblichen Winzermadonna in der hinteren Kapelle des südlichen Seitenschiffes. Gestiftet wurde diese Maria mit dem sanften Blick im Jahre 1510 von der Rebmannszunft. Aber nicht sie, sondern das schelmisch lächelnde Jesuskind, zieht aller Blicke auf sich; in der Hand hält es eine große Traube, die es hinter seinem Rücken vor den Augen der Mutter zu verstecken sucht.

Totebeinli (Totenknöchelchen)

Dieses Gebäck mit dem etwas makaberen Namen stammt vermutlich aus der Gegend von Chur in Graubünden. Allerdings wird es nicht bloß an Allerseelen gegessen, wenn man der Verstorbenen gedenkt.

500 g Haselnüsse
100 g Butter
400 g Zucker
450 g Mehl
5 Eier
1 geriebene Zitronenschale
1 EL Zimt

Die Hälfte der Haselnüsse mahlen, die andere Hälfte grob hacken. Die Butter schaumig rühren, die übrigen Zutaten daruntermischen und zu einem Teig verarbeiten. Den Teig auswellen, in vier Rechtecke schneiden. Diese eine

Stunde an einen kühlen Ort stellen und anschließend in dem auf 160 Grad vorgeheizten Ofen eine Viertelstunde backen. Nachher in nicht ganz kleinfingergroße Stäbchen schneiden. Diese nochmals für einige Minuten in den ausgeschalteten Ofen legen, bis sie hellbraun sind.

Der Krieger und der Bettelmann

Spätestens gegen Ende Oktober, wenn Rilke wieder einmal recht behält (»Wer jetzt kein Haus hat...«), und der Herbst schon fortgeschritten ist und an die bald einmal fällige Martinsgans erinnert, läuft selbst eingefleischten Atheisten das Wasser im Mund zusammen. Der Vogel kommt aber erst am 11. November auf den Tisch, zu Sankt Martini, wie aufrechte Christenmenschen zu sagen pflegen. Wenn an diesem Abend zu Ehren des heiligen Bischofs der Laternenumzug stattfindet (ein Brauch, der sich in vielen Gegenden, unter anderem im bayerischen Freising und in Kirchzarten im Breisgau erhalten hat), gehen auch jene Menschen auf die Straße, die mit der Kirche wenig am Hut haben.

Dargestellt wird der heilige Martin in der Regel als Soldat, hoch zu Roß, mit Helm und Schwert und Mantel und einem Bettelmann zu Füßen. Denn einem solchen soll er einst, als er noch ungetauft den Göttern opferte, vor dem Stadttor zu Amiens die Hälfte seines Mantels geschenkt haben. Aber weder die Soldaten noch die Caritashelfer, sondern ausgerechnet die Weinbauern haben ihn zum Patron erkoren.

In der Biographie des heiligen Martin sucht man vergeblich nach Anhaltspunkten für derlei nicht ganz unpoetisches Brauchtum. Geboren wird er um 316 in der römischen Provinz Pannonien. Mit 15 Jahren tritt er in Pavia in die römische Armee ein. In diese Zeit fällt auch die berühmte Begegnung mit dem Bettler. Mit 18 empfängt er die Taufe. Im Jahre 361 gründet er in der Nähe von Poitiers das erste Kloster im damaligen Gallien. Zehn Jahre später wird er auf den Willen des Volkes hin zum Bischof von Tours ernannt. Gegen Ende des vierten Jahrhunderts, vermutlich an einem 11. November, verstirbt er, hochverehrt als Mönchsvater und Missionar.

Als eine der kostbarsten Reliquien wird seit jeher der übriggebliebene halbe Mantel, die *capa*, wie man damals sagte, aufbewahrt, und zwar in einer eigens dafür gebauten *capella*, zu deren Betreuung man einen *capellanus* bestellte. Wenn der heilige Martin seinerzeit seinen Mantel nicht zerschnitten hätte, gäbe es heute weder Kapellen noch Kapläne.

Da der Bischof von Tours auch als großer Wundertäter in Erscheinung trat, avancierte er schon kurz nach seinem Tod zu einem der beliebtesten Heiligen überhaupt. Aber nicht damit, sondern mit seinem Sterbedatum (an dem auch sein Fest gefeiert wird) hängt es zusammen, daß sich zu seinen Ehren allerlei Gebräuche entwickelten, die samt und sonders in dem weiten Feld zwischen Frömmigkeit und Fröhlichkeit anzusiedeln sind.

In den ersten Jahrhunderten nämlich waren die Gläubigen gehalten, vor dem Epiphaniefest ein vierzigtägiges Fasten zu beobachten. Diese vierzig Fasttage zählte man unter Auslassung der Sonnabende und der Sonntage von Epiphanie aus zurück und kam so dazu, den Beginn der großen Fastenzeit auf den Tag nach Martini, also auf den 12. November, festzusetzen.

Das Martinsfest fiel demnach auf den letzten Tag vor einer langen Fastenzeit. Und diese wurde damals sehr streng gehandhabt. Verwundert es da vielleicht, daß Christen, welche auf der steilen Stufenleiter der Askese kaum das untere Drittel geschafft hatten, sich noch schnell ein kleines Fettpölsterchen zulegen wollten, um die kommende Zeit möglichst schadlos zu überstehen?

Aber damit nicht genug! In früheren Jahrhunderten war die ganze Fastenzeit über auch die sogenannte Fastenruhe zu beachten. Das bedeutete, daß während dieser vierzig Tage nicht nur lärmige Festivitäten, sondern auch alle Rechtsgeschäfte untersagt waren. Von daher versteht es sich von selbst, daß der Martinstag zu einem wichtigen Zinstermin wurde und daß an besagtem Datum auch der übliche Gesindewechsel stattfand. Die Herrschaften ihrerseits veranstalteten bei dieser Gelegenheit den letzten großen Jahrmarkt. Daß es dabei recht feuchtfröhlich zuging, lag in der Natur der Sache; die Gänse hatten den Sommer über Fett angesetzt, der neue Wein hatte die richtige Gärung gerade erreicht. Damit ist endlich auch das Geheimnis gelüftet, wie der heilige Martin zur Gans und die Weinbauern zu ihrem Patron kamen. Tatsächlich fällt ja sein Festtag in etwa mit dem Datum zusammen, an welchem der *Beaujolais primeur* noch heute seine Hoch-Zeit hat. In Italien hingegen ist es Brauch, daß man sich am Abend des 11. November im vertrauten Kreis zusammensetzt und vom *vino novello* kostet. Weil man sich dabei aber nicht auf eine Kostprobe beschränkt, gibt es dazu jede Menge geröstete Kastanien.

In Verbindung mit dem Gansessen am Martinstag sind im Lauf der Zeit allerlei Spiele entstanden, so etwa das sogenannte Gans-Scheiben-Schießen, bei dem der Sieger eine Martinsgans gewann. Eine besondere Volksbelustigung bildet mancherorts noch heute das Gansreißen (in der Schweiz spricht man von der ›Gansabhauet‹). In dem kleinen am Sempachersee gelegenen Städtchen Sursee spannt man aus diesem Anlaß einen Draht über den Rathausplatz, an dem eine von frommen Ordensschwestern abgestochene Gans mit den Füßen nach unten hängt. Ein mit einem roten Mantel bekleideter und mit einer pausbackigen Sonnenmaske und einem Säbel ausstaffierter Kandidat (mittlerweile sind auch Frauen willkommen) muß Kopf und Rumpf der Gans mit einem einzigen Hieb trennen. Wer's als erster oder als erste schafft, kriegt die Beute.

Vermutlich waren es Mönche, welche (beim Verzehr eines sagenhaften Gänsebratens?) die Mär in die Welt setzten, daß sich der schüchterne Martin nach seiner Wahl zum Bischof in einem Gänsestall versteckt habe und dann durch das Schnattern der aufgeregten Tiere verraten worden sei... Sicher ist, daß es sich dabei um eine Legende handelt.

Daß es beim Gansessen am Martinstag schon immer ein bißchen ausgelassen zuging, dokumentieren ein paar Verse aus einer Handschrift aus der Zeit um 1400, welche man damals wohl zum Auftakt des Gelages anstimmte:

Martin, lieber Herre, nun laß uns fröhlich sein,
heut zu deinen Ehren und durch den Willen dein.
Die Gäns' sollst du uns mehren und auch den kühlen Wein,
gesotten und gebraten, sie müssen all' herein!

Während die Gänse am Martinstag aus sehr profanen Gründen ihre Federn lassen müssen, scheinen die Fackel- und Laternenumzüge am Abend des Festes in der kirchlichen Liturgie ihren Ursprung zu haben.

Ein handgeschriebenes, aus dem 11. Jahrhundert stammendes Missale aus Monte Cassino jedenfalls sah für die Messe am Martinstag einen Evangelientext vor, in dem es unter anderem heißt: »Legt euren Gürtel nicht ab und laßt eure Lampen brennen« (Lukasevangelium, Kapitel 12, Vers 35). Vom Licht war auch in dem vom Konzil von Trient erneuerten *Römischen Brevier* in einer der Lesungen zum Martinsfest die Rede: »Dieses ist die Lampe, die angezündet wird, die Tugend unseres Geistes und Sinnes...«

Wir wollen uns davor hüten, das Geistliche und das Weltliche allzusehr auseinanderzureißen oder gar gegeneinander auszuspielen, vor allem wenn ein Heiligenfest ansteht. Dieser Ansicht scheint auch ein gewisser Melchior de Fabris gewesen zu sein, der gegen Ende des 16. Jahrhunderts eine Martinspredigt hielt, deren Titel uns heute vielleicht ein bißchen kurios erscheint: *Von der Martins Gans. Ein schöne nützliche Predig / darinnen zuo sehen ein feyne außlegung deß H. Evangelij leben: Unnd ein hailsame anmanung / wie und was gestalt wir S. Martins Gans essen / und unser leben in ein andern gang richten sollen / Gedruckt im Closter zuo Thierhaupten 1595.*

Kann man es dem Prediger verübeln, wenn er in seiner Betrachtung den Blick der Gläubigen auf das Evangelium lenkt, ohne dabei selber die Gans aus dem Auge zu verlieren? Vermutlich ließ auch ihm die Freude am Gansessen den Gedanken an die vierzigtägige Fastenzeit etwas erträglicher scheinen.

Gänsebrust mit glasierten Kastanien

Für unser Martinsgansessen, wir sind ja ein kleiner Kreis, reicht eine Gänsebrust von etwa 900 g. Und die bereiten wir, natürlich nicht nur zu Sankt Martini, im Römertopf zu.

Den Römertopf während 15 Minuten in kaltes Wasser stellen. Inzwischen die Gänsebrust waschen, gut mit Salz und Pfeffer einreiben und mit der Fettschicht nach oben in den Topf legen. Diesen in den *kalten* Ofen schieben, die Temperatur auf 230 Grad einstellen und nach etwa einer Stunde den Deckel entfernen (und allenfalls etwas Fett abschöpfen). Die Brust muß nun bei reduzierter Hitze noch rund 10 Minuten weitergaren, damit eine schöne Kruste entsteht. Dann wird die Gänsebrust entbeint, in dünne Scheiben geschnitten und auf der gleichen Schüssel angerichtet wie die Kastanien.

Glasierte Kastanien, andere Art

Weil der Ofen für die Gänsebrust benötigt wird (und der Römertopf immer in den kalten Ofen gestellt werden muß, damit er nicht zerspringt), röstet man die Kastanien am besten schon am Vortrag. Wie das geht, haben wir im Zusammenhang mit unserem Rehgeschnetzelten bereits gesehen (siehe weiter oben in diesem Kapitel). Nachdem wir die Kastanien auf die dort beschriebene Art zubereitet haben, benötigen wir nun noch 100 ml Fleischbrühe und ebensoviel Bratensoße. Beides geben wir heiß über die glasierten Kastanien und lassen sie in der Flüssigkeit noch einige Minuten köcheln.

»Vom Himmel hoch, da komm ich her...«

Wittenberg, 24. Dezember 1535. Martin Luther sitzt in seiner Studierstube und macht sich Gedanken über seine Weihnachtspredigt. Die ersten Sätze hat er schon ausformuliert: »Ich kenne keinen größeren Trost, der dem Menschen gegeben wäre, als daß Christus ein Mensch, ein Kind, ein Säugling wurde, der im Schoß der lieblichsten Mutter spielt und an ihrer Brust liegt. Wen gibt es, den dieser Augenblick nicht ergriffe und tröstete? Nun ist die Macht der Hölle, des Gewissens und der Schuld überwunden...« An dieser Stelle hält Luther inne und stellt sich vor, wie der Engel den Hirten die frohe Botschaft von der Geburt Christi verkündet: »Er will eu'r Heiland selber sein, von allen Sünden machen rein...« Tatsächlich, der Satz reimt sich! Und außerdem ist da ein Rhythmus drin...

Vor sechs Tagen kam Luthers jüngstes Kind zur Welt, und morgen, am Christfest, wird seine Frau Käthe zum erstenmal aufstehen und beim Mittagsmahl wieder mit am Tisch sitzen, und da könnte er, Doctor Martinus, ihr doch eine ganz besondere Weihnachtsfreude bereiten. Er wird ihr ein Kinderlied vorsingen und den Text auf der Laute begleiten, mit der er schon als Student bei allen nur möglichen Anlässen aufspielte. Der wortmächtige Schriftsteller und sprachgewaltige Prediger taucht den Gänsekiel ins Tintenfaß und setzt zum Schreiben an: »Vom Himmel hoch, da komm ich her, ich bring euch gute, neue Mär...«

Vierzehn Vierzeiler bringt der Reformator zu Papier, die zu einer damals volkstümlichen Weise passen. Erst vier Jahre später, 1539, komponiert er dazu eine eigene Melodie, natürlich ohne zu ahnen, daß dieses Weihnachtslied dereinst sogar in die papistischen Kirchengesangbücher Eingang finden wird.

Ähnliches gilt für den pietistisch beeinflußten Dichter Paul Gerhardt, der 1607 im sächsischen Gräfenhainichen geboren wurde, später als Pfarrer von Mittenwalde und Berlin wirkte und 1676 in Lübben (Spreewald) verstarb. Und der, wie auf seinem Grabstein zu lesen ist, als »ein in Satans Sieb gesichteter und bewährter Theologe« galt. Das von ihm im Jahre 1653 gedichtete und 1736 von Johann Sebastian Bach vertonte Lied »Ich steh an deiner Krippen hier, o Jesu, du mein Leben...« wird längst auch in katholischen Kirchen gesungen, zu Recht, denn es gibt nur wenige Weihnachtslieder, in denen die Innigkeit des Glaubens, die Schönheit der Sprache und die Empfindsamkeit der Melodie sich derart vollkommen miteinander verbinden.

Daß gleich an mehreren Stellen dieses Liedes neben der Weihnachtsfreude auch von menschlichen Leiderfahrungen die Rede ist, hat seinen Grund darin, daß Paul Gerhardt gerade in diesem Lied auch persönliche Erlebnisse verarbeitet hat (»Ich lag in tiefster Todesnacht, du warest meine Sonne...«). Sein Leben fiel in die Zeit des Dreißigjährigen Krieges, der ganze Landstriche Deutschlands entvölkerte. Dazu kam, daß dem Dichter innert kurzer Zeit seine Frau und vier Kinder wegstarben; der fünfte Sohn verkam und galt schließlich als verschollen. Angesichts solcher Betrübnisse faßt der Dichter beim Anblick der Krippe neuen Lebensmut.

Auf einen biographischen oder doch gesellschaftlichen Hintergrund verweist auch das Lied »Es kommt ein Schiff, geladen bis an sein' höchsten Bord«, das vorzugsweise im Advent gesungen wird. Aller Wahrscheinlichkeit nach geht es auf einen Text des Mystikers Johannes Tauler zurück, der im 14. Jahrhundert in Straßburg lebte. Während des Dreißigjährigen Krieges wurde Taulers dreistrophiger Text von dem lutherischen Gelehrten Daniel Sudermann entdeckt, der es in Straßburg als Pädagoge zu einigem Ansehen gebracht hatte. Im Jahre 1626 überarbeitete Sudermann seine Vorlage und fügte ihr noch drei weitere Strophen hinzu. Die Melodie, deren Schöpfer unbekannt ist, stammt vermutlich aus dem späten 15. Jahrhundert. Ganz offensichtlich spiegelt sich in der Bildersprache des Liedes das Treiben am Straßburger Rheinhafen wider. Und natürlich werden die einzelnen Metaphern (Schiff, Ladung, Anker, Segel, Mast) mit einer heilsgeschichtlichen Bedeutung gefüllt.

Es kommt ein Schiff geladen
bis an sein' höchsten Bord,
trägt Gottes Sohn voll Gnaden,
des Vaters ewigs Wort.

Das Schiff geht still im Triebe,
es trägt ein teure Last;
das Segel ist die Liebe,
der Heilig Geist der Mast.

Der Anker haft' auf Erden,
da ist das Schiff am Land.
Das Wort will Fleisch uns werden,
der Sohn ist uns gesandt.

Zu Bethlehem geboren
im Stall ein Kindelein,
gibt sich für uns verloren;
gelobet muß es sein.

Und wer dies Kind mit Freuden
umfangen, küssen will,
muß vorher mit ihm leiden
groß Pein und Marter viel,

danach mit ihm auch sterben
und geistlich auferstehn,
das ewig Leben erben,
wie an ihm ist geschehn.

Das Erscheinen Jesu wird hier mit der Ankunft eines Frachters verglichen. Wichtig ist nicht die Mannschaft, sondern die Ladung, mittels deren die Bevölkerung versorgt wird. Ähnlich wie das Schiff aus der Ferne eintrifft, erscheint auch das von Gott angekündigte Heil von außen. Der Hafen, in dem der Frachter vor Anker geht, ist die Erde. Das Schiff selbst steht für Maria, welche der Menschheit den Erlöser geschenkt hat.

Von der Ankunft dieses Weltenretters handelt auch das mit Sicherheit verbreitetste Weihnachtslied, das vom salzburgischen Oberndorf aus seinen Siegeszug rund um den Erdball angetreten hat. In Oberndorf nämlich stellte man im Jahre 1818, und zwar ausgerechnet am 23. Dezember, fest, daß die Orgel so schadhaft war, daß sie in der Christmette nicht mehr eingesetzt werden konnte. In dieser schwierigen Situation verfaßte der Hilfspriester Joseph Mohr ein dreistrophiges Lied, um dem Weihnachtsgottesdienst doch noch einen einigermaßen feierlichen Anstrich zu geben. Anschließend bat er den Schullehrer und Organisten Franz Xaver Gruber, zu seinen Versen eine passende Melodie zu schreiben. Anläßlich der Christmette fand dann in Oberndorf die Weltpremiere des Liedes »Stille Nacht, heilige Nacht« statt. Der Dichter sang den Tenor, der Komponist den Baß, und ein kleiner Chor wiederholte mehr schlecht als recht die jeweilige Schlußzeile – es blieb ja nur sehr wenig Zeit zum Üben.

Daß das Gesangstück des Hilfspriesters und des Lehrers heute nicht nur in den Wohnstuben der Familien gesungen, sondern auch in den weihnachtlich geschmückten Kaufhäusern über Lautsprecher ausgestrahlt wird, ist dem Umstand zu verdanken, daß im Frühjahr 1825 die Orgel von Oberndorf wieder einmal streikte. Um sie zu reparieren, wandte man sich an den Zillertaler Orgelbauer Carl Mauracher, der bei dieser Gelegenheit eine Abschrift des Liedes

anfertigte. Im Zillertal machte damals eine Musikantengruppe von sich reden, welche auf vielen europäischen Märkten und Messen für Unterhaltung sorgte. Auf diese Weise verbreitete sich die schlichte Weise als »Ächtes Tirolerlied« schon bald in halb Europa. Erst im Jahre 1854 stellte man Recherchen über die Herkunft des Liedes an. Auf mancherlei Umwegen gelangte man schließlich an Franz Xaver Gruber, der inzwischen in einem Salzburger Stift lebte. Dem Erinnerungsvermögen des ehemaligen Dorfschullehrers und Organisten ist es zu verdanken, daß die Entstehungsgeschichte dieses bekanntesten aller Weihnachtslieder doch noch rekonstruiert werden konnte.

Gebackener Karpfen

Der auch heute noch vielerorts gepflegte Brauch, an Heiligabend Fisch zu essen, geht auf jene Zeiten zurück, als das vorweihnachtliche Fasten erst am 25. Dezember gebrochen werden durfte. Vordem nämlich war während der ganzen Adventszeit mit Ausnahme der Sonntage der Genuß von Fleisch untersagt. Weil ich für morgen, am Heiligtag, eine eher kräftige Mahlzeit vorgesehen habe, entscheide ich mich heuer am 24. Dezember wieder einmal für den traditionellen Weihnachtsschmaus: gebackener Karpfen mit Kräutersoße, Salzkartoffeln und in Gemüsebrühe gekochte Karotten (wobei ich letztere mit etwas Ingwer würze).

1 kochfertiger Karpfen (ca. 1,2 kg)
Salz, Pfeffer
1 Zitrone (Saft)
ca. 80 g Mehl
2 Eier
Öl zum Ausbacken
1 Zitrone

Nachdem Kopf und Flossen entfernt sind, wird der Fisch in Stücke geschnitten, mit Zitronensaft gesäuert und mit Pfeffer bestreut (mit dem Salzen warten wir noch zu, weil ihm sonst zuviel Feuchtigkeit entzogen wird!). Eine halbe Stunde im Kühlschrank ziehen lassen. Die Karpfenstücke zwischendurch einmal wenden. Anschließend werden sie mit Küchenpapier gut abgetupft, gesalzen, im Mehl und in der verquirlten Eimasse gewendet und im Öl schwimmend ausgebacken. Die Zitronenscheibe, mit denen ich sie belege, ist natürlich nicht nur als Verzierung gedacht. Dazu reiche ich eine Kräutersoße nach meiner Art.

Kräutersoße nach meiner Art

120 g Quark
1–2 EL Mayonnaise
1 TL Senf
2 EL gehackte Kräuter (Kerbel, Petersilie, Schnittlauch, Estragon)
1 EL kleine Kapern
Salz, weißer Pfeffer
2 EL steifgeschlagene Sahne

Sämtliche Zutaten mit dem Schneebesen zu einer glatten Soße verrühren. Die Sahne erst zum Schluß darunterziehen. Nach Möglichkeit sehr kleine Kapern

verwenden, die besonders würzig sind. Die Soße sollte mindestens eine Stunde im Kühlschrank stehen; nur so kann sich das Aroma der Kräuter voll entfalten.

Als Nachtisch reichen uns im Hinblick auf unser morgiges Mittagessen ein paar Weihnachtsplätzchen, die wir zum Kaffee kosten.

Äpfel, Nüsse, Datteln und Zimtsterne

Unter anderen Lappalien, damit man die alte Weynachtzeit offt mehr als mit Gottes Wort und heiligen Ubungen zubringet, ist auch der Weynacht-Baum, oder Tannenbaum, den man zu hause aufrichtet, denselben mit Puppen und Zucker gehenget, und ihn hernach schütteln und abblümen läßt. Wo diese Gewohnheiten herkommen, weiß ich nicht. Es ist Abgötterey, so man mit dem Christkindlein pfleget zu treiben, und also des Satans Capell (Kapelle) neben die Kirche bauet, den Kindern eine solche Opinion (Ansicht) beibringet, daß sie ihre inniglichen Gebättlein für (vor) dem vermummten Christ-Kindlein in fast abgöttischer Weise ablegen. Viel besser wärc es, man wiese die Kinder auf den geistlichen Cedernbaum CHristum JEsum.

Diese abfällige Äußerung gegenüber dem Brauch, Weihnachtsbäume aufzustellen, steht in einem Buch mit dem etwas seltsamen Titel *Catechismusmilch*, das im Jahre 1657 von dem Straßburger Münsterprediger Johann Conrad Dannhauer veröffentlicht wurde. Es handelt sich dabei um eines der ältesten auf uns gekommenen Zeugnisse über die Sitte, an Weihnachten in der Wohnstube einen Baum aufzustellen. Von Kerzen ist hier noch nicht die Rede, wohl aber von Puppen und Zuckerwerk, mit denen der Weihnachtsbaum geschmückt wurde.

Über den damals üblichen Baumschmuck gibt ein anderes, ebenfalls aus Straßburg stammendes Dokument aus dem Jahre 1605 weiteren Aufschluß: *Auff Weihnachten richtett man Dannenbäum in den Stuben auff daran hencket man Rosen auß vielfarbigem Papier geschnitten, Äpfel, Oblaten, Zischgold, Zucker etc.*

Wann der Christbaum erstmals Einzug hielt in die Wohnungen der Familien, läßt sich nicht mit Sicherheit sagen. Die älteste uns bekannte Darstellung eines lichtergeschmückten und sternenbehangenen Tannenbaums verdanken wir Lucas Cranach dem Älteren, einem Zeitgenossen Luthers; es handelt sich um einen Kupferstich aus dem Jahre 1509. Von Martin Luther selbst gibt es ein Bild, das ihn am Christabend des Jahres 1536 zu Wittenberg unter dem Lichterbaum zeigt, in der Hand die Laute, mit der er den Gesang der Weihnachtslieder begleitet. Ob aber in der Wohnstube des Reformators ein

Tannenbaum gestanden hat, ist mehr als fraglich. Das Gemälde mit der ebenso trauten wie vertrauten Szene stammt nämlich von Carl A. Schwerdtgeburth, welcher im Jahre 1878 verstarb. Mit anderen Worten, der Maler hat die im 19. Jahrhundert übliche evangelische Festfeier schlicht und einfach in die Zeit Luthers zurückverlegt.

Dennoch bringt dieses Bild einen geschichtlichen Sachverhalt zum Ausdruck, daß nämlich der Brauch, zu Weihnachten einen Christbaum aufzustellen, sich in den Gegenden der Reformation viel schneller ausbreitete als in katholischen Gebieten. Ausgerechnet im elsässischen Schlettstadt, wo man den »Weihnachtsmayen« in den Familien schon seit Beginn des 17. Jahrhunderts kannte, wurde der Protestantismus noch im Jahre 1896 in einem Zeitungsbeitrag verächtlich als »Tannenbaum-Religion« bezeichnet...

Solche Polemik hatte ihrerseits tiefere und weiter zurückliegende Gründe. Tatsächlich hatte die Reformation von Anfang an höchsten Wert auf die Verkündigung des Gotteswortes gelegt. Dies wirkte sich auch auf die Feier des Christfestes aus. Von den bis dahin üblichen, bis ins Mittelalter zurückreichenden Krippenspielen verlagerte sich das Gewicht allmählich auf das Vorlesen der Weihnachtsgeschichte im häuslichen Kreis und das Absingen der teilweise von Luther selbst verfaßten Weihnachtslieder, woran sich schon bald eine Bescherung anschloß. In diesem Zusammenhang stellte der Lichterbaum ein aussagekräftiges Symbol dafür dar, daß mit Christus das »Licht der Welt« erschienen ist. Gegenüber dieser evangelischen Weihnachtsfeier hielt man katholischerseits weiterhin an der traditionellen Krippenfeier und den damit verbundenen Krippenspielen fest. Noch um die Mitte des letzten Jahrhunderts hatte in manchen Gegenden das Aufstellen einer Krippe oder eines Christbaums konfessionellen Bekenntnischarakter.

Aber schon rund fünfzig Jahre später waren Weihnachtskrippe und Weihnachtsbaum in katholischen und protestantischen Gebieten gleicherweise verbreitet.

Damit wiederum wollte man sich katholischerseits nicht überall abfinden. Der vielgelesene Volks- und Erbauungsschriftsteller Alban Stolz jedenfalls beklagte sich darüber, daß mit dem Christbaum mancherlei Schindluder getrieben werde; neuerdings errichte man sogar für Hunde und Katzen Weihnachtsbäume. Ob diese Äußerung auf bloßer Polemik beruht oder sich auf eine (aber dann wohl seltene) Tatsache bezieht, muß offenbleiben. Volkskundlich wichtiger ist eine andere mißbilligende Äußerung dieses 1883 in Freiburg im Breisgau verstorbenen Schriftstellers, in welcher er den Brauch verurteilt, Weihnachtsbäume auf den Gräbern der Angehörigen aufzustellen. Damit dokumentiert er, daß diese seit den dreißiger Jahren unseres Jahrhunderts vor allem in der Schweiz (wieder?) übliche Sitte vorher schon anderweitig praktiziert wurde.

Im übrigen dürfte der Christbaum weder ein Relikt aus heidnischen Zeiten noch eine protestantische Neuerung darstellen, sondern in der weihnachtlichen Liturgie selber verwurzelt sein. Schon Paulus stellt im Römerbrief dem Sündenfall der Stammeltern das Erlösungswerk Jesu gegenüber. Daraus erklärt sich, daß man schon sehr früh am Vortrag von Weihnachten das liturgische Gedächtnis von Adam und Eva beging. Folgerichtig finden sich denn auch in der spätmittelalterlichen Kunst zahlreiche Darstellungen zum Thema »Sündenfall und Erlösung«, in deren Zentrum ein Baum steht. Auf der linken Bildhälfte befinden sich Adam und Eva, welche nach der verbotenen Frucht greifen, während rechts vom Baum das Kreuz und der auferstandene Jesus abgebildet sind. Dies wiederum gibt Anlaß zu der begründeten Vermutung, daß der Paradiesesbaum und der Kreuzesbaum im Weihnachtsbaum zu einer Einheit verschmolzen.

Größere Verbreitung fand dieser jedoch erst seit etwa 1800 in gehobenen Zürcher, Münchner, Wiener und Siebenbürger Familien. Im Schwarzwald, wo es doch nicht an Tannen fehlte, war er noch in den zwanziger Jahren unseres Jahrhunderts an vielen Orten unbekannt.

Nach dem Zweiten Weltkrieg wurde es üblich, Lichterbäume nicht nur in den Wohnungen, sondern auch im Garten vor dem Haus und auf öffentlichen Plätzen aufzustellen. Heute strahlen die Lichter am Tannenbaum nicht nur bei adventlichen Wohltätigkeitsveranstaltungen, sondern auch auf den unzähligen Vorweihnachtsfeiern, die von jedem Verein und (fast) jedem Betrieb in den Wochen vor dem Christfest veranstaltet werden. In den Geschäftsstraßen und Warenhäusern von New York bis Tokio blinken die farbigen Lichter an den farbigen Plastikbäumen schon zum Novemberbeginn. Inzwischen haben sich die meisten wohl irgendwie daran gewöhnt, daß die Paradiesesbäume in jedem Einkaufszentrum gleich dutzendweise und zum Greifen nahe herumstehen.

Bei diesem trostlosen Anblick sehnt man sich geradezu nach einem kleinen grünen Tannenbaum mit echten Nadeln, der mit Äpfeln und Nüssen und Datteln und vielleicht sogar mit ein paar Zimtsternen und einigen Kerzen geschmückt ist.

Damit könnten wir uns eigentlich begnügen. Denn bekanntlich zeigten sich schon die Kirchenväter darüber besorgt, daß die christlichen Feste leider allzu oft in einen Heidenspaß ausarteten.

Was das Essen betrifft, begegnen wir dieser Gefahr, indem wir ein Weihnachtsmenü zusammenstellen, das sich zwar festlich, aber ohne jeden Anschein von Schwelgerei präsentiert. Zum Aperitif schlagen wir ein Gläschen eisgekühlten Sambuca vor, anschließend servieren wir ein Morchelsüppchen, gefolgt von einem Schinken im Brotteig mit Kartoffelsalat. Den Nachtisch besorgen wir uns aus dem Kühlschrank und greifen gleichzeitig auf unseren Rumtopf zurück.

Morchelsuppe

Eigentlich wollte ich mit Steinpilzen experimentieren. Und merkte dann, daß ich keine im Haus hatte. So kam mir der Gedanke, eine Morchelsuppe zu kreieren, die meinen Gästen so gut schmeckte, daß ich mich entschlossen habe, sie nun auch an Weihnachten vor dem eher deftigen Hauptgang aufzutragen.

20 g getrocknete Morcheln
1 Schalotte
1 EL Butter
1 EL Mehl
250 ml Wasser
250 ml Milch
250 ml Gemüsebrühe
Salz, weißer Pfeffer
1 Gläschen trockener Vermouth (Noilly Prat)
wenig Schlagsahne

Die Morcheln einige Stunden in Wasser einweichen, herausnehmen und mehrmals gut durchspülen, um sämtliche Sandrückstände zu entfernen. Das Einweichwasser filtern und beiseite stellen.

Die Schalotte sehr fein und die Morcheln grob hacken (die kleineren unter ihnen ganz lassen) und beides in einem Topf in der Butter dünsten. Das Mehl hinzugeben und kurz mitdünsten. Das Einweichwasser darübergießen und mit dem Schneebesen gut verrühren. Aufkochen und die Milch und anschließend die Gemüsebrühe dazugeben. Die Suppe eine Viertelstunde köcheln, mit Pfeffer und Salz abschmecken und den Vermouth hinzufügen. Nochmals etwas erhitzen und anrichten. Falls keine Gefahr besteht, daß das Gespräch Ihrer Gäste abgleitet und sich nur noch um Linie und Pfunde dreht, geben Sie auf jeden Teller einen Schlag steife Sahne. Andernfalls lassen Sie es besser bleiben und vernaschen die Sahne heimlich in der Küche.

Schinken im Brotteig

1 ungekochter Rollschinken (ca. 1,5 kg)
1 EL Weißwein
2 El Orangensenf *(oder* 2 EL milder Senf und 1 Prise Zucker)

Brotteig

Falls wir den Brotteig beim Bäcker besorgen, müssen wir schon ein gutes Kilo verlangen. Wenn wir ihn selber herstellen, benötigen wir

400 g Vollkornmehl
300 g Halbweißmehl
20 g Frischhefe oder
1 Päckchen Trockenhefe (7 g)
1 TL Salz
ca. 400 ml Wasser
evtl. 1 gestrichenen EL gehackten Rosmarin

Das Mehl in einer Schüssel mit dem Salz vermischen. Die in etwas Wasser angerührte Hefe und anschließend das restliche Wasser dazugeben. (Wenn wir noch etwas gehackten Rosmarin zufügen, werden unsere Gäste über das apartkräftige Aroma besonders erfreut sein.) Alle Zutaten zu einem Teig kneten. Diesen, wenn er glatt und geschmeidig ist, mit einem Tuch zugedeckt bei Zimmertemperatur zwei Stunden ruhen lassen.

Den aufgegangenen Teig formen wir zu einer Kugel, in die wir mit dem Messer ein Kreuz einschneiden. Nun klappen wir die vier entstandenen Enden etwas heraus und wellen sie aus.

Vom Rollschinken haben wir das Netz und gegebenenfalls die Schwarte entfernt und ihn mit dem mit Weißwein verrührten Senf eingerieben. Nun legen wir das Fleisch auf das am wenigsten ausgewellte Mittelstück des Teigs, dessen Ränder wir mit etwas Wasser bestreichen. Anschließend klappen wir die vier Enden locker über den Schinken und drücken sie an. Dann geben wir das Paket mit den Nähten nach unten auf ein mit Backtrennpapier ausgelegtes Blech. Die Oberfläche bestäuben wir mit etwas Mehl und ritzen sie mit einem Messer leicht ein, damit eine schöne Verzierung entsteht. Den Ofen haben wir auf 220 Grad vorgeheizt. Nachdem wir das Blech hineingeschoben haben, reduzieren wir die Hitze auf 180 Grad. Die Backzeit dauert dann nicht ganz zwei Stunden. Vermutlich werden wir die Brothülle um unseren Schinken nach ungefähr einer Stunde mit einer Alufolie vor zu starker Bräunung schützen müssen. Wenn wir den Schinken im Brotteig aus dem Ofen holen, schneiden wir ihn nicht gleich in Tranchen, sondern lassen ihn vor dem Servieren eine gute Viertelstunde auf einem Gitter ruhen, damit sich der Saft schön verteilt.

Kartoffelsalat

8–10 mittelgroße gekochte Kartoffeln
100 ml Gemüsebrühe
3 EL Mayonnaise
1 EL Senf
3 EL Joghurt nature
Salz, Pfeffer, Streuwürze
3–4 EL Speckwürfelchen

Die geschälten Kartoffeln in mundgerechte Stücke schneiden und für etwa eine Stunde in ein Gefäß mit der heißen Gemüsebrühe legen. Ab und zu wenden, damit die Kartoffeln die Flüssigkeit aufsaugen. Die restlichen Zutaten (außer den Speckwürfelchen) zu einer Soße verrühren und die Kartoffeln daruntermischen. Vor dem Auftragen die Speckwürfelchen kurz braten und über dem Kartoffelsalat verteilen.

Rumtopf

Angesetzt wird der Rumtopf, wenn die ersten Beeren (in der Regel sind das die Erdbeeren) zu reifen beginnen. Sie werden in ein Gefäß aus Steingut gelegt, mit etwas Zucker bestreut und mit Rum *vollständig* bedeckt. Das Gefäß verschließen und an einem kühlen Ort, am besten im Keller, aufbewahren.

Nun fallen schon bald die Kirschen an, dann reifen die Himbeeren, die Johannisbeeren, die Aprikosen, die Pfirsiche und die Nektarinen (die, wie die Aprikosen, entsteint und in Stücke geschnitten werden), die Ananas, die Trauben...

Kurzum, von all diesen Beeren und Früchten legt man immer wieder ein paar dazu, streut jedesmal ein wenig Zucker darüber und achtet sorgfältigst darauf, daß sie gut mit Rum bedeckt sind.

Ich selber gebe immer noch ein paar getrocknete Weinbeeren und fünf, sechs gedörrte Feigen dazu. Und ein paar Datteln, die bei Herbstbeginn auf dem Markt angeboten werden.

Für unseren Nachtisch zu Weihnachten kriegen alle je eine Kugel Zimt- und Vanilleeis und darüber ein paar Früchte und ein paar Löffelchen von der Flüssigkeit aus dem Rumtopf. Natürlich haben wir nicht nur Verständnis, sondern fühlen uns auch geehrt, wenn jemand noch eine zweite Portion haben möchte.

An-, aber nicht unbedingt unser Mahl abschließend (wir haben ja noch Kastanien im Korb und einen Wein im Keller!) trinken wir unseren Kaffee und kosten dazu, es ist ja Weihnachten, vom Geist der Mirabelle, oder mag jemand lieber einen Fernet Branca?

Amor Ioannis oder die Johannisminne

In einigen wenigen deutschsprachigen Gebieten mit ausgeprägt katholischem Brauchtum wird noch immer, jeweils am 27. Dezember, dem Gedenktag des heiligen Apostels Johannes, den Gläubigen nach der Eucharistiefeier der Kelch mit dem gesegneten Johanniswein gereicht. Diese im Mittelalter erstmals bezeugte Gepflogenheit der Johannisminne (*amor Ioannis*) galt einstmals der Abwehr von bösem Zauber, eine Annahme, die ihrerseits auf die Legende zurückgeht, daß der Heilige einen Giftbecher geleert habe, ohne Schaden zu nehmen. Diese Geschichte bildete einen idealen Vorwand, um die alten heidnischen Trankopfer und die damit verbundenen Saufgelage etwas einzuschränken, indem man sie zur Johannisminne umfunktionierte. Denn der notorische Durst der Teutonen war einfach zu groß, als daß man den uralten germanischen Brauch, die Götter durch Zechgelage günstig zu stimmen, einfach hätte abschaffen können. In einigen Gegenden ist es Sitte, daß die Gläubigen am Festtag des Apostels Johannes zum Gottesdienst ein paar Flaschen Wein vor den Altar stellen, die bei dieser Gelegenheit gesegnet werden. Mißbräuche sind schon deshalb unwahrscheinlich, weil kaum jemand daran denkt, einen Korkenzieher mitzubringen.

In einzelnen Gegenden übrigens findet die Weinsegnung inzwischen am Stefanstag, also am 26. Dezember, statt. Der Grund liegt darin, daß sich am zweiten Weihnachtsfeiertag mehr Gläubige in der Kirche einfinden als zu Johannis, wenn wieder gearbeitet wird.

Wenn wir nun eine Flasche von dem geweihten Wein für einen Coq au vin verwenden, besagt das natürlich nicht, daß wir uns deswegen weniger anstrengen müßten, um ein annehmbares Ergebnis zu erzielen.

Coq au vin, andere Art

Das folgende Rezept unterscheidet sich in einigen nicht ganz unwichtigen Details vom Coq au vin à la Bocuse (siehe im Kapitel über Starköchinnen und Kochpäpste). Machen Sie es wie ich und probieren Sie beide Versionen. Weil ich Sie nicht beeinflussen möchte, verrate ich Ihnen nicht, welche Art mir besser schmeckt. Vielleicht finden auch Ihre Gäste Spaß daran, sich in die Urteilsfindung einzuschalten.

2 Hähnchen
zu je ca. 800 g
Salz, Pfeffer
2 EL Bratbutter
1–2 Knoblauchzehen
100 g Speckwürfel
100 g Essig-
oder Soßenzwiebelchen
1 Lorbeerblatt
2 kleine Karotten
in Scheibchen

300 ml trockener Rotwein
(Rioja, Burgunder...)
100 ml sehr kräftige
Gemüsebrühe
150 g frische
Champignons oder Steinpilze
1 TL Mehl
1 Gläschen Cognac
Salz, Pfeffer
Muskat

Die Hähnchen vierteln, mit Salz und Pfeffer bestreuen und in einem Bräter anbraten. Die Speckwürfel, den fein gehackten Knoblauch, das Lorbeerblatt, die Karotten und die Essigzwiebeln dazugeben und kurz mitdünsten. Mit dem Wein und der Gemüsebrühe ablöschen. Die in grobe Stücke geschnittenen Pilze beigeben und alles bei verschlossenem Deckel etwa 25 Minuten köcheln. Die Hähnchenteile und die Garnitur herausnehmen und warm stellen. Die Soße mit dem Mehl binden, auf die Hälfte einkochen und mit Cognac, Salz, Pfeffer und Muskat abschmecken. Dazu passen Nudeln.

Auf die können wir verzichten, wenn wir unseren Coq au vin am Vortrag zubereiten und auskühlen lassen (er wird durch das Stehen in der Soße sogar noch kräftiger). Dann geben wir ihn zusammen mit der Soße in eine feuerfeste Form, die wir mit einem Blätterteigdeckel verschließen (der dann die Nudeln ersetzt). Dabei müssen wir darauf achten, daß der Deckel etwa zwei Zentimeter mehr Durchmesser hat als die Form, damit wir ihn am Rand gut andrücken können. Anschließend wird er mit Eigelb bestrichen. Dann schieben wir die Gratinform für 25 Minuten in den auf 220 Grad vorgeheizten Backofen. (Falls wir nicht bis zum nächsten Tag warten und den noch warmen Coq au vin gleich überbacken möchten, reichen 15–20 Minuten.)

C + M + B

Über den Nikolaus, den wir am 6. Dezember feiern, haben wir wohlweislich kein Wort verloren, da leider nicht einmal mehr die Kinder an ihn glauben. Außerdem hätten wir da bloß mit ein paar Backrezepten aufwarten können. Zum Beispiel mit dem in der Schweiz üblichen Grittibänz, einem Struttengebäck aus Weißmehl, Butter, Milch, Zucker und Ei, das zu einem Männchen geformt ist, dem unsere Kleinen immer zuerst den Kopf abbeißen. Oder mit den sandig schmeckenden Lebkuchen mit den aufgeklebten Nikoläusen, die sich im Vergleich zu ihren Nürnberger Vettern wie eine Karikatur ausnehmen. Also lassen wir's.

Und stellen statt dessen eine Frage: Wie kamen die Heiligen Drei Könige nach Köln?

Historisch steht fest, wann und auf welchem Weg die drei Weisen aus dem Morgenland die rheinische Metropole erreichten; nicht umsonst verehren die Reisenden sie als ihre Schutzpatrone. Bis zum Jahre 1164 ruhten ihre angeblichen Gebeine in Mailand. Von dort brachte der Erzbischof und Kanzler Friedrichs I., Reinald von Dassel, sie nach Köln, wo man sie schließlich in den um 1200 in der Werkstadt des Nikolaus von Verdun gearbeiteten Dreikönigenschrein umbettete.

Was weiß man sonst noch über sie? Im zweiten Kapitel des Matthäusevangeliums ist von »Sterndeutern aus dem Osten« (Persien?) die Rede, welche, von einem Stern geführt, nach Betlehem pilgerten, um dort das Jesuskind anzubeten. Da man diese Huldigung als erstes Aufleuchten der Gottesherrlichkeit (griechisch: *epiphaneia*) des neugeborenen Erlösers deutete, wird die betreffende Bibelstelle in den Kirchen seit alters her am Fest der Epiphanie (Erscheinung) des Herrn gelesen. Bei den Griechen bezeichnete man mit diesem Begriff ursprünglich die Erscheinung eines Gottes, während die Römer darunter den Besuch des Kaisers in entfernten Provinzen des Reiches verstanden, bei welcher Gelegenheit dieser in der Regel allerlei Privilegien verteilte.

Allerdings steht in der Bibel nichts von *Königen*, und schon gar nicht heißt es, daß es ihrer *drei* waren. Auf diese Idee verfiel man erst im 5. Jahrhundert, und zwar aufgrund der im Matthäusevangelium erwähnten drei Gaben, nämlich Gold, Weihrauch, Myrrhe, die als königliche Geschenke angesehen wurden. Je weiter sich die Legende von den Ursprüngen entfernt, um so mehr Detailinformationen vermag sie zu vermitteln. Im 6. Jahrhundert kennt sie bereits die Namen der drei Sterngucker: Caspar, Melchior und Balthasar. Daß der erste von ihnen ein Mohr gewesen sei, wird erst im Spätmittelalter vermutet.

Mit den Namen wiederum hat es eine besondere Bewandtnis. Nach uraltem Brauch werden am 6. Januar die Häuser und Wohnungen gesegnet, damit die Bewohner das Jahr über von Unglück verschont bleiben. Dabei malt der Priester oder sein Vertreter drei Buchstaben und zwei Kreuze auf die Türpfosten: C + M + B. Anschließend fügt er in der Regel noch die Zahl des eben begonnen Jahres hinzu. Die volkstümliche Phantasie sah in den fünf Zeichen die Anfangsbuchstaben der Namen der Heiligen Drei Könige. In Wirklichkeit jedoch bilden sie die Abkürzung (und gleichzeitig eine schöne Erklärung) des Haussegens: *Christus Mansionem Benedicat* – Christus möge diese Wohnstätte segnen.

Dreikönigskuchen

Aufs engste verflochten mit der Haussegnung war früher mancherorts der Brauch, auf den Dreikönigstag einen besonderen Kuchen zuzubereiten und eine getrocknete Bohne mit hineinzubacken. In gewissen Teilen der Zentral- und Ostschweiz sowie in Graubünden durfte, wer das Stück mit der Bohne erhielt, die drei Initialen auf den Türpfosten malen. Heute setzt man dem Kuchen in manchen Gegenden eine Krone aus Pappkarton auf, die am Dreikönigstag von dem Kind, das die Bohne in seinem Kuchenstück vorfand, den ganzen Tag über getragen wird.

500 g Mehl
20 g Hefe (oder ein Tütchen Trockenhefe (7 g)
3 EL Zucker
1 Messerspitze Salz
100 g Butter
250 ml Milch
3 Eier
etwas geriebene Zitronenschale
70 g Rosinen
1 getrockneter Bohnen- oder 1 Mandelkern

Das Mehl in eine Schüssel geben. In der Mitte eine Vertiefung formen und die zerbröselte Hefe hineinstreuen. Etwas Milch zugießen und die Hefe mit wenig Mehl zu einem kleinen Vorteig verrühren. Die Schüssel zudecken und bei Zimmertemperatur während einer halben Stunde stehen lassen. Den Vorteig mit Mehl zudecken, und die restlichen Zutaten daruntermischen (1 Eigelb zurückbehalten!) und so lange zu einem Teig kneten, bis dieser sich leicht von der Schüssel löst.

Vom Teig 6–9 gleich große Kugeln formen und diese nebeneinander so in eine Springform setzen, daß die einzelnen Kugeln aneinander kleben und ein Ring entsteht. Die Springform mit einem Tuch bedecken und den Teig während anderthalb Stunden aufgehen lassen. Dann mit Eigelb bestreichen und in dem auf 200 Grad vorgeheizten Backofen 45 Minuten backen. Anschließend den Kuchen aus der Springform lösen und auf einem Gitter erkalten lassen.

Natürlich wird der Dreikönigskuchen am Vortrag gebacken und dann zum Frühstück verzehrt. Eines der Kinder möchte ja den ganzen Tag über König oder

Königin sein und vielleicht sogar wünschen dürfen, was am Heiligendreikönigstag auf den Mittagstisch kommt.

P.S. Die Arbeit mit der Königskrone nehmen wir den Kindern nicht auch noch ab; die müssen sie schon selber basteln.

Das letzte Gericht

Bei allen nur möglichen Gelegenheiten rufen die Verfasser der biblischen Bücher ihrer Leserschaft in Erinnerung, daß Gott der Vater aller Menschen ist und folglich alle Menschen Kinder Gottes sind. Diese Zusage berechtigt uns zu der frohen Hoffnung, daß alle sich angesprochen fühlen, wenn dereinst die Posaune erschallt und Jesu Stimme ertönt: »Ihr alle seid Söhne und Töchter des einen Gottes, und deshalb gehört euch das Himmelreich! Jetzt will ich das Festmahl geben, das mein und euer Vater euch in Vorzeiten versprochen hat, ein Gelage mit den feinsten Speisen und erlesenem Wein« (vgl. Matthäusevangelium, 19. Kapitel, 14. Vers; Prophet Jesaja, 25. Kapitel, 5. Vers).

Götterspeise

Es gab sie selten genug, aber wenn wir sie vorgesetzt bekamen, war das für uns Kinder wie Weihnachten. Als ich meine Mutter einmal fragte, ob wir im Himmel wohl jeden Tag Götterspeise essen dürften, meinte sie mit einem etwas rätselhaften, von zärtlicher Schwermut verklärten Lächeln: »Ach, weißt du, im Himmel gibt es wohl Sachen, die sind noch hundertmal besser. Aber das versteht man nur, wenn man schon jetzt alles, was der liebe Gott uns schenkt oder schickt, als Gottesspeise betrachtet.«

Ich habe Jahre gebraucht, um halbwegs zu begreifen, wie das gemeint war. Von den Gottesspeisen habe ich inzwischen des öfteren gekostet; mitunter können sie recht bitter schmecken. Von der Götterspeise hingegen habe ich seit meiner Kindheit nie wieder gegessen. Heute würde ich sie so zubereiten:

300 g Saisonfrüchte
und / oder frische Beeren
1 EL Zucker
100 g Löffelbisquits oder Zwieback
Vanillecreme
3–4 EL Rum
100 ml Schlagsahne

Die Früchte in kleine Stücke schneiden, in Coupegläser geben und mit etwas Zucker bestreuen. Die Löffelbisquits darüber verteilen. Den Rum unter die Vanillecreme rühren und diese über die Löffelbisquits gießen. Mit Schlagsahne garnieren. Wenn Kinder mitessen, wird der Rum zuerst erhitzt und angezündet, damit der Alkohol sich verflüchtigt.

Literaturverzeichnis

Die meisten Bücher von heute sehen so aus, als wenn sie an einem Tage verfaßt worden wären, und zwar aus Büchern, die am Tag zuvor gelesen worden sind.

Chamfort, Maximen und Reflexionen

Die nützlichsten Bücher sind diejenigen, welche den Leser zu ihrer Ergänzung auffordern.

Voltaire, Philosophisches Wörterbuch

Von den zahlreichen deutschsprachigen Veröffentlichungen zur Geschichte der Koch- und Küchenkultur verdienen zwei besonders erwähnt zu werden:

Schultz Uwe (Hrsg.), Speisen – Schlemmen – Fasten. Eine Kulturgeschichte des Essens, Insel Verlag, Frankfurt am Main und Leipzig 1993.

Paczensky Gert von / Dünnebier Anna, Leere Töpfe, volle Töpfe. Die Kulturgeschichte des Essens und Trinkens, Albrecht Knaus Verlag, München 1994.

Gastronomisches

Apicius, De re coquinaria. Über die Kochkunst, Reclam Verlag, Stuttgart 1991.

Artusi Pellegrino, La scienza di cucina e l'arte del mangiare bene, Gruppo Editoriale Giunti, Firenze 1991.

Bernstein Leonard S., Amüsanter Leitfaden für den perfekten Weinkenner, Müller Rüschlikon Verlags AG, Cham / Zug [3]1993.

Bocuse Paul, Die Renaissance der Französischen Küche, Wilhelm Heyne Verlag, München 1985.

Bonardi Giovanna (Hrsg.), Giovanni Bockenheym. La cucina di Papa Martino V, Arnoldo Mondadori editore, Milano 1995.

Cunnigham Scott, Magie in der Küche, Smaragd Verlag, Neuwied 1993.

Dumont Cerdic, Allegro con gusto. Rezepte und Geschichten aus Musikerküchen, Hallwag Verlag, Bern und Stuttgart 1982.

Ehlert Trude, Das Kochbuch des Mittelalters, Artemis Verlag, Düsseldorf [4]1995.

Faccioli Emilio (Hrsg.), L'arte della cucina in Italia, Giulio Einaudi Editore, Torino 1987.

Fahrenkamp H. Jürgen, Wie man ein teutsches Mannsbild bey Kräfften hält. Die vergessenen Küchengeheimnisse des Mittelalters, Orbis Verlag, Hannover 1986.

Glazer Phyllis, Mense e cibi ai tempi della Bibbia. Gusti, alimenti e riti della tavola nell'Antico e nel Nuovo Testamento, Edizioni Piemme, Casale Monferrato 1995.

Gozzini Giacosa Ilaria, Mense e cibi della Roma antica, Edizioni Piemme, Casale Monferrato 1995.

Hartmann Andreas, Zungenglück und Gaumenqualen. Geschmackserinnerungen, Verlag C. H. Beck, München 1994.

Herzog Antje (Hrsg.), Kleine Geschichten für Weinfreunde, Engelhorn Verlag, Stuttgart o.J.

Kaltenbach Marianne, Meine Fischküche, Hallwag Verlag, Bern und Stuttgart [4]1992.

Klink Vincent und Opitz Stephan (Hrsg.), Cotta's kulinarischer Almanach auf das Jahr 1994, Verlag Klett-Cotta, Stuttgart 1993.

Klink Vincent und Opitz Stephan (Hrsg.), Cotta's kulinarischer Almanach auf das Jahr 96/97, Verlag Klett-Cotta, Stuttgart 1995.

Landis Eve, Von himmlischen & irdischen Köstlichkeiten. Ein Kochbuch rund um die Probstei St. Gerold im Gr. Walsertal, Verlag PhiloXenia, Meilen 1996.

Landmann Salcia, Die jüdische Küche. Rezepte und Geschichten, Mary Hahn Verlag, München 1995.

Malizia Giuliano, La cucina ebraico-romanesca, Newton Compton Editori, Roma 1995.

Meier Ernst, Der große Westentaschen-Weinkenner, Diogenes Verlag, Zürich 1995.

Otto Bernhard, Dreihundertjähriges deutsches Kloster-Kochbuch enthaltend eine bedeutende Anzahl längst vergessener, jedoch äußerst schmackhafter Gerichte. Nach einem in den Überresten des ehemaligen Dominikaner-Klosters zu Leipzig aufgefundenen Manuskript, Reprint-Verlag, Leipzig o.J. (Reprint der Ausgabe von 1856).

Papa Sebastiana, La nuova cucina dei monasteri, Arnoldo Mondadori Editore, Milano 1993.

Peschke Hans-Peter und Feldmann Werner, Kochen wie die alten Römer. 200 Rezepte nach Apicius für die heutige Küche umgesetzt, Verlag Artemis und Winkler, Düsseldorf 1995.

Radel Jutta und Hug Margrit, Höllisch gut. Himmlische Gerichte aus dem Alten und dem Neuen Testament, Verlag Im Waldgut, Frauenfeld 1994.

Rinaldi Mariangela / Vicini Mariangela, A tavola con i santi. Storie, ricette, curiosità, Publigold, Milano 1995.

Root Waverley, Das Mundbuch. Eine Enzyklopädie alles Eßbaren, Eichborn Verlag, Frankfurt am Main 1995.

Shaw Auguste, Auguste Escoffier. Meister der klassischen Kochkunst, Heyne Verlag, München 1994.

Teubner Christian / Wolter Annette, Spezialitäten der Welt, Gräfe und Unzer GmbH, München [13]1996.

Welser Philippine, Das Kochbuch der Welser Philippine, 2 Bde., hrsg. von Gerold Hayer, Pinguin Verlag, Innsbruck 1983.

Welser Sabina, Das Kochbuch der Sabina Welserin, hrsg. von Hugo Stopp, Germanische Bibliothek, 4. Reihe, Heidelberg 1980.

Literarische und geistesgeschichtliche Werke

Abraham a Sancta Clara, Ein Karn Voller Narrn, in: Ein Karren voller Narren und andere kleine Werke. Hrsg. von Franz Eybl, Residenz Verlag, Salzburg und Wien 1993.

Abraham a Sancta Clara, Judas, der Ertz-Schelm, in: P. Karner (Hrsg.), Lach nur, eitler Weltaff, Verlag Herder, Wien Freiburg Basel 1983.

Balthasar Hans Urs von, Die großen Ordensregeln, Benziger Verlag, Einsiedeln [2]1961 (Regel d. hl. Benedikt).

Blail Gerhard, O du fröhliche. Die Geschichte unserer schönsten

Weihnachtslieder, Quell Verlag, Stuttgart 1994.

Belli Giuseppe Gioachino, Die Wahrheit packt dich... Eine Auswahl seiner frechen und frommen Verse, hrsg. von Otto Ernst Rock, Heimeran Verlag, München 1978.

Bibel. Einheitsübersetzung, Verlag Herder, Freiburg Basel Wien 1985.

Chaucer Geoffrey, Canterbury-Erzählungen, Deutscher Taschenbuchverlag, München 1996.

Codex Iuris Canonici, Libreria Editrice Vaticana, Città del Vaticano 1983.

Dante Alighieri, Die göttliche Komödie, Winkler Verlag, München 1994.

Denzinger Heinrich, Kompendium der Glaubensbekenntnisse und kirchlichen Lehrentscheidungen. Verbessert, erweitert, ins Deutsche übertragen und unter Mitarbeit von Helmut Hoping herausgegeben von Peter Hünermann, Freiburg Basel Rom Wien [37]1991.

Dürrenmatt Friedrich, Der Richter und sein Henker, Diogenes Verlag, Zürich 1980.

Dürrenmatt Friedrich, Komödien und frühe Stücke, Verlag Die Arche, Zürich 1964.

Dürrenmatt Friedrich, Die Panne, in: Erzählungen, Diogenes Verlag, Zürich 1985.

Enciclopedia cattolica, Bd. 4, Libreria Editrice Vaticana, Città del Vaticano, 1950.

Erasmus von Rotterdam, Ausgewählte pädagogische Schriften. Besorgt von Anton J. Gail, Ferdinand Schöningh, Paderborn 1963.

Fioretti des hl. Franz von Assisi, in: Die Werke. Übersetzt von Wolfram von den Steinen und Max Kirschstein, Diogenes Verlag, Zürich 1979.

Grasdorf Erich / Brunner Peter, Zu Tisch mit Goethe. Rezepte aus der Zeit der deutschen Klassiker, AT Verlag, Aarau 1995.

Grimm Jacob und Wilhelm, Kinder- und Hausmärchen, Winkler Verlag, München [15]1993.

Hohler Franz, Das verspeiste Buch, Verlag Schöffling & Co., Frankfurt am Main 1996.

Keller Gottfried, Der grüne Heinrich. Erste Fassung, Fischer Bücherei (Exempla classica, Bd. 39), Frankfurt am Main 1961.

Kirchhoff Hermann, Christliches Brauchtum. Feste und Bräuche im Jahreskreis, Kösel Verlag, München 1995.

Koran. Übersetzung von Rudi Paret, Verlag W. Kohlhammer, Stuttgart Berlin Köln Mainz [4]1985.

Luther Martin, Tischreden aus dem *Codex Besoldi*, in: Weimarer Ausgabe, Bd. 48, Akademische Druck- und Verlagsanstalt, Graz 1967 (unveränderter Nachdruck der bei Hermann Böhlau erschienenen Ausgabe, Weimar 1927), S. 365–719.

Mann Thomas, Die Buddenbrooks, Fischer Verlag, Berlin und Frankfurt am Main 1960.

Moroni Romano, Dizionario di erudizione storico-ecclesiastica, 103 Bde., Venezia 1840–1861.

Moser Diez-Rüdiger, Bräuche und Feste im christlichen Jahreslauf, Verlag Styria, Graz Wien Köln 1993.

Nietzsche Friedrich, Briefwechsel. Abt. 3: 1880–89, Verlag de Gruyter, Berlin 1984.

Petronius, Satyricon, in: Römische Satiren. Eingeleitet und übertragen von Otto Weinreich, Artemis Verlag, Zürich 1962.

Schönfeldt Sybil Gräfin, Bei Thomas Mann zu Tisch, Arche Verlag AG, Zürich Hamburg 1995.

Storm Theodor, Aus der Jugendzeit, in: Sämtliche Werke, Deutscher Klassiker Verlag, Frankfurt am Main, 1988.

Sueton, Leben der Cäsaren, Alfred Kröner Verlag, Stuttgart [7]1986.

Uther Hans-Jörg (Hrsg.), Märchen vom Essen und Trinken, Fischer Taschenbuch Verlag, Frankfurt am Main 1993.

Weisung der Väter. Apophthegmata Patrum, auch *Gerontikon oder Alphabeticum* genannt. Eingeleitet und übersetzt von B. Miller, Verlag Herder, Freiburg i. Br. 1965.

Zimmermann Pedro (Hrsg.), Tafelfreuden. Köstliche Geschichten aus der Schweiz, Benziger Verlag, Zürich 1993.

Register der Rezepte

So knüpfen ans fröhliche Ende
den fröhlichen Anfang wir an.

August von Kotzebue,
Gedichte (Frohsinn)

Des Magens Wut, des verderblichen,
kann man unmöglich
bändigen, welcher soviel Unheil den
Sterblichen darbeut.

Homer, Odyssee

Vorspeisen

Suppen

Register der Personen